浙江商业职业技术学院：
"双色引领"课程思政优秀案例集

何瑶伟　张宝忠　编著

北京理工大学出版社
BEIJING INSTITUTE OF TECHNOLOGY PRESS

版权专有　侵权必究

图书在版编目（CIP）数据

浙江商业职业技术学院："双色引领"课程思政优秀案例集 / 何瑶伟，张宝忠编著. --北京：北京理工大学出版社，2022.5

ISBN 978-7-5763-1337-6

Ⅰ. ①浙… Ⅱ. ①何… ②张… Ⅲ. ①高等职业教育-思想政治教育-教案（教育） Ⅳ. ①G711

中国版本图书馆 CIP 数据核字（2022）第 084634 号

出版发行 / 北京理工大学出版社有限责任公司	
社　　址 / 北京市海淀区中关村南大街 5 号	
邮　　编 / 100081	
电　　话 / （010）68914775（总编室）	
（010）82562903（教材售后服务热线）	
（010）68944723（其他图书服务热线）	
网　　址 / http：// www.bitpress.com.cn	
经　　销 / 全国各地新华书店	
印　　刷 / 廊坊市印艺阁数字科技有限公司	
开　　本 / 787 毫米×1092 毫米　1/16	责任编辑 / 钟　博
印　　张 / 22	文案编辑 / 钟　博
字　　数 / 514 千字	责任校对 / 周瑞红
版　　次 / 2022 年 5 月第 1 版　2022 年 5 月第 1 次印刷	责任印制 / 施胜娟
定　　价 / 98.00 元	

图书出现印装质量问题，请拨打售后服务热线，本社负责调换

本书编委会

主　编：何瑶伟　张宝忠

副主编：谢国珍　徐同林　朱有明

编　委：俞　涔　嵇新浩　余益峰　徐　丽　胡叶茂　李传双

　　　　郑义臣　张枝军　郁菊萍　骆高远　刘　晨　叶国峰

　　　　周保平　何荣华　吴宁胜　黄益琴　胡海英　张国宏

　　　　范震宇　吕杰林　吴小松　何伏林

导　　言

　　习近平总书记指出，"高校立身之本在于立德树人"，强调"要坚持把立德树人作为中心环节，把思想政治工作贯穿教育教学全过程，实现全程育人、全方位育人"，提出"各类课程与思想政治理论课程同向同行，形成协同效应"。全面推进高校课程思政建设，是落实习近平总书记关于教育的重要论述的重要举措，是落实立德树人根本任务的必然要求，为"为党育人、为国育才"的高校育人使命指明了方向和路径。

　　浙江商业职业技术学院（以下简称"学校"）前身为创办于1911年的杭州中等商业学堂。一百多年来，学校秉承"诚、毅、勤、朴"的校训，坚持"育人为本，服务社会"的办学方针，培养了一大批专业技术人才，涌现出经济学家骆耕漠、爱国人士章乃器等著名校友，被誉为"浙商人才培养的摇篮"。学校始终认真贯彻习近平总书记重要讲话精神，现为国家优质专科高等职业院校、中国特色高水平专业群建设单位、全国首批现代学徒制试点高校、全国首批职业院校数字校园实验院校之一，同时荣膺浙江省首批示范性高等职业院校、浙江省首批优质高职院校、浙江省高水平职业院校建设单位、浙江省课堂教学创新校、浙江省"三全育人"综合改革重点支持高校。

　　2006年6月16日，时任浙江省委书记的习近平同志在《之江新语》发表《浙商文化是浙商之魂》的政治短评。文中写道："长期以来，浙商不仅创造了大量的物质财富，也形成了一种独特的'浙商文化'。从文化渊源上看，'浙商文化'传承于浙江深厚的文化底蕴。从实践基础看，'浙商文化'形成于广大浙商的创造性实践，是支撑浙商开拓进取的精神动力。浙商的新飞跃，需要'浙商文化'的支撑。"2011年10月，时任国家副主席的习近平同志在给首届世界浙商大会的贺信中写道："应深入传承浙商文化、大力弘扬浙商精神，"希望"敢为天下先、勇于闯天下、充满创新创业活力的浙商群体""为实现中华民族伟大复兴建功立业"。

　　浙商何以在改革开放的春风里脱颖而出、后来居上，在市场竞争的浪涛中如鱼得水、游刃有余？其中浙商精神发挥了重要的支撑和推动作用。从"走遍千山万水、吃尽千辛万苦、说尽千言万语、想尽千方百计"的"四千精神"，到"千方百计提升品牌、千方百计保持市场、千方百计自主创新、千方百计改善管理"的"新四千精神"，再到以"坚忍不拔的创业精神、敢为人先的创新精神、兴业报国的担当精神、开放大气的合作精神、诚信守法的法治精神、追求卓越的奋斗精神"为内涵的新时代浙商精神，都早已融入浙商群体的血脉，化作浙商群体的优秀基因，成为红船精神、浙江精神的具体写照。

　　学校立足110年商科办学的历史积淀，依托浙江"三个地"（即中国革命红船起航地、中国改革开放先行地、习近平新时代中国特色社会主义思想的重要萌发地）独特优势，全方位开发课程思政元素，深入推进课程思政建设，把立德树人融入思想道德教育、文化知识教育、技术技能培养、社会实践教育各环节，积极构建课程思政育人大格局，形成了以倡导富强、民主、文明、和谐，自由、平等、公正、法治，倡导爱国、敬业、诚信、友善等社会主义核心价值观为**课程思政"底色"**，以融合浙江地域文化的新时代浙商精神——"坚忍不拔的创业精神、敢为人先的创新精神、兴业报国的担当精神、开放大气的合作精神、诚信守法的法治精神、追求卓越的奋斗精神"为**课程思政"亮色"**的"双色引领"培根铸魂要素，进而形成了类型丰富、层次递进、相互支撑的具有显著商科特色的课程思政育人体系。

为了贯彻党的教育方针，将课程思政落到实处，浙江商业职业技术学院成立了以党委书记和校长为组长的课程思政建设工作领导小组，成立了"课程思政教学研究中心"，制定了《课程思政建设实施方案》等文件，开展了"课程思政六个进"专项行动计划，即课程思政进培养方案、课程思政进教学目标、课程思政进课程标准、课程思政进教案设计、课程思政进课堂教学、课程思政进课程考核，全面推进学校课程思政教学实践，用系统性思维整体推动课程思政和"三全育人"改革，在价值引领、目标协同、动力支持等方面多维并进，为专业教师指向，为课程建设铸魂，为课堂教学助力，形成了学校有氛围、专业有特色、课程有示范、课堂有创新、教师有典型、育人有成果的课程思政工作格局。

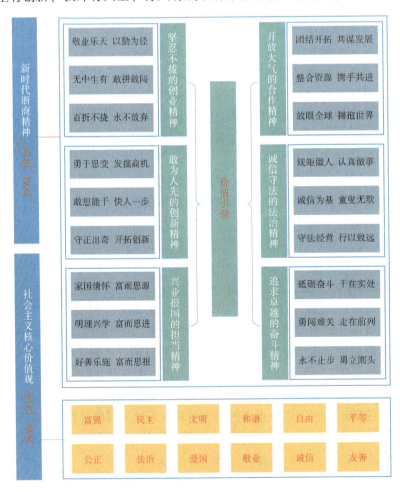

浙江商业职业技术学院"双色引领"课程思政育人要素

导 言

  本书汇集了 34 个课程思政教学设计案例，涵盖学校电子商务专业群、烹饪工艺与营养专业群、智慧流通专业群、财会金融专业群、空调电子专业群、艺术设计专业群的专业课程和公共基础课。每个案例依据人才培养的需求，将价值塑造、知识传授和能力培养三者有机融合，字里行间饱含教师的教学心血，也展现了教师投身课程思政教育的热情与素养。书中案例各具特色、精彩纷呈，可供各院校教师学习、借鉴。《浙江商业职业技术学院"双色引领"课程思政优秀案例汇编》能够顺利出版得力于中国职业技术教育学会和浙江省教育厅领导的关怀指导，得力于各位教师的辛勤付出，以及北京理工大学出版社的大力支持，在此一并表示诚挚的谢意。

目　　录

电子商务专业群

数字育人，传承经典——"网店推广实务"课程思政教学案例 …………………… 3
数字点亮乡村振兴梦——"跨境电商亚马逊运营实务"课程思政教学案例 ……… 12
厚商德、明规范、强技能——"短视频营销"课程思政案例 …………………… 23
在"知行合一"中立德树人——"网店视觉营销"课程思政教学案例 ………… 33
"仁义礼智信"理念下的"供应链管理"——"供应链管理"课程思政课教学案例 … 40
信者自立　剖析互联网营销师立身之本——"直播营销"课程思政课教学案例 …… 52

烹饪工艺与营养专业群

传承红色基因　培育匠心厨者——"宴会设计"课程思政教学案例 …………… 65
成长中的"酒店人"——"前厅服务与管理"课程思政案例 …………………… 77
将思政之"盐"融入专业课程夯实工匠根基——"浙江名菜制作与创新"
　　课程思政教学案例 ……………………………………………………………… 88
紧扣安全管理，落实德技双修——"厨政管理与实务"课程思政课教学案例 …… 96

智慧流通专业群

一心二翼，三崇四得——"网络文案设计与策划"课程思政道路探索 ………… 107
德法兼修，敢闯会创——"直播营销与运营"课程思政课教学案例 ……………… 115
"国潮"品牌照九州，开拓创新耀全球——"市场营销学"课程思政教学案例 … 123
礼仪欲行　思政引领——"商务礼仪与职业形象塑造"课程思政教学案例 …… 132

财会金融专业群

勤学善思，知行合一——"证券投资分析"课程思政实施案例 ………………… 143
培育"守法、诚信、担当"会计人——"企业会计实务"课程思政案例 ……… 150
大数据下的精诚会计——"基础会计"课程思政教学案例 ……………………… 155

兼修德法身心，服务实体经济——"证券投资"课程思政教学案例 …………………… 166
创造价值，培养优秀的成本管理人才——"成本会计实务"课程思政教学案例 ……… 175

空调电子专业群

北京奥运会：卷轴上的 LED 技术——"电路仿真技术"课程思政课教学案例 ………… 183
德技兼修双轨道，培养新时代空调工匠——"空气调节技术"课程思政案例 ………… 193
敬佑生命，守护健康：疫苗冷链监测系统模拟量采集——"无线传感网络技术"
　　课程思政教学案例……………………………………………………………………… 207
无线组网，护"苗"担当：疫苗冷链监测系统的信号组网
　　——"无线传感网络技术"课程思政教学案例 ……………………………………… 219

艺术设计专业群

红色文化薪火相传，红色研学智慧展陈空间设计——"会展空间设计"课程思政教学案例
　　………………………………………………………………………………………… 233
"百年复兴梦"大型主题墙绘项目——"跟岗实习（毕业设计）"课程思政教学案例 ……
　　………………………………………………………………………………………… 253
建党 100 周年创意海报——"海报设计"课程思政教学案例 …………………………… 260
千年宋韵　家国情怀——"项目设计"课程思政教学案例 ……………………………… 266

公共基础课

守正出奇，开拓创新——"浙商文化"课程思政课教学案例 …………………………… 279
疫行而上，E 卖全球——"电子商务英语"课程思政课教学案例 ……………………… 287
舌尖味　英语桥　华夏风 Chinese Cuisine Going Global——"高职高专英语"
课程思政教学案例…………………………………………………………………………… 295
孝行天下　德传古今"中国文化"思政课程教学案例 …………………………………… 304
"热点"下的冷思考——"网络软文写作"课程思政课教学案例……………………… 316
"音乐鉴赏与人文素养"课程思政课教学案例 …………………………………………… 324
保持奋发有为　干事创业敢担当——"创业基础"课程思政教学案例 ………………… 332

电子商务专业群

电子商务专业群简介

电子商务专业群为国家"双高"建设计划高水平专业群，包含电子商务、移动商务、跨境电子商务、国际贸易实务、商务数据分析与应用等专业。电子商务专业群秉承"诚、毅、勤、朴"的百年校训，致力于弘扬现代浙商精神，紧跟互联网经济的发展与信息技术的进步，服务于新经济、新零售、新业态、新模式，面向电子商务、跨境贸易、数字营销、数据分析等行业领域，培育有思想、有理念、有技术、会运营、懂管理的现代商务领域高素质、高技能复合型人才。

电子商务专业群形成了丰硕的教育教学成果体系，奠定了专业办学质量与内涵。现有国家级职业教育教师教学创新团队1个；电子商务、移动商务、商务数据分析与应用专业为国家级骨干专业；电子商务专业群综合性实训基地为国家级生产性实训基地、浙江省级示范性实训基地；电子商务专业为国家首批现代学徒制试点并通过验收的专业；电子商务专业为中央财政支持的"专业服务产业发展能力"重点建设专业；主持开发"移动营销实务""快消品数据分析"国家资源库项目课程；主持或参与全国高职移动商务专业、跨境电子商务专业、电子商务专业、商务数据分析与应用专业4个国家级专业教学标准的研制，主持阿里巴巴跨境电子商务B2B官方认证教材的开发，提升了专业社会服务能力与影响力。

电子商务专业群以立德树人为根本任务，以服务区域数字经济发展为导向，努力朝着建成国内一流、国际知名的高水平电子商务专业群的建设目标而阔步前进。

数字育人,传承经典

——"网店推广实务"课程思政教学案例

课程名称:网店推广实务
教师信息:申潇潇
授课专业:电子商务、移动商务、商务数据分析与应用等
课程性质:专业核心课

第一部分：课程基本概况

"网店推广实务"是国家高水平专业群——电子商务专业群专业核心课程之一，依托"1+X"网店运营推广证书中级课程内容，理实一体化推进课程的岗课赛证和协同育人建设。课程面向电子商务、移动商务、商务数据分析与应用、跨境电子商务等6个专业，目前，"网店推广实务"课程团队在智慧职教MOOC学院、浙江省高等学校在线开放课程共享平台上共完成4期课程开设，服务的对象涵盖本科、高职学生，以及电子商务行业从业人员等社会人员，累计线上线下总授课人数超4 000人。课程在系统梳理世界电子商务和网店推广发展脉络的基础上，聚焦网店运营推广的逻辑思维和技术技能培养，通过多维度教学活动引导学生理解商业伦理、运营逻辑，掌握基础推广之道SEO优化、进阶推广之道SEM推广、创新推广之道信息流推广，以及特色推广之道平台专属推广，旨在培养"有德行学识、懂运营逻辑、会营销推广"的高素质创新型新商科人才。

第二部分：案例描述

一、课程目标及思政元素

本课程旨在提升学生对网店运营推广的基础实践和综合应用能力，使学生具备网店推广所必需的专业知识、职业技能和职业素养。课程团队深入挖掘与专题教学内容相关的隐性思政教育资源，提炼其蕴含的德育元素和价值范式，最大化利用课堂教育主阵地，在整合教学内容的基础上，按照5个专题梳理教学内容（图1），融合知识、能力、素养目标，明确"网店推广实务"课程思政要素内容和目标体系，旨在通过"网店推广实务"课程教学，让学生系统了解和把握世界电子商务、网店推广的发展和演进，掌握网店推广的方法和技巧，融汇数字化运营思维，丰富学生创新创业智慧，**以我国电商发展实践激发学生由"电商强国"到"数字强国"的文化自信，增强爱国主义意识，以数字化运营思维培育作为本课程的思政重点**，设定育人目标，为后续课程的学习奠定扎实的基础。

数字化运营思维的融会贯通不仅需要学生具备所必需的知识、能力和素养，还需要具备坚忍不拔的创业精神、开拓进取的文化自信、兢兢业业的工匠精神、用户为上的服务意识、逻辑缜密的运营思维、敢为人先的创新精神、合作包容的团队意识、诚实守信的法治精神和变革创新的学习意识等精神意识领悟。

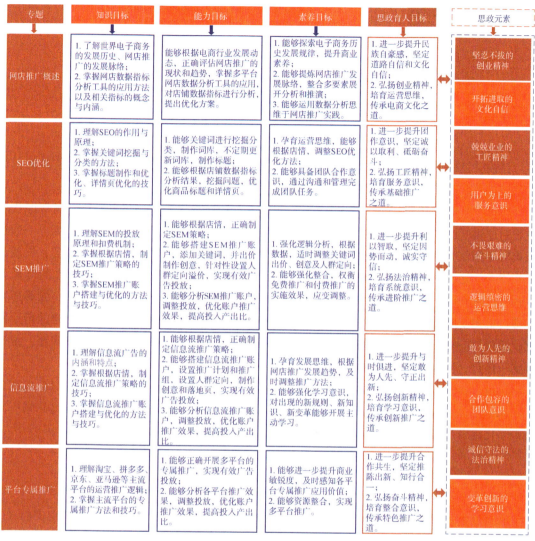

图1 "网店推广实务"课程思政元素融入思政育人目标

二、设计思路

课程运用"线上线下+项目实战+课证融通"混合式教学组织模式，打破传统的课堂教学组织方式，融合传统课堂和云端课堂，依托"双十一"、618项目实战和电商企业全真运营项目实战，将"1+X"网店运营推广职业技能等级认证（中级）考证内容融入课堂，推进课证融通，助力构建产教深度融合的系统化运营机制与混合协同的育人机制。

本课程作为电子商务专业群"课证融通"和在线开放课程的典型课程，针对性地设计了"七步育人法"（图2），具体为"云学+引典+授知+解析+论辩+演练+复盘"，其中"云学"对接课前环节，"引典+授知+解析+论辩+演练1"对应课中环节，"演练2+复盘"对应课后环节，环环相扣，层层递进，实现知识教育、价值塑造与能力培养有机融合，实现全过程育人。

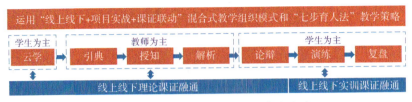

图 2 "网店推广实务"课程"七步育人法"

课前，策略"云学"通过云端微课资源、微课节内测试、课件、讨论区、经典传承等组织学生进行课前预习，软性植入思政元素。

课中，策略"引典+授知+解析+论辩+演练1"充分发挥课堂教育主阵地，明晰课程思政教育逻辑线，围绕数字化运营思维的培养，设计多种教学活动破解教学重点、难点。**通过经典电商案例开启课程，实现数字化运营思维的传承启蒙；结合"1+X"考证内容，讲授理论知识点，融入工匠精神、服务意识等思政元素拓展解析，实现数字化运营思维的传承升华；以团队形式，结合学生"双十一"、618项目实战和电商企业全真运营项目实战等理实所得，就知识点重难点组织学生开展论辩，领悟透彻知识点，实现数字化运营思维的传承内化；通过"1+X"考证平台和校内服务器"1+X"模拟平台实训开展知识点实训演练，推进理实一体化，实现数字化运营思维的传承实践。**

课后，策略"演练2+复盘"组织学生课后通过"1+X"考证平台进行多轮知识点实训演练巩固，在后续课程中就实战理实所得和实训理实所得，组织学生进行拓展复盘总结，实现数字化运营思维的传承开拓，真正打通课程思政"最后一公里"。

三、实施案例

本案例以专题二——"搜索排名影响因素"为例，分析教学实施过程，教学课时为2课时（表1）。

表1 专题二教学实施过程

授课班级	商数20006（普高）	授课时间	第11周11月19日（周四）
授课内容	搜索排名影响因素	授课地点	4号楼408
教学说明	1. 学生在开课前已经在智营慧教云对本次课内容进行了预习。本次线下课程是在线上学习基础上的拓展深化。 2. 通过前期各模块学习，学生形成了数字化运营思维的初步构建，实现了文化自信，团队意识和工匠精神的启蒙传承。 3. 本次课旨在通过对搜索排名影响因素的探讨分析，帮助学生掌握主流电商平台的搜索排名的相关指标，引发学生对SEO优化的系统性思考，鼓励学生将创新创业精神、工匠精神和服务意识融入网店推广。		
学情分析	1. 依据课前"云学"中的微课节点测验情况，已经初步了解了学生在预习阶段的知识点掌握情况。对于描述质量和相关性的测验结果尚可，学生基本完成认知过程维度中的记忆部分，课中只需进一步复习巩固；但对于服务质量和权重的测验结果不理想，学生的理解还相对薄弱，在课堂教学过程中需重点关注，并通过教学提升学生的理解、应用、分析和评价。 2. 通过前面多次授课发现，该班学生思路活跃，在教学过程中适当加以引导。		
教学目标	1. 知识目标：掌握主流电商平台搜索排名影响因素，理解店铺DSR评分、商品人气、商品产出、权重、UV价值等概念和内涵。 2. 能力目标：能够运用搜索排名相关指标对店铺进行分析，及时掌握店情，针对性开展SEO优化。 3. 素养目标：孕育数据化运营思维，能够根据店情，调整SEO优化方法。 4. 思政育人目标：进一步提升团队合作意识；弘扬工匠精神，培育服务意识和学习意识，与时俱进，传承基础推广之道。		
教学重点、难点	重点：服务质量和权重相关指标的概念和内涵拓展；　　难点：权重相关指标的概念和内涵拓展		
教学策略	为孕育升华数字化运营思维，本次课教学环节设计为"云学+引典+授知+解析+论辩+演练+复盘""七步育人法"		

```
自学自测      引入案例      结合"1+X"      思政融入      结合"1+X"      团队论辩      结合"1+X"      复盘总结
云学    →    引典      →   授知        →   解析      →    演练        →   论辩      →    演练        →    复盘
数据反馈      思维启蒙      知识讲授      拓展解析      实训演练      引发思考      实训演练      思维开拓
```

续表

教学过程

课前

教学环节	教学内容	教学活动	设计意图	教学资源
云学 学情探究	知识预习	1. 在智慧职教云发布"搜索排名影响因素"微课资源、微课节内测试、讨论区、课件，学生根据导学单完成预习。 2. 根据微课节内测试结果，收集学生学习数据，分析学情，确定本次课重难点	1. 通过云端微课资源、微课节内测试、讨论区、课件，经典传承等组织学生进行课前预习，软性植入思政元素。 2. 根据数据化学生的学习情况，反馈课程的教学重难点，针对性进行课程设计	使用职教云发布课前学习任务，收集数据

课中

教学环节	教学内容	教学活动	设计意图	教学资源
引典 案例引入	案例引入	1. 案例引入一：淘宝店铺一夜之间产品排名20 000名开外； 案例引入二：亚马逊店铺一夜之间关店数千家——诚以取利和工匠精神提炼思政元素。 2. 问题拓展：搜索排名的影响因素是平台方提供的吗？为什么？	1. 通过经典电商案例开启课程，实现数字化运营思维的传承启蒙； 2. 根据案例讲授分析，引发学生现场反馈和思考，活跃课堂氛围，适时结合问题拓展学生商业视野，理解商业伦理	通过艾瑞咨询、虎嗅、36氪、雨果网等积累经典电商案例

续表

教学环节	教学内容	课中		教学资源
		教学活动	设计意图	
授知 知识讲授	描述质量、相关性、服务质量和权重及其相关指标概念和内涵	1. 根据学情，简要讲解描述质量、相关性及其相关指标的概念和内涵，融合案例拓展延伸。 2. 根据学情，重点讲解服务质量及其相关指标的概念和内涵，聚焦分析最新的京东DSR评分发展至最新的天猫新灯塔系列的发展脉络，引发学生思考反馈和天猫平台的意图，提炼思政元素——服务意识和与时俱进。 3. 根据学情，重点讲解权重，提炼思政隐性指标"坑产"（点击率*转化率*客单价）的内涵，拓展至UV价值、SKU作弊等，提炼思政元素——数据类目错放、属性错选和工匠精神；对作弊行为及其处罚措施，提炼思政元素——诚以取利砥砺奋斗	1. 结合"1+X"考证内容，讲授理论知识点，融入工匠精神、服务意识等思政元素拓展教学，实现数字化运营思维的传承升华； 2. 根据重难点分布，设计案例分析法和启发式教学环节，结合学生主任务意识，启迪学生全局意识，结合案例全局意识，结合过程中培育全局意识，坚定与时俱进过程中砥砺奋斗的价值观	走访电商行业领先企业，深挖不同阶段平台发展，积累最新案例，升华数字化运营思维； 联合"1+X"网店运营推广企业评价组织，合作开发"1+X"网店运营推广职业技能等级认证（中级）考证教材
解析 知识解析	服务质量和权重内涵的论辩	论辩一：针对服务质量，就电商平台全链路服务后服务体验，要求结合京东项目实战体验，618项目实战因展开团队论辩，愈发注重服务后的原因展开团队论辩，愈发注重服务后的原因。要求结合学生"双十一"、618项目实战等所得。 • 论辩过程中引入客户前客服师岗位的飞速发展趋势，提炼思政元素——团队意识和学习意识。 2. 论辩二：若要提升商品产出、转化率和客单价，三个指标单一维度提升如何抉择？展开团队论辩： • 论辩过程中引入概念点击率、转化率、客单价，指出共同提升才是提升之道，提炼思政元素——全局意识	1. 以团队形式，结合学生"双十一"、618项目实战等所得，组织学生开展数字化运营实践，实现数字化运营思维的传承升华，领悟数字化运营思维的传承内化； 2. 通过问题论辩，激发学生的兴趣，思考能力和表达能力，培养举一反三和团队协调能力	学生"双十一"、618项目实战和电商企业全真运营项目实战等项目实战所得

续表

教学环节	教学内容	教学活动	设计意图	教学资源
演练 实训演练	实训演练	1. 课堂上，教师在"1+X"考证平台上进行SEO优化的实训讲解演练，融入搜索排名影响因素的理论知识点，理实一体化，提炼、提练思政元素——工匠精神； 2. 课后，布置学生实训演练作业，教师根据学生反馈现场解答，提醒学生注意总结积累，提炼思政元素——总结意识和数据化运营思维	1. 通过"1+X"考证平台开展知识点实训演练，推进理实一体化，实现数字化运营思维的传承实践； 2. 通过课中、课后多轮演练，培养学生不畏失败、兢兢业业的工匠精神和总结意识	通过企业评价组织开发的"网店运营推广中级实训系统"和校内服务器"1+X"模拟平台实训系统进行实训演练
复盘 拓展复盘	拓展复盘	1. 根据上次课内实训演练和课后实训演练所得数据，组织学生根据数据化运营思维进行拓展复盘，理清实训演练步骤和逻辑之间的关系，从实训第一步到最后一步的演练思维——逻辑思维。 2. 将拓展复盘结果上台进行展示，从演练步骤、结果、存在的问题、解决方案以及反思等多维度进行剖析，提炼思政元素——总结意识、全局意识，同题的能力和沟通表达能力	1. 就实战整理实训所得和实训展开复盘总结，实现数字化运营思维的传承开拓，真正打通课程思政"最后一公里"。 2. 组织学生从演练步骤，解决问题方案剖析展示，存在问题，课堂上反思复盘的多维度在现问题，解决问题的能力，总结意识，全局意识和沟通表达能力	通过企业评价组织开发的"网店运营推广中级实训系统"和校内服务器"1+X"模拟平台实训系统的实训演练数据进行复盘

考核评价	1. "网店推广实务"课程采用"线上线下融合、过程性与阶段性评价统一"的全过程考核评价方式，由六个考核模块组成。 2. 总评成绩（100%）=出勤与课堂表现成绩（20%）+作业理论实训过程考核成绩（30%）+职教云视频观看成绩（10%）+学习笔记成绩（5%）+在线讨论成绩（5%）+期末考核成绩（30%）

四、特色创新

1. 全链路课证融通

在"七步育人法"实践过程中,课程在"云学+引典+授知+解析+论辩"环节打通线上线下理论课证融通,在"演练+复盘"环节打通线上线下实训课证融通,优化教学过程和学习过程,实现全链路课证融通,融知识传授、技能培养、素质提高于一体,建立职业技能等级与专业课程同步考试与评价机制,全链路课证融通过程中嵌入运营思维、系统意识、团队意识、创新精神等思政教育,为培养"德技双修"的电子商务领域高素质高技能人才奠定基础。

2. 全过程考核评价

课程采用"线上线下融合,过程性与阶段性评价统一"的全过程考核评价方式,由教师、企业导师、实训平台、队长和学生自身根据评价指标,进行全面的量化客观评价。基于评价结果的反馈,明确学生后续努力的方向,激发学生参与专业知识学习和专业思政拓展学习的积极性和主动性,推动课程思政的正向发展。

3. 全场景教学育人

通过"平台"(智慧职教 MOOC 学院、智慧职教云、浙江省高等学校在线开放课程共享平台)、"课堂"(线上网络课堂、线下教室课堂)、"实训"(网络"1+X"考证平台实训、校内服务器"1+X"模拟平台实训)和"实战"("双十一"、618项目实战和电商企业全真运营项目实战)实现全场景教学育人。基于"平台+课堂+实训+实战"全场景教学实现课前组织、课堂授课、考核评价、实训模拟、全真实战等环节有效开展,打破时间和空间限制,将价值塑造、知识传授和能力培养三者融为一体,实现全方位育人。

五、教学成效

本课程拓宽了学生的创新创业视野,孕育了学生的数据化运营思维,强化了学生的社会主义核心价值观,使学生的知识储备、职业技能和职业素养均得到不同程度的提升。课程通过深入挖掘与专题教学内容相关的隐性思政教育资源,采用云端思政、案例分析、项目实战、团队合作、课程论辩、实训演练、拓展复盘等方式,锻炼与提升学生的数据化运营思维,进一步增强了学生的爱国心、创业心、服务心、敬业心、创新力、学习力、诚信力、合作力等素质。

数字点亮乡村振兴梦

——"跨境电商亚马逊运营实务"课程思政教学案例

课程名称：跨境电商亚马逊运营实务
教师信息：郑文玲
授课专业：国际经济与贸易、商务英语、跨境电商等
课程性质：专业核心课

第一部分：课程基本概况

习总书记指出，后疫情时代，中国将继续挖掘外贸增长潜力，推动跨境电商等新业态、新模式加快发展，培育外贸新动能。

"跨境电商亚马逊运营实务"是国际经济与贸易、商务英语和跨境电商等专业的核心课程。山下湖镇素有"中国珍珠之乡"的美誉，珍珠交易量占全世界珍珠交易量的70%。珍珠类产品由于体积小、价值高，是非常适合做跨境电商的一类产品。**通过跨境电商将蚌壳养殖户的产品推向国际市场，是实现乡村振兴的新动力**。亚马逊平台是全球商品品类最多的网上零售商，对中国卖家开放的站点分布在北美、欧洲、日本等17个国家和地区，它们给中国卖家带来了极大的市场机会。课程深化"校企融合"的精准化人才培养模式，**对接山下湖镇珍珠产业拓展海外线上市场的需要**，明确课程定位，旨在通过学习使学生**为山下湖镇蚌壳养殖户的跨境网店运营与管理提供一套确实可行的发展思路和方案**，探索乡村数字经济新业态，推动乡村的数字化转型发展，打造乡村振兴的新引擎。

第二部分：案例描述

一、教学目标

基于学情分析，响应全国教育大会"课堂革命"要求，明确教学目标**从"知识核心"向"学生素养核心"转变**，在教学过程中**引导学生践行社会主义核心价值观，弘扬浙商精神**，融入"诚毅勤朴"校训，强调培养学生**强烈的社会责任感**，吃苦耐劳、精益求精的工匠精神，创新探索的开拓精神，跨文化、跨界融合意识，遵纪守法、规范操作、诚实守信的职业操守，团队合作、互利共赢的职业素养。依托互联网技术的应用，**突破教学重难点**，将夯实学生职业能力培养和科学发展观念贯穿学生素质教育全过程。

二、思政元素

教学实践中，我们形成了**"三维四进"**的课程思政体系。我们将课程分成6个项目模块，每个项目都有明确的技能要求、素质要求和学习成果要求，**并从企业、员工和产品三个维度**融入相应的课程思政元素（图1）。

社会的不断进步源于人类的不断进取，但唯有高屋建瓴的眼界、包容万物的胸怀，方能衔文明疾进，造福一方水土。我们通过开展社会调研，带领学生走进校外实践基地，去感悟**企业**

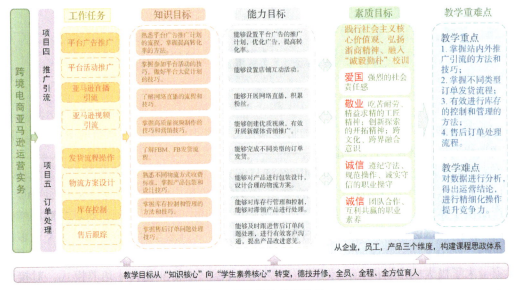

图 1　项目模块教学目标

助力国家"碳达峰、碳中和"目标。二十余年不畏质疑，勇于探索生态自然法则，打造水生态食物链养殖模式，**实现"既要珠光宝气，又要碧水清波"的格局与担当**；我们将"**一生只为一颗珍珠**"的**珠农事迹带入课堂，让学生接受工匠精神的熏陶**；将**珍珠**纯净、持之以恒、出淤泥而不染**的品质**贯穿整个课程教学。通过三个维度的融入，引导学生**践行"爱国、敬业、诚信、友善"社会主义核心价值观、弘扬浙商精神、融入"诚毅勤朴"校训**，构建课程思政体系。"**四进**"即课程思政实现**进目标、进教案、进课堂、进作业**全过程浸润，将价值塑造、知识传授和能力培养三者融为一体，润物细无声。课程学习要求及课程思政目标见表1。

表 1　课程学习要求及课程思政目标

序号	项目模块	技能要求	素养要求	学习成果	课程思政目标
1	**需求调研**	● 能完成海外市场行情分析，正确评估行业市场规模和发展趋势； ● 能完成行业海外市场细分，正确进行目标市场选择和定位； ● 能根据目标市场的实际情况，完成目标消费人群画像； ● 能根据市场特征和平台特点，完成平台入驻	● 逻辑思维； ● 社会责任感、职业道德； ● 自我学习新技术、新规则	● 海外市场调研报告； ● 通过有关平台分析知识的测验	通过感悟企业助力国家"碳达峰、碳中和"目标，实现"既要珠光宝气，又要碧水清波"的格局与担当，提升学生的**社会责任感和勇于探索、不畏失败的开拓精神**
2	**选品备货**	● 能通过站内站外市场调研进行选品； ● 能利用第三方数据分析工具进行选品； ● 能合理定价，制定良好的价格策略，完成商品布局	● 良好的逻辑思维和数据分析能力； ● 互联网思维和信息技术应用能力； ● 耐心细致的工作态度； ● 具备一定创新思维	● 通过数据分析合理选品； ● 合理定价并形成有效的产品布局	培养学生的**互联网思维方式、勇于创新探索的开拓精神和跨文化、跨界融合的意识**

续表

序号	项目模块	技能要求	素养要求	学习成果	课程思政目标
3	产品发布	• 能完成平台发布商品的流程； • 能根据搜索排序的原则设置及优化商品标题、商品主图及视频、描述或详情页	• 英语应用能力； • 互联网思维和信息技术应用能力； • 精益求精的工匠精神； • 耐心细致的工作态度； • 持续学习新规则	优化商品相关信息并完成平台发布流程	培养学生**脚踏实地、吃苦耐劳、精益求精**的工匠精神
4	推广引流	• 能设置平台广告的推广计划，根据报表优化广告，提高转化率； • 能设置店铺活动，能策划和参加平台大促活动； • 能掌握消费者心理开展直播，掌握直播推广技巧； • 能创建优质视频，开展有效的营销推广	• 良好的英语应用能力； • 良好的逻辑思维和数据分析能力； • 互联网和信息技术应用能力； • 良好的沟通能力； • 一定创新思维	• 在后台新增广告的推广计划和店铺活动； • 模拟网络直播； • 创建视频	课程教学以珍珠类产品为依托，将**珍珠纯净、持之以恒、出淤泥而不染的品质**贯穿整个课程教学，培养学生**诚实守信**的职业操守和**不断打磨、精益求精**的工匠精神
5	订单处理	• 能掌握不同类型订单的发货流程； • 能对具体产品进行合理的包装及设计； • 能针对平台和市场进行物流方案设计； • 能对库存进行控制和管理，制定和策划滞销产品清仓移仓等处理方案； • 能及时跟进售后订单问题处理，进行有效客户沟通，提出产品改进意见	• 信息技术应用能力； • 良好的现代商贸服务业的从业能力； • 团队合作意识； • 一定的企业管理能力	• 完成发货流程闯关任务； • 通过库存控制和管理知识测验	培养学生**遵纪守法、规范操作、诚实守信**的职业操守，**团队合作、互利共赢**的职业素养
6	数据分析	• 能使用图形、表格、程序等数据处理工具； • 能对数据进行分析，得出相关运营结论，进行精细化操作提升竞争力	• 良好的逻辑思维和数据分析能力； • 互联网和信息技术应用能力； • 一定的企业管理能力； • 一定的创新思维	• 获取梳理后台数据； • 形成数据分析报告	培养学生**刻苦钻研、创新探索**的开拓精神，**吃苦耐劳**的工匠精神

三、教学策略

本课程以真实跨境电商店铺运营为驱动，将教学内容进行结构化和学习化处理，通过线上网络"**虚拟空间**"、线下综合实训"**教室空间**"和跨境电商企业"**实战空间**"打造学生成长"**三空间**"，构建以"**动员**"为起始环节，以"**诊断**"为辅助环节，以"**训练**"为核心环节，以"**鉴定**"为强化环节，以"**反思**"为终结环节的教学"**五环节**"。在"训练"

环节中，按照**"任务、行动、展示、评价"四个步骤**进行。

课程将知识、能力和课程思政三者融合，根据学生认知规律序化教学过程，按照**"三空间四步骤五环节"**的教学策略，充分利用课程在线网络资源和合作企业的真实线上店铺资源，将教学过程分为**课前在网络"虚拟空间"教规则、课中在"教室空间"情境体验学技巧、课后在企业"实战空间"做项目**三个成长阶段。

在教学过程主要采用自主学习法、案例教学法、任务驱动法、情景体验法等，营造实战氛围，培养学生跨文化交流意识，打造快乐体验的学习之旅。从**企业、员工、产品**三个维度出发，通过课程思政**进目标、进教案、进课堂、进作业**的全过程浸润，实现了"三维四进"的课程思政体系创新。教学策略及实施过程如图2所示。

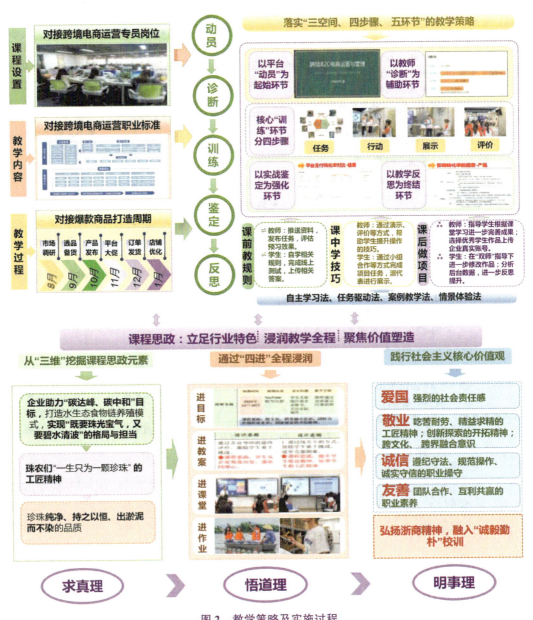

图 2 教学策略及实施过程

四、实施案例

项目任务设计见表2。

表2 项目任务设计

教案3：亚马逊直播引流

（一）基本信息			
授课单元	项目四 推广引流；任务三 亚马逊直播引流		
课程名称	跨境电商亚马逊运营实务	课程类型	理实一体化教学
授课对象	国贸19079班	专业名称	国际经济与贸易
课时安排	2课时（90分钟）	授课地点	直播内容工场
（二）教学分析			
授课内容	**项目四 推广引流（8课时）** 任务一 付费广告推广（2课时） 任务二 平台活动推广（2课时） 任务三 亚马逊直播引流（2课时） 　1. 直播间创建 　2. 直播展示（教学视频1） 任务四 YouTube视频引流（2课时） **项目五 订单发货（8课时）** 任务一 发货流程操作（2课时） 任务二 物流方案设计（2课时） 任务三 库存控制（2课时） 任务四 售后跟踪（2课时）	授课安排	**授课时间**：2020年12月8日 第十四周 **授课内容 / 存在问题 / 教学手段** - 如何在亚马逊平台上开通直播 / 学生不喜欢看文字性流程描述。/ 教师通过教学视频和仿真软件进行演示。 - 利用直播内容工场和珍珠系统产品创建直播间。/ 学生缺少产品知识，无法准确抓住产品的卖点。/ 通过暑期市场调研增长珍珠商品知识。 - 直播的方法和技巧 / 学生英语口语比较薄弱，不敢开口表达。/ 小组协作完成任务，派代表进行展示。 **课程思政**：创新探索的开拓精神；跨文化融合意识；诚实守信的职业操守；团队合作的职业素养
学情分析	**知识基础** 1. 对跨境营销推广有了系统性的认知 2. 掌握了一定的商品知识 3. 对国内电商直播有所了解，但对亚马逊平台直播的流程和技巧缺乏认知与实践 **技能基础** 1. 具备一定英语口语表达能力但畏难情绪严重 2. 直播设备使用不熟练 **素养基础** 1. 对新鲜事物接受度高，思维比较活跃 2. 创新意识不够强，直播方案亮点不突出 3. 主动参与团队活动的积极性有待进一步提高	教学目标	**知识基础** 1. 了解亚马逊直播的开播流程 2. 了解直播间创建要点 3. 掌握直播方案脚本设计要点 4. 掌握直播的方法和技巧 **能力目标** 1. 能够独立完成亚马逊直播的开播操作 2. 能够通过小组合作创建直播间 3. 能够通过小组合作进行直播展示 **素养基础** 1. 积极了解行业发展最新动态，勇于创新探索 2. 具备较强的跨文化交流意识 3. 具备诚实守信的职业操守 4. 具有较强的团队合作精神
教学重点难点	**教学重点**：亚马逊直播的开播流程和直播间的创建及直播方案设计。 **解决方法**：课前通过教学视频和仿真软件了解亚马逊开播的流程，完成在线测试。通过小组合作方式完成直播方案和脚本策划。		**教学难点**：灵活掌握直播的方法和技巧，提升直播效果。 **解决方法**：课前登录亚马逊浏览直播，在学习平台分享喜欢的直播片段；课中在优秀小组的直播展示后，教师针对直播展示中的问题逐一点评、示范；课后继续优化作品，企业师傅挑选优秀方案实施。

续表

（三）教学资源

校内直播内容工场	校外实训基地	网络平台仿真教学软件	企业真实账号

（四）教学方法

自主学习法、任务驱动法、情景体验法

（五）教学策略及流程

教学策略：
- 三空间：课前虚拟空间、课中教室空间、课后实战空间
- 五环节：以"运动"为起始环节；以"诊断"为辅助环节；以"训练"为核心环节；以"鉴定"为强化一节；以"反思"为终结环节。
- 四步骤：核心环节分四步走——任务、行动、展示、评价

教学流程：

课前动员与诊断	课中任务、行动、展示、评价	课后鉴定与反思
课前练习一：通过视频和仿真软件学习亚马逊开播流程并完成自测题	（教师）任务导入（5 min） 任务一：利用直播内容工场的场景和珍珠系列产品创造直播间并汇报	鉴定：学校导师和企业师傅共同对上传平台的模拟直播视频评分，并挑选优秀方案用于实际店播，并根据后期效果进行复盘。
课前练习二：各小组选取一段自己喜欢的Amazon live视频发到学习通平台分享	（学生）行动（15 min） 行动一：小组利用场景和商品进行直播间的创建	
课前练习三：根据师生的点评意见利用教师提供的场景和商品完成直播间方案创建和脚本写作	（学生）展示（20 min） 展示一：小组派代表对设计思路和直播方案进行汇报	反思：对产品卖点挖掘不够，创新创意不足，跨文化交际意识有待提升，这也为后续课程的教与学提供了方向和思路
	（教师）评价（5 min） 评价一：小组互评中选出最优的两组作品	
	任务二：各小组互评中胜出团队进行直播展示	
	行动二（课前）：小组互评中最佳的方案并准备好直播脚本	
	展示二（10 min）：小组讨论通过主题讨论的两组作品分别上台进行直播展示	
	评价二（10 min）：同学间通过主题讨论进行评价，老师进行点评和示范	
	任务三：根据师生的点评意见进行直播方案优化	
	行动三（15 min）：小组讨论优化直播方案修改直播脚本	
	展示三（5 min）：各小组拍摄一段3分钟左右的模拟直播视频	
	评价三（5 min）：教师对同学们任务完成情况进行总结，并要求课后将模拟直播视频上传平台	

（六）教学实施过程

教学环节	教学内容	教师活动	学生活动	设计意图
课前动员与诊断	课前练习一 亚马逊开播流程	1.【发布教学视频、课前测】发布视频和仿真软件学习任务点，要求学生了解亚马逊开播流程并完成课前测，系统自动批改； 2.【获取学生任务点完成数据】获取视频观看数据，根据课前测数据了解学生自主学习效果和存在的问题； 3.【指导学生创建新直播】利用企业提供的账号让学生以小组为单位，尝试在Amazon live上创建新的直播	1.【学习教学资源】通过学习通平台和仿真软件学习亚马逊开播流程视频； 2.【完成课前检测】完成"亚马逊开播流程"的课前拖拽题练习，自我检测视频学习效果； 3.【学会创建新直播】利用企业账号登录Amazon Seller Central，创建新的直播	亚马逊开播流程并不复杂，但光在课堂上讲学生不容易掌握，引导学生自主学习，通过实践轻松掌握在Amazon live上创建新的直播的方法 ★课程思政：亚马逊直播是个不能错过的风口，我们要敢于尝试新生事物，探索创新。 达成知识目标1

续表

教学环节		教学内容	教师活动	学生活动	设计意图
课前动员与诊断	课前练习二	Amazon live 网站直播的特点	1.【要求学生进行视频分享】要求每个小组分享认为有特点的亚马逊直播视频； 2.【引导学生总结视频特点】教师登录平台着大家分享的视频，进行线上互动。引导学生了解亚马逊直播的主要特点	1.【挑选视频上传】各小组组织成员收集、讨论亚马逊直播视频，选取认为比较有特点的一段直播上传到学习通平台； 2.【参与平台讨论】观看各小组上传的直播视频并参与线上讨论	同学们平时接触的大多是国内的直播，与跨境直播相比，差别还是很大的。通过收看亚马逊直播视频，可以直观地感受到差异，为各小组制定直播方案提供思路。 ★课程思政：提升学生跨文化交际意识。 达成素质目标2
	课前练习三	直播场景场地布置、直播设备使用和直播方案要点	1.【介绍直播场景和商品】在上次课结束时就将本次课的教学内容告知学生，介绍直播内容工场的场景和珍珠系列产品； 2.【明确练习要求】本次课前要求每个小组根据不同的场景和商品完成直播方案设计和脚本写作	1.【构思直播方案】根据内容工场的直播场景和商品，挖掘产品卖点，构思直播方案； 2.【拟写直播脚本】根据方案完成直播脚本，进行分工，准备直播展示	1. 提供给学生不同的直播场景和商品，让学生有更大的空间发挥主观能动性，激发学习的积极性。 2. 小组成员之间分工合作，增强同学们的团队合作意识 ★课程思政：激发学生创新探索的开拓精神和团队合作的职业素养。 达成知识目标2、知识目标3
课中任务	任务导入 5 min	创建直播间及直播展示的任务要点	【任务导入】本次课的任务包括三个部分： 1. 各小组利用直播内容工场的场景和珍珠系列产品创建直播间并派代表汇报设计思路和直播方案； 2. 小组互评前两位的小组进行直播展示； 3. 各小组优化直播方案，并录制一段模拟直播视频	【明确小组分工】根据课中的三个任务，各个小组再次明确每位组员的分工，各尽其职，共同完成小组任务	明确本次课的任务，让学生对接下来两节课的安排更加清楚，便于小组长的统筹安排
课中行动 展示 评价	课中任务一 40 min	直播间创建要点 1. 创建直播间所需的器材，各自的功用及在直播中能达到的效果（5 min）； 2. 动手实践创建直播间(10 min)	1.【提供直播条件】教师准备好直播的场景、珍珠系列产品和相关的直播设备； 2.【指导学生挑选设备】指导学生按既定的方案挑选合适的直播产品和设备； 3.【指导创建过程】在学生创建直播间的过程中，提醒要注意的问题	1.【选择直播设备】了解现场能提供的直播器材，结合课前已经形成的直播方案，选择合适的设备。 2.【创建直播间】按照直播方案进行直播间的创建，要注意场景、商品和辅助器材的合理搭配，以期实现理想的直播效果； 3.【优化直播间】在直播间创建的过程中按照老师的建议和设备调试的情况进一步优化	1. 让学生自己匹配现有的场景和商品，能较好地调动学生的学习自主性，激发学生的创新性思维，引导他们更好地挖掘产品的卖点，用最好的形式进行展现。 2. 一场成功的直播需要一个团队密切的合作，通过小组互动，进一步强化了学生的团队意识 ★课程思政：要有创新性思维，才能设计出更加具有创意的直播。在直播间创建过程中要有精益求精的工匠精神和团队合作意识。 达成知识目标2、能力目标2、素质目标1、素质目标4

续表

教学环节	教学内容	教师活动	学生活动	设计意图
课中行动 展示 评价	课中任务一 40 min	3. 直播间创建和直播方案脚本设计要点(25 min)	1.【组织小组汇报】在各小组直播间创建结束后，请每小组选派代表上台，就各自直播间的设计思路和直播方案进行介绍； 2.【发起平台投票】组织同学们通过学习通进行小组互评，产生排名第一、二位的团队	1.【各小组代表汇报】各个小组派代表，就刚刚完成的直播间创建进行汇报，阐述为什么会这样组合直播场景和样品，直播过程中打算从什么角度入手，如何吸引买家的眼球等； 2.【小组互评】认真聆听其他小组的汇报，学习各小组的长处，激发灵感。通过学习通进行小组互评	通过各组之间的方案介绍、互评，使得同学们在实践中反思、提升，激发学生的学习热情。 ★课程思政：通过不断的比较学习和自我提升，培养学生创新探索的开拓精神。 达成知识目标2、知识目标3、能力目标2、素质目标1
	课中任务二 20 min	直播的方法和技巧。(两个小组展示，每个小组10 min) 教学视频1	1.【邀请学生直播展示】请在小组互评中排名第一和第二的团队分别上台进行直播展示； 2.【发起主题讨论】直播展示后让同学们登录学习通，在主题讨论区写下对直播的评价。然后通过词云看同学们的评价主要集中在哪几个方面； 3.【总结示范】针对同学在直播展示中存在的问题进行点评并进行示范	1.【直播展示】评比结果排名靠前的两个小组按照课前准备好的直播方案，上台进行直播展示。 2.【配合示范】直播点评由学生和老师共同完成。在老师指出问题并进行示范时，学生进行配合，并在老师示范下进行直播优化	1. 通过各组之间的展示可以提升学生的胆量和表达能力，克服学生不敢开口说英文的畏难情绪； 2. 边展示、边评价、边示范，学生的印象更加深刻，更容易引起共鸣； 3. 让学生进行真实的情景体验，更容易感受到实际操作的不易，课程思政内容自然带入，不容易引起学生逆反心理 ★课程思政：直播要有新意才能吸引更多的粉丝。直播过程中要坚守诚实守信的职业操守。要不断提升跨文化交际的能力。要能经得起失败。 达成知识目标4，能力目标3，素质目标2、3
	课中任务三 20 min	灵活采用各种直播的方法和技巧优化直播方案	1.【指导学生修改方案】各小组根据之前老师和同学们的建议进行直播方案的修改，教师在此过程中巡视教室，倾听各小组的讨论情况，适时提出一些建议； 2.【指导学生模拟直播】指导学生根据修改后的方案，拍摄一段3分钟左右的模拟直播视频	1.【修改方案】学生根据课上老师和同学们的建议，小组讨论对直播方案进行修改； 2.【展示方案】根据优化后的直播方案，小组分工配合，拍摄3分钟左右的模拟直播视频。 3.【提交方案】各小组将模拟直播视频上传学习通平台	1. 通过小组讨论，将刚刚课上讲到的内容进行一个梳理，加深印象； 2. 方案不断优化，养成学生精益求精的匠心品质 ★课程思政：引导学生克服困难，挑战自我。要学习珍珠持之以恒的品质，提升抗压能力。 达成知识目标4、能力目标3、素质目标3
课堂小结 5 min		强调亚马逊直播引流的方法和技巧	【归纳总结】总结本次课大家任务的完成情况，再次强调直播引流的方法和技巧	【强化知识点】从教师总结中对本次课的重要知识点强化记忆	通过归纳总结，加深学生对本次课重难点的理解

续表

教学环节		教学内容	教师活动	学生活动	设计意图
课后鉴定	双元评价	跨境电商行业最新的直播信息	1.【双元评价】课后与企业导师一起对学生拍摄的模拟直播视频进行评价； 2.【挑选好方案】好的方案、好的直播苗子，有机会进入企业的直播工作室实践	【改进提升】学生关注平台教师的评语和建议，在以后的学习中进一步提升	引入企业导师和企业的真实任务，带给学生业内最前沿的信息，对学生更具吸引力，能进一步调动学生的学习积极性

（七）考核评价

1. **课前**：根据平台学习情况、小组分工中任务完成度、课前自测情况等进行平台评分；
2. **课中**：根据模拟展示中的表现，团队合作中的贡献度等，由校内教师给出过程性评价；
3. **课后**：学校教师和企业导师对上传平台的模拟直播视频进行评价。企业还可以选取优秀方案应用于实际店铺中，通过后台数据的对比来检测方案的效果

（八）教学反思与诊改

特色创新	1. **真实**。将企业真实的直播内容工场和产品引入课堂，使学生对企业直播有了更加直观的认识。丰富了学生的商品知识，提升了学生的实践操作能力； 2. **前沿**。亚马逊直播风头正劲，是每一位跨境电商人不能错失的机遇，学生提升直播方面的综合能力对将来职业发展会带来更多更新的发展机遇
诊断改进	1. 在企业实战环节，部分学生面对压力有畏难情绪，今后课堂中应结合企业实例多开展此类活动，提升学生的抗压能力； 2. 在以小组为单位完成工作任务的过程中对个人的考核不到位，个别同学参与度不够，没有达到预期的学习效果。今后要进一步细化小组分工，调动每一位同学的积极性

五、特色创新

1. 立足"一个平台、一个品类"，课程思政贯穿教学全程

课程立足亚马逊平台，旨在数字赋能乡村振兴，为珍珠企业打造跨境电商店铺运营与管理的最佳方案。将真实的企业、珍珠产品、跨境电商店铺引入课堂，在丰富学生的商品知识、提升实战能力的同时，更是从企业的家国情怀、员工的工匠精神和珍珠高尚品质等三个维度引导学生践行"爱国、敬业、诚信、友善"的核心价值观，弘扬浙商精神，融入"诚毅勤朴"校训，素质目标贯穿学生知识和能力培养全过程，思政教育润物细无声，更易引起学生的共鸣。

2. "三空间"提供学生持续发展的平台

结合跨境电商综合实训教室、跨境电商实际店铺资源开展一体化教学，充分利用课程在线网络资源，将教学过程分为课前在网络"虚拟空间"教规则、课中在"教室空间"情境体验技巧、课后在企业"实战空间"做项目三个递进阶段，教、学、做一体化，学生的专业知识、职业技能和综合素养得到持续发展。

六、教学成效

1. 通过工作任务串接知识点，有效提高学习积极性和改善学习效果

课程组教师带领学生到珍珠养殖基地开展企业调研，和跨境电商企业专家座谈，进一步细化相关工作岗位的工作任务，梳理教学内容，并编写了项目指导书，使得教学内容更加贴近工作实际。通过课程改革，提升了学生对职业岗位的认知，激发了他们的学习热情。从图3所示近三年学生平台学习成绩对比和相同班级课程教学改革前后的成绩可以看出学习效率的提升。

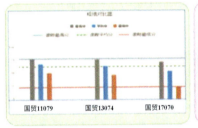
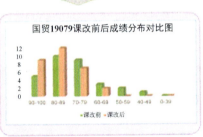
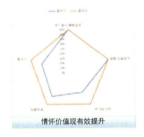

图3 教学效果对比

2. 通过课程思政的融入，有效提升学生的情怀价值

跨境电商不同于传统的电子商务，涵盖的专业知识面更广，对熟练掌握跨境电商所涉及国家的通用语言，又熟悉跨境电商平台和基本外贸知识的综合性人才的需求更为紧迫。在实战中，学生需要克服和客户之间的时差工作，提升自己的跨文化交际能力才能更有效地促成订单的达成。通过课程思政的融入，学生的学习自主性、沟通交流能力和抗压能力都有了很大的提升。

厚商德、明规范、强技能
——"短视频营销"课程思政案例

课程名称：短视频营销
教师信息：傅智园
授课专业：电子商务、移动商务、跨境电商等
课程性质：专业核心/专业限选课

第一部分：课程基本概况

一、课程基本概况

"短视频营销"是我校电子商务专业和移动商务专业学生的必修专业课程之一，也属于电子商务学院"双高"专业群建设的核心课程，课程的设置初衷为适应5G移动时代。短视频已经成为宣传观点、推广品牌、销售产品的必备工具，短视频的策划、制作与账号运营是商业类学生的必备能力，因此我校有针对性地设计教学、实训与考核内容，以培养学生具备与市场需求同步的技能。课程开设于大二第一学期，共72个课时，适用于已完成"新媒体营销""网络营销""移动营销"等课程，掌握一定内容营销知识和技能的同学。本课程在展开课堂理论教学的同时还配有"短视频营销实战室"，实现工学结合的职业教学理念，并在课程教学中，组织学生通过自选课题组队的形式参与短视频制作竞赛、创业竞赛等活动，灵活运用本课程中学到的技能并助力孵化学生的短视频创意项目。

本课程共分五个模块，聚焦短视频的策划、制作与运营，帮助学生掌握完整的短视频运营图谱，包括短视频的概念和分类、短视频平台、短视频的策划和剪辑、账号的运营以及人设策划、短视频的变现等一系列内容，帮助学生学会利用短视频实现有效营销效果，完成帮助自品牌或委托方品牌提升知名度与流量的任务。课程以移动媒体时代"电子商务行业人"的营销沟通需求为主线，旨在培养行业岗位群所需的掌握短视频策划和运营技能的人才，同时**融入思政育人的元素，引导学生借助抖音等短视频平台，弘扬社会主义核心价值观，传播企业和社会的正能量，宣扬品牌文化、企业文化和中华民族传统文化，宣传积极向上的流行时代风尚和生活方式。**

二、课程教学目标

"短视频营销"为技能实训类课程，其主要教学目标为培养学生进行短视频内容策划、拍摄制作剪辑，以及运营短视频账号、通过短视频打造IP产生变现，或者助力产品和品牌的宣传以及打造自品牌。因此，课程的学习目标包含部分理论知识和三类专业技能能力目标，具体如图1所示。

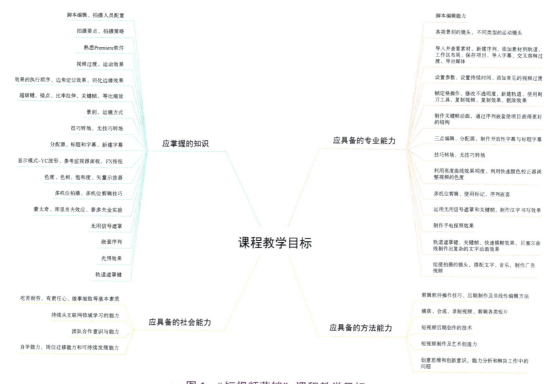

图1 "短视频营销"课程教学目标

第二部分：案例描述

一、课程教学内容及思政元素

本课程教学的内容为帮助学生掌握基本的短视频工具使用方法，培养现有工具应用和新工具挖掘的能力，从而能有效地开展短视频策划、制作与运营等工作；培养学生有意识地关注短视频工具版本更新与操作优化，激发学生的迭代意识，训练学生的实践精神。**与此同时，鼓励学生运营所学的短视频制作与账号运营技能，帮助中华文化的输出和民族品牌的宣传，在抖音、Tiktok等平台打造民族文化IP，在短视频时代的海内外网络世界中创造一股"华流"，并借助人设策划、服装、音乐等短视频元素渲染氛围不断"吸粉""涨粉"，让海内外年轻群体关注到中国传统文化、礼仪、民族团结意识和正能量的大国担当，同时树立文化自信。**

首先，在课程的目标、内容、设计的过程中全面融入思政元素，根据社会、行业、专业发展的需要，通过剖析短视频营销行业的发展趋势以及对就业形势的认知，在对岗位需求的要求上对学生的职业生涯规划进行引导，坚定他们的职业理想，培养他们的爱岗敬业精神、家国情怀以及职业荣誉感。其次，从知识点中发掘思政元素，结合知识的来源与发展、产业与市场以及与社会的关系，挖掘知识内涵的价值观、哲学、思想、思维、情感等。

短视频营销主要有5大板块的内容和12个技能任务模块（图2），课程内容中各任务模块连续融入相关思政教学元素，设计了包括"道德观""诚信观""数据观"等在内的12个思想观念元素与教学模块相融合，树立短视频营销过程中"厚商德、明规范、强技能"的课程思政主题。例如，第一板块从了解我国网络营销现状入手，使学生勇于面对市场变化，接受挑战并学会站在他人角度分析问题，提升共情能力，并通过各个平台的案例让学生清楚各个平台的自律公约，自觉遵守和维护良好的市场秩序等。其次，面对日益复杂的营销模式，很多学生对从网络获取的大量信息缺乏思考判断能力，良莠不齐的营销理念会左右他们的认知甚至影响他们的价值取向，将职业道德和职业素养融入教学，能够培养学生的职业操守。第三板块的内容策划中，让学生对网络强国有一个清楚的认知，加强网络舆论引导为主的互联网建设，防范网络思潮风险，同时通过一些经典的新媒体案例培养学生正确的人生观和价值观。最后，将短视频营销课程根据项目整合，将价值模块进行重组，由一个"知识-思政"点扩充为多个"知识-思政"点，由点及面，与专业理论知识融为一体。将思政元素通过社会热点、流行趋势融入课堂，通过发掘教学内容中所蕴含的哲学思想与元素，通过讲故事、案例分析、热点事件导入、实验课程等方式对学生的思维方式进行启发和建立，对学生进行正向的引导和潜移默化的教育。"短视频营销"课程思政教学目标与实现路径如图3所示。

课程教学内容		课程思政育人元素	
短视频营销导论	短视频的5个元素和4个平台	道德观	树立评判和策划短视频的正确道德观
	12种玩法和6大变现步骤	诚信观	严守法律底线、输出对顾客有价值的产品
	维持账号流量的8种思维模式	社会观	传播对社会有价值的信息且弘扬正能量
短视频账号定位	确定目标和目标工具分析	民族观	弘扬中国传统文化、增强民族自信
	构建短视频用户画像	科学观	践行严谨、科学的调研和数据分析态度
	短视频账号的人设、领域和输出形式定位	进取观	宣传民族企业自强不息、开拓进取的精神
短视频内容制作（打造流量王国）	爆款短视频选题的方法	家国观	选题中国元素、输出社会主义核心价值观
	短视频营销的内容策划	创新观	培养精益求精、开拓创新的内容创作精神
	短视频的拍摄器材和技巧	时代观	秉承紧跟时代步伐、积极创新的工作态度
	后期剪辑工具、发布与推广	价值观	传播积极向上的企业和社会价值、生活方式
短视频变现	商品分享的形式和运营策略	数据观	大数据赋能产品竞品决策以及视频脚本撰写
	广告变现和打赏变现的策略	传承观	文案的思路中融入中华文化的传承与创新
	短视频IP的打造与商业运营	爱国观	激发学生的爱国热情，坚定"四个自信"
短视频账号的日常运营	各种类型短视频的涨粉操作	情怀观	将民族情怀、家国情怀融入品牌调性而吸粉
	短视频电商和社群的运营	敬业观	展现内容运营中的敬业、精益、工匠精神

图2 课程各内容模块的课程思政元素

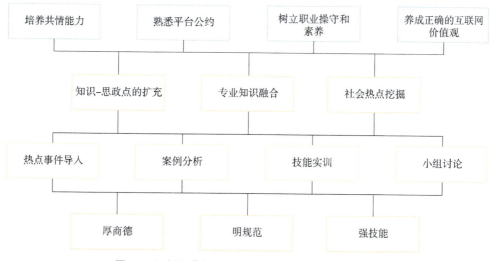

图3 "短视频营销"课程思政教学目标与实现路径

二、设计思路

课程依托超星平台的专业化教学内容、多样化资源形式、高饱和资源内容，采取思政课中课的教学模式，根据教学目标和微课特点，重新调整课堂安排，在课堂教学中进行融合、引用或借鉴，将学习的决定权在教师与学生之间重新分配，改变课堂教学形式单一的弊端。在专业课程授课环节，运用案例分析、实践等多种教学手段自然融入思政德育元素，提高学生学习积极性，选取既贴合课时目标，又贴近实际生活的思政案例，将具有时代感的内容引入课堂，放大思政德育功能的鲜活性，让学生切身感受到课堂所学和实际应用密切相关，助力课堂吸收，引导学生树立正确的价值观、人生观与世界观。思政课中课的案例分析形式，保证课程中的互动体验式学习，融合创新精神、工匠精神和职业规范，培养学生成才。

（1）整体性顶层设计：从课程体系、教学目标、教学内容等方面进行整体设计，将课程设置为理论模块、实践模块与素质拓展模块。

（2）思政融入专业课：把握生活的思政要点，将具有时代感的正能量内容引入课堂，放大思政德育功能的鲜活性。

（3）案例探究协同育人：在专业知识讲解环节添加思政元素案例，让学生切身感受课堂所学和实际应用密切相关，助力课堂吸收，引导学生树立正确的价值观、人生观与世界观。

（4）教学目标三位一体：在传统的知识目标与技能目标中加入情感态度价值观目标，补足当前课程教学中缺失的德育功能。

"短视频营销"课程思政的设计思路如图4所示。

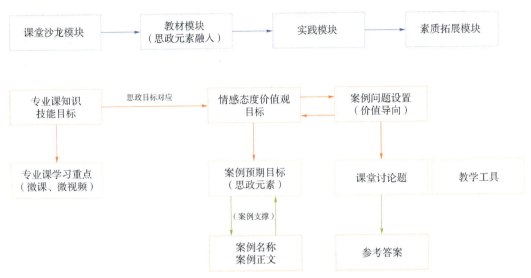

图 4 "短视频营销"课程思政的设计思路

三、课程思政案例的设计和实施

（一）课程思政案例的设计

本实施案例以课程第二模块——内容定位、账号定位的相关教学内容为例，阐述实施过程，教学课时为 4 课时（表1）。

表 1 思政育人案例设计的思路

课程内容
（1）什么样的视频内容才是有价值的？确定视频目标和目标工具。 （2）如何确定自己的短视频内容定位和选题？明确账号的领域和定位。 （3）短视频账号人设的挖掘与策划，并分组让学生开设账号和策划合理人设。 （4）构建短视频账号的用户画像，应用数据分析定位账号内容标签。 （5）策划本组短视频的输出形式、视频基调、语言和服装、场景风格
思政元素
（1）培养学生的职业操守，弘扬传统文化与民族自信； （2）尊重知识产权，严守法律底线和树立正确的道德观，弘扬正能量的视频定位，输出对用户有价值的产品与信息； （3）通过视频的定位来培养文化自信、民族自豪感，输出中华传统价值观； （4）培养科学谨慎的调研与数据分析态度，践行"实践是检验真理的唯一标准"； （5）培养学生对热点的敏锐嗅觉，例如关心"乡村振兴""共同富裕"等时事热点，并将社会热点和正能量融入视频定位策划； （6）宣传企业家精神和"中国梦"，弘扬自强不息、开拓进取的精神

续表

思政目标与嵌入点
（1）案例探讨之"大LOGO"等吃播的在网络渲染的炫富、奢靡之风。 （2）"辛巴的道歉"折射出的短视频、直播营销诚信和违法问题。 （3）达人探店、打卡海外奢侈品牌店引起的崇洋媚外模仿风气和民族自信缺失。 （4）讨论："写评论赚钱"兼职招聘，你是否应该去应聘？ （5）讨论：利用拍摄剪辑技术夸大产品功能是否合理？ （6）如何利用短视频帮助"蜂花"等民族品牌重新获得关注度？如何利用短视频拍摄技术宣传国货？如何融入并输出中华文化、提升国家影响力
预期成效
（1）帮助学生树立文化自信、文化自豪与民族认同感，鼓励学生通过短视频运营进行中国文化的输出与传播。 （2）了解中国的企业家精神和社会主义核心价值观，并通过短视频宣传民族传统元素，以及助力民族品牌的复兴与创新。 （3）培养商德意识，营销伦理与社会责任意识，在短视频营销环境中始终秉承诚信、求是、精益求精的商业精神和兢兢业业的工匠主义。 （4）帮助学生明确短视频营销领域道德与法律规范，规避夸大、虚假的营销行为和实施手段。 （5）强化学生的短视频营销技能，有意识地在实训作业和今后的工作中借助短视频平台宣扬正能量的品牌文化、企业文化和中华民族传统文化

（二）课程思政案例的实施

"短视频营销"课程思政案例的实施流程包含7个步骤，从切入点引入到课程讲解最后到实训任务以及创业竞赛参与，具体如图5所示。

图5　"短视频营销"课程思政的实施流程

（1）提出热点事件，引出正确的文化价值观讨论。

引入"大LOGO""辛巴""国外奢侈品探店"等视频直播营销带来的网络文化影响讨论。教学过程中有两个重要知识点会集中关注"文化"，一是文化构成营销环境因素，二是文化对消费者行为的影响。教师通过案例化教学、调研任务设计引导学生探究文化问题对消费者行为和营销行为产生的影响，帮助培养学生的价值观并树立文化自信。

（2）通过案例分析，引出课程思政内容。

引导、告诫学生不要为了所谓吸引眼球而放弃职业操守，维护网络环境的健康、规范、有序是每个人的责任和义务。要有正确的金钱观，君子爱财取之有道。要养成不断学习的能力，使学生认识到精神世界丰富才能让输出的内容深入人心，得到关注。

（3）利用中国元素，辅助短视频定位内容讲解。

教师利用各种中国文化元素诸如丝绸、苏绣、剪纸、水墨画、梳篦、青花瓷、武术、茶、中医中药、旗袍、胡同、京剧、唐卡等作为知识印证小案例；也会选择诸如同仁堂、小罐茶、故宫淘宝等文化营销案例作为开篇引导案例或知识运用案例，辅助短视频定位和人设策划的课程内容讲解。

（4）视频内容定位的发散性练习——企业家精神与中国梦的相关内容挖掘。

在教学设计中把企业家精神的培养与实现"中国梦"的理想信念和社会主义核心价值观结合起来。选取典型企业或企业家实施案例教学。搜集具有民族情怀或者社会责任感的典型企业家营销管理案例，来具体诠释不同的创新出发点，让学生在理解创新多维性的同时，还能够受到企业家人格魅力的启迪。谷歌将自己的企业文化定义为"不作恶"从而保证了搜索引擎的消费者利益优先进而成了"创见企业"、海尔率先提出"真诚到永远"的家电售后服务理念、苹果手机和华为手机注重顾客体验的产品创新策略、格力的渠道创新、腾讯的整合营销沟通等，这些案例在教授专业知识的同时，能让学生产生真诚的共鸣，其思政教育效果远好于单纯的说教。

（5）布置调研与实践任务并纳入课程考核体系。

以分组考核的形式让学生自选感兴趣的民族品牌，完成用户与产品调研的基础上，为民族品牌策划有特色的短视频营销定位。引导学生从"社会需求"或"社会痛点"出发，进行实地调查研究，设计产品的市场需求调查、消费者购买因素调研、顾客满意度调查系列营销调研项目，引导学生发现现实问题，为企业制定营销战略和策略提供客观依据，树立从消费者需求出发的营销理念，兼顾消费者利益和社会效益，将个人的专业志向与社会需求以及国家发展的战略结合起来，实现个人梦想和祖国梦想的统一。培养学生对民族品牌的理解与认识、意识到民族品牌复兴的机遇与挑战，树立借助短视频帮助民族品牌宣传、提升知名度的情怀，及推广中国文化、中国制造的理想。

（6）引导和带领学生参加社会实践和创新创业类大赛。

课程教学可以与"三创竞赛""青年红色筑梦之旅"结合起来，把创新创业实践与乡村振兴战略、民族品牌复兴战略结合，引导青年学生在实践中受教育、长才干、作贡献。

（7）课后反思讨论。

培养对营销伦理和社会责任的关注。营销者必须擅长顾客关系管理和伙伴关系管理，教师可以在讲解公众、人口因素、自然、技术、文化、政治、法制等环境等因素时强化"社会责任"意识，灌输人文精神。营销观念反映的是每一个组织对企业利益、顾客利益和社会利益的权衡，它是看不见的手，会决定营销行为。营销观念的发展，从生产观念发展到产品观念、销售观念，到今天的营销观念和社会营销观念，教师可以利用这个知识点来和学生一起探究营销观念在出发点、实施手段和目的等方面的历史演进，分析进步意义和弊端，运用历史唯物主义让学生做出自己的价值判断。

总之，短视频营销课程思政的元素设计，应该努力找到专业知识与德育目标的契合点，通过缜密的教学素材设计，以专业知识、案例和项目式实践任务为载体，通过专业知识与德育元素的契合与协同和多样化的教学手段，"润物细无声"地实施专业教育与育人教育的有效结合。

四、特色及创新

在教育教学过程中，将思想政治教育有效融入文化专业知识课堂、社会实践活动教育等各个环节，确保思想教育贯穿教育教学工作的全过程，真正形成教书育人、科研育人、文化育人、实践育人、组织育人融合发展的长效机制。对"短视频营销"课程来说，其本质就是教会学生基于特定的产品概念诉求和问题进行深入剖析，并且对消费者进行有针对性引导的一种教学模式。

短视频营销通常借助短视频渠道表达和舆论传播进一步扩大其影响力，从而达到品牌营销和宣传的目的。思政课程体系的构建，可以有效融合利用这些技术工具，为思政教育提供坚定助力，从而深度挖掘思政教育的内涵，瞄准做"有温度"的课程，融思政教育、专业教育、职业教育为一体，进一步提高思政教育的影响力。"短视频营销"课程教学过程中，为了充分开发和利用学生的第二课堂，教师在新媒体授课中经常会用到信息技术工具，融合声音、图片和视频等多种方式于一体，从而给学生带来更加良好的课堂体验，提高学生学习的热情。对学生而言，抖音、快手等短视频平台软件都是他们在生活中经常用到的，使用频率相对来说比较高，这些工具运用得当可以有效促进教师和学生的沟通交流，有效地拉近师生的距离，便于教师及时掌握和了解学生的心理状态，同时也可以给学生更加快速有力的引导，有效促进学生成长和发展。与此同时，在享受这些智能工具给人们带来便利的同时，也需要正确识别网上纷繁复杂的信息资源，有效约束自身行为，树立正确的人生观和价值观，以实际行动去筑梦、追梦和圆梦，朝着积极正确的方向不断成长和进步。

五、课程思政实施的效果及反思

首先，由于"短视频营销"这门课程具有实践性强、新颖度高等特点，将思政融入每一个新媒体营销的实战案例中，让学生在企业和产品成败的真实案例中体会到职业素质和职业道德等思政因素在从事新媒体营销这个行业中的重要性。但由于教师自身对思政要素的挖掘还不够深入，以至于很多思政元素并没能很自然恰当地融入课堂中，则应多与德育教师进行学习研究，提高自己的政治素养，明确思政的内涵和要求，共同探讨思政体系在"短视频营销"这门课程的定位，充分挖掘新媒体营销课程中的思政育人元素，将正确的价值观、道德法律、职业道德等思政元素巧妙地融入课堂中。

其次,应该转变教学模式,转变师生定位。学生对短视频、直播营销事件热点的敏感度远超教师,他们对新事物更愿意尝试和探索。学生多为"00后",其学习方式、交流方式、生活习惯都深深受到新媒体的影响,形成了独特的价值观念和行为模式,他们更愿意追求新事物、新方式、新热点,注重自我价值和自我感知。新媒体营销作为一种新的营销模式,充满风险和挑战,但学生对营销背后的分析只停留在表面。因此,要让学生提供他们发现的短视频和直播营销,以生为主,从学生的主观需要为出发点,以学生了解的热点营销实践为抓手,培养学生对问题独立的思考判断能力和透过现象看本质的能力,引导学生在纷繁的网络时代坚守自己的原则底线和道德准则。

最后,思政融入虽然结合营销热点运用到了课堂中,但是实际的教学效果却很难进行量化和评价,还需要进一步学习和探索。教师亦需要进一步提升自己的思政水平,真正无愧于"教书"和"育人"的双重使命。

在"知行合一"中立德树人

——"网店视觉营销"课程思政教学案例

课程名称：网店视觉营销
教师信息：朱林婷
授课专业：电子商务等
课程性质：专业限选课

第一部分：课程基本概况

"网店视觉营销"是我校电子商务专业群的一门专业核心课，主要授课对象为电子商务、商务数据分析与应用、国际贸易与实务等专业的学生。该课程自2016年开设以来，累计授课班级43个，累计授课时数超1 900节，线下授课学生数超1 700人。目前，"网店视觉营销"课程组在浙江省高等学校在线开放课程共享平台完成了6期课程的开设，选课学生数超近1 500人，课程访问量近35万次。

该课程是基于电子商务岗位群的职业能力细分，顺应相应岗位的重点能力需求而提炼出来的细分化的专业课程。课程的教学不仅精准化培养学生的专业知识与技能，更加强调立德树人的育人导向。该课程目前是第三批省级精品在线开放课程建设项目，配套教材《网店视觉营销》是浙江省高校"十三五"新形态教材建设项目，课程核心内容曾获全国职业岗位能力精品课二等奖，以该课程为例开展的教研活动"立足学情，优化课程体系，创新课程设计"曾获校教研活动优秀案例一等奖。

该课程教学团队坚持教书与育人相统一、言传与身教相统一、潜心问道和关注社会相统一，在教学过程中一直注重将思政教育、技术技能与职业素养有机融合，定期开展课程思政集体教研活动，课程思政建设工作已经有所积淀，形成了可供同类课程借鉴共享的经验。

第二部分：案例描述

一、课程教学目标

课程以立德树人为根本任务，秉承"德技并修、育训并举"理念，落实我校"育人为本，服务社会"办学方针，将德育内涵扎根在课堂主渠道和课程主阵地，发挥课程的育人作用，提高人才培养质量。

1. 知识传授目标

该课程要求学生在完成了先导性专业基础课程学习的基础上，强化其对视觉营销内涵和功能的理解，传授视觉营销的心理学原理、构成要素及有效分析消费者视觉心理的方法，掌握精准展现图文视觉营销设计、页面视觉营销设计、广告视觉营销设计、新媒体视觉营销设计的方法，为学生构建职业岗位所需的知识储备体系。

2. 能力培养目标

该课程依据视觉营销专门化岗位的任务要求，培养学生分析消费者视觉心理特征及其影响因素的能力，促使学生能够分析目标市场定位和竞争战略定位，并进行有针对性的视觉营销创意设计，为学生构建职业岗位所需的能力提升体系。

3. 价值塑造目标

该课程紧扣"坚定学生理想信念，教育学生爱党、爱国、爱社会主义、爱人民、爱集体"主线，深入挖掘提炼教学点中蕴含和承载的思政元素，将中国特色社会主义和中国梦教育、核心价值观教育、法治教育、劳动教育、心理健康教育、优秀传统文化教育通过"基因式"融入视觉营销概述、分析、设计的各个环节，提升学生的政治认同、家国情怀、文化素养、法治意识和道德修养，在产生知识强化和应用联动同时，实现价值塑造的同向同行。

二、课程思政元素

"才者，德之资也。德者，才之帅也。"树人为教育之本，立德是教育之魂。教师是帮助学生树立正确价值观的"主力军"，课程是德育教育的"主战场"，课堂是思政内涵融入的"主渠道"，要努力在"知行合一"中同向同行，形成立德树人的协同效应。

该课程紧扣"坚定学生理想信念，教育学生爱党、爱国、爱社会主义、爱人民、爱集体"主线，深入挖掘提炼教学点中蕴含和承载的思政元素，利用课堂教育主阵地，寓核心价值观塑造与"诚毅勤朴"校训的精髓要义于知识传授之中，融法治意识、劳动教育、优秀传统文化传播于能力培养之中，并逐步固化于课程标准，让立德树人"润物无声"（表1）。

（1）灼见真"知"，寓思政主题于多样化课堂教学之中，使知识传授与立德树人同声共鸣。

在视觉营销概述模块中， 选取视觉营销发展和知名企业案例导入，帮助学生了解世情国情党情民情，增强政治认同、思想认同、情感认同，坚定"四个自信"。

在图文视觉营销设计模块中， 创设亲情、友情、爱情等主题，引导学生融合国家、社会、公民价值要求，将核心价值观内化为精神追求、外化为自觉行动。

在广告视觉营销设计模块中， 融合经世济民、诚信服务、德法兼修的职业素养，引导学生牢固树立法治观念。

在新媒体视觉营销设计模块中， 创设"疫情下的中国""每天进步一点""没人能击垮你"等主题，传递疫情防控中涌现出的大爱情怀、家国担当、英雄精神，争取与学生产生多角度共鸣，弘扬爱国主义的民族精神和改革创新的时代精神。

（2）砥节砺"行"，融思政元素于实战化项目教学之中，使技能锻炼与立德树人同频共振。

在实践教学模块中， 将中国传统节日和传统文化融入项目实战中，创设清明祭祖、端午粽情、中秋团圆等主题，引导学生理解优秀传统文化的思想精华和时代价值，传承中华文脉，提升民族自豪感和爱国心。

在综合实战模块中， 创设"家文化"、"共享文化"、养老、爱心等主题，让学生在实战中提升认同感和归属感，培养耐心细致和精益求精的工匠精神，在各类公益项目设计中引导学生自觉践行职业精神和职业规范。

（3）"知行合一"，承思政内涵于多维度考核评价之中，使课程建设与立德树人同源共流。

该课程健全多维度效果考核评价机制，将思政元素作为重要评价指标落实到课标、大纲、资源各方面，贯穿于课堂、实训、实战各环节，实现教学评价从单一的专业维度向人文素养、职业胜任力、社会责任感等多维度延伸。

表1 课程思政元素

专题	教学知识点与切入点	思政育人目标
视觉营销概述	√ 视觉营销本质与内涵； √ 视觉营销演变进程； √ 视觉营销原则与应用； √ 知名企业案例	√ 了解世情国情党情民情； √ 增强政治认同、思想认同、情感认同； √ 坚定中国特色社会主义"四个自信"
图文视觉营销设计	√ Logo设计； √ 商品主图设计； √ 商品细节图设计； √ 亲情、友情、爱情专题图文设计	√ 强化将国家、社会、公民价值要求融为一体的意识； √ 提高爱国、友善修养； √ 提升将核心价值观内化为精神追求、外化为自觉行动的能力
页面视觉营销设计	√ 首页设计； √ 详情页设计； √ 清明祭祖、端午粽情、中秋团圆专题页设计实践	√ 理解优秀传统文化的思想精华和时代价值； √ 传承中华文脉
广告视觉营销设计	√ 广告策划与创意； √ 广告设计； √ 广告管理	√ 提高敬业、诚信修养； √ 培育经世济民、诚信服务、德法兼修的职业素养； √ 牢固树立法治观念
新媒体视觉营销设计	√ 短视频与直播视觉营销设计； √ "疫情下的中国"短视频设计； √ "每天进步一点"短视频设计； √ "没人能击垮你"短视频设计	√ 弘扬以爱国主义为核心的民族精神； √ 弘扬以改革创新为核心的时代精神
视觉营销设计综合实战	√ "家文化"海报设计； √ "疫苗接种"等公益广告视觉营销设计； √ 爱心传播短视频视觉营销设计	√ 培养耐心细致和精益求精的工匠精神； √ 培养遵纪守法、爱岗敬业、无私奉献、诚实守信、公道办事、开拓创新的职业品格

三、课程设计思路

课程系统化设计**"梳理+预习"→"内化+学习"→"外化+复习"** 的螺旋式递进的知识与德育提升教学策略（图1）。

课前"梳理+预习"： 教师对知识进行梳理，剖析理论知识点、挖掘思政元素；学生观看教师教学视频，完成课前练习，并根据预习情况提出相应问题。课前将与专业工作任务相关、与学生生活贴近、与前后课程衔接密切的思政育人内容有效地融入课程、融入学生、融入生活。

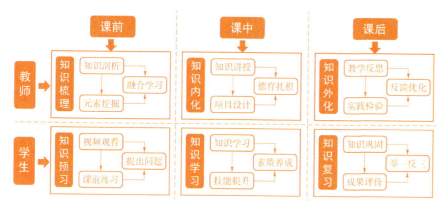

图 1　课程设计思路

课中"内化+学习"：教师对理论知识体系和实战项目主题进行教授和设计；学生通过多种学习形式提升技能、养成职业素质。课中将思政元素融入知识教授与项目实战环节，激发学生的创新意识和创新欲望，将德育内涵扎根在课堂主渠道。

课后"外化+复习"：教师根据课堂实践情况，检验前期课程设计应用效果，开展教学反思，根据反馈结果实时更新与动态再造课程知识体系；学生复习巩固理论知识，融合课程思政要求对技能练习成果进行评价，并将学习效果举一反三。课后实现知识技能传授与价值观教育的协同引领，真正做到显性教育与隐性教育融会贯通，实现思政教育的创造性转化。

四、实施案例（以"端午粽情"专题广告页视觉营销设计为例）

"端午粽情"专题广告页视觉营销设计见表2。

表 2　实施案例

专题名称	专题广告页视觉营销设计	
教学目标	√知识目标：能够灵活应用网络广告策略，进行广告视觉营销策划，并提出创新性的广告视觉营销创意； √技能目标：能够针对广告目标和客户群体特征，在广告制作过程中进行图文内容编排和视觉创作； √思政目标：理解优秀传统文化的思想精华和时代价值，传承中华文脉	
重点难点	√广告页视觉营销策划与创意； √广告页视觉效果设计与制作；	
教学角色	教师	学生
学情分析	√作为教学实施主体，深入剖析课程的知识点并挖掘思政元素； √精心设计课程案例与实战项目，将思政元素"基因式"融入教学环节； √在前期教学过程中发现学生存在个体差异性，采取分层、分组等教学组织形式以达到效果	√电子商务专业的学生，具备较扎实的电子商务专业基础知识； √在前期学习中已经对视觉设计有较深入地认识，但是对广告的策划和设计还相对比较陌生； √普高生源的学生，在策划和创意方面比较有想法，但在制作方面还不够熟练

续表

专题名称		专题广告页视觉营销设计	
教学方法		√案例讲授法、项目引领法、启发教学法	√自主学习法、分组讨论法、协作评价法
实施角色		教师	学生
实施策略	课前	√知识剖析：梳理知识体系，细化教学知识点	√视频观看：通过浙江省高等学校在线开放课程共享平台观看课程预习视频
		√元素挖掘：挖掘知识点中可以融合的思政元素，确定即将到来的中国四大传统节日之一的"端午节"作为思政元素的切入点，传承中华文脉	√课前练习：完成本次课的课前小练习，练习中包含广告策划基础知识和视觉设计基础知识
		√融合方式：教学团队开展集体教研活动，集思广益，充分讨论设计教学方案，创设"端午粽情"项目实战主题	√提出问题：针对本次课的知识点，带着问题进入课中环节
	课中	√案例导入：端午节是首个入选世界非遗的节日。划龙舟与吃粽子这两大礼俗，自古传承，至今不辍； √知识讲授（以粽子为例）： （1）导入：什么样的粽子更符合消费者的需求？ （2）视觉营销设计出发点； （3）图文广告视觉营销设计的要求与技巧； （4）直播/短视频广告视觉营销设计技巧	√知识学习：了解案例背景，跟随案例（端午节）主线学习理论知识点； √分组讨论：根据教师引导讨论消费者需求与广告页面的创意及其实现路径
		√项目设计：围绕"端午节"主线，看一段直播，并以"端午粽情"为主题，为直播间的粽子设计一则符合视觉营销设计要求的图文广告页面	√技能提升：围绕"端午安康"主题，分组策划、设计、制作广告页视觉营销效果
		√德育扎根：通过知识讲授和专题项目实战，引导学生理解优秀传统文化的思想精华和时代价值	√素质养成：端午节作为中国四大传统节日之一，通过专题实践，将传统文化赋予了时代价值，提升民族自豪感
	课后	√教学反思：以"端午粽情"作为广告视觉营销设计主题，将中国传统节日和传统文化融入项目实战，引导学生理解优秀传统文化的思想精华和时代价值	√知识巩固：通过专题测验与实践应用，帮助学生将所学知识应用于实际，进一步巩固知识的掌握程度
		√实践检验：在项目设计过程中融入原创性要求，通过学生的实战，培养耐心细致和精益求精的工匠精神，引导学生自觉践行职业精神和职业规范	√成果评价：请学生描述或展示自己创意设计的"端午粽情"主题广告，开展相互评价，标准如下： （1）是否符合图文视觉营销设计的要求？ （2）是否体现"端午节"传统节日的深远意义？ （3）是否符合"端午粽情"主题的传承价值
		√反馈优化：根据学生学习效果的反馈，实时更新与动态再造课程知识体系	√举一反三：理解传统节日及其文化内涵，并将所学知识应用于实战，进一步提升民族自豪感和爱国心

五、特色及创新

创新点一：强化"育人职责人人肩负"意识，构建形成"思政+"育人共同体，实现全员育人。

该课程教学团队的教师，有从一线思政教师转型而来的，也有一直以来担任班主任和入党联系人的，他们构建了多学科背景互相支撑、多元化良性互动的育人共同体，不仅在专业发展上具备有效育人的能力，在思想上也具备很强的思政工作意识和能力，形成了全员全过程全方位育人的共识。教学团队成员具有坚定的理想信念和无私的奉献精神，具备高尚的思想品格、渊博的知识、高超的授课艺术、真诚炽热的心，成为课程思政的协同引领者、积极践行者、有效传播者，确保课程思政建设落地落实。

创新点二：强化"育德使命堂堂落实"意识，实时更新"思政+"教学内容，实现全过程育人。

该课程突出精准化培养职业技能、个性化激发创新思维、复合化提升职业素养的育人导向，动态调整理论知识体系，实时更新实战项目主题，深度挖掘课程思政内涵，提炼思政切入点，将思政元素融入课程目标设计、教学大纲修订、教材编审选用、教学内容体系、教案课件编写等各方面，循序渐进地将教书育人的内涵扎根在课堂教学主渠道，确保课程思政建设落实落细。

创新点三：强化"育才担当课课实施"意识，健全多维"思政+"教学评价，实现全方位育人。

该课程创新了多维度效果考核评价机制，在理论学习、调研分析、主题实践、项目实战等阶段性任务中，分别设置人文内涵与思政教育成效评价指标，实现教学评价从单一的专业维度向人文素养、职业胜任力、社会责任感等多维度延伸。在分专题过程性评价和综合性评价中落细落实，确保课程思政建设见功见效。

六、教学效果

教学设计先进。该课程从知识与能力、情感与态度、价值与立场等多个维度，组织课堂教学和实战，同步实现知识传授、能力培养与价值塑造三位一体的教学目标，增强了学生的获得感。

教学成效显著。该课程明确了价值目标，在帮助学生塑造正确世界观、人生观、价值观方面起到了积极的作用，每学期受益学生约300名，建设成果具有示范引领作用。

教学资源共享。该课程正在构建蕴含思政元素的立体化资源集群，制作视频、课件、案例、素材、新形态教材等，面向校内外学生和社会学习者开放。

"仁义礼智信"理念下的"供应链管理"
——"供应链管理"课程思政课教学案例

课程名称：供应链管理
教师信息：黄春燕
授课专业：电子商务、商务数据与分析等
课程性质：专业限选课

第一部分：课程基本概况

"供应链管理"课程是高等职业院校一门重要的专业限选课程，主要面向电子商务专业、商务数据分析专业开放。目前"供应链管理"课程在超星平台对本校学生开放，访问量上千次，该课程聚焦电子商务企业的供应链管理，它是一门以管理学、物流学和生产运营管理等为理论基础，以管理统计学方法、管理运筹学方法、计算机信息处理等为手段的运作课程。该课程的主要目的是在学生已经具备一定的电子商务基础知识和网络营销应用能力的基础上，进一步增强学生对电子商务供应链管理的基本概念和原理的理解，熟悉电子商务企业供应链管理的流程和操作技能以及管理方法，掌握供应链信息管理软件的应用，掌握时代所需的智慧供应链管理相关技术知识。本课程以培养学生的实际操作与运用能力为核心，**该课程围绕儒家思想"仁义礼智信"的"五常"文化融入课程思政中**，将唯物主义哲学理论中的必然和偶然、科学发展观的定性与定量、儒家的授信与互惠结合等辩证思维方法对供应链合作共赢课程内容深化，结合目前各类热点企业案例，剖析供应链管理的理论知识。重点培养学生的分析问题、解决问题的能力，以及创新与创业能力，并为学习后续课程打下坚实基础。

第二部分：案例描述

（一）课程目标及思政元素

本课程要求学生掌握电子商务供应链分析方法和供应链的常规管理方法，熟悉电子商务企业供应链管理模式，能够针对电子商务供应链上的物流、采购、库存、销售、配送、信息、成本管理等环节设计管理方案，制定绩效指标。**在"供应链管理"课程中深挖经济与儒家思想的共通点，课程围绕"四圈"即"圈伦-圈系-圈智-圈谋"，融入儒家"仁义礼智信"元素，即弘扬"仁"德，培育"仁爱"；弘扬"义"德，培育"忠义"；弘扬"礼"德，培育"文明"；弘扬"智"德，培育"适应社会能力"；弘扬"信"德，培育"诚实守信"，以此来讲解"供应链合作在于诚实守信"**。基于儒家思想研究圈子人伦资本的成果融入课堂教学，讲解供应链主体网络规划，见表1。

表 1 "供应链管理"课程和思政目标

单元	知识要求	技能要求	素养要求	课程思政育人目标
供应链管理	供应链基本概念和术语；供应链的特征和类型划分；理解供应链长鞭效应；了解供应链组织结构	独立分析企业供应链组织结构；具备电子商务供应链分析能力；具备供应链管理的思维和意识；具备消除供应链长鞭效应能力；具备 QR 和 ECR 供应链管理能力	领导及管理能力；团队合作意识；较强的沟通能力；组织协调能力	树立爱天地万物的观念，提升品性不虚伪、不浮夸；弘扬牢牢扭住经济建设这个中心，毫不动摇坚持发展是硬道理的理念
智慧采购管理	电商采购基本概念和分类；供应链采购的方式和特点；供应链采购的作业流程；供应链采购合同构成要素；智慧化采购业务链的应用	熟练制定供应链采购计划；通过网络选择合适的供应商；能与供应商签采购合同；能熟练操作电子订货系统；能比较熟练地采取措施降低成本	团队合作协调意识；能倾听团队成员声音；合作完成采购任务；具备一定的领导能力	树立公共礼仪，诚以取利，培养辨别是非的能力和意识
智慧物流管理	物流在供应链中的作用；电商企业物流运作模式；供应链上的物流活动；智慧物流的发展和应用；智慧配送计划的实施	目前供应链物流方面的发展状况；描述电商供应链物流作业流程；熟练运用 DRP 技术优化物流配送；分析电商供应链物流管理策略	带领团队完成任务；具备团队合作意识，能分工合作完成任务；具备较强的沟通能力	树立团结开拓、共谋发展的意识，整合资源，携手共建
智慧库存管理	库存管理的基本概念；库存管理基本原则与要求；库存管理的基本方法；智慧库存的特点和智慧仓储系统应用	描述电商企业出入库商品流程；应用 ABC 分析法管理企业库存；电商企业最优库存经济订购批量；计算电子商务企业的安全库存	具备较强的沟通能力，能倾听团队成员的不同声音；能用数据管理电子商务供应链	树立敢想敢做、守正出奇的意识，诚信为基，童叟无欺
信息技术管理	供应链管理中信息的内容；电商供应链信息系统构成；供应链管理中常用技术；智慧供应链相关协同技术	识别和制作电子商务供应链管理中常用的 EAN·UCC-13、EAN·UCC-128、EAN·UCC-14 等常见的商品条码和物流条码；供应链中运用 RFID 技术；懂得供应链中 GPS 技术和 GIS 技术；操作供应链信息管理系统	具备团队合作意识，能分工合作完成任务；自己动手制作能力；美观性设计图文能力	树立与时俱进，推陈出新能力，培养开拓创新精神
成本绩效管理	电商供应链成本的构成；电商供应链成本核算方法；电商供应链绩效考核数据；供应链绩效常用的方法	电子商务企业成本简单核算；本量利分析法管理电商企业成本；分析供应链中的绩效数据指标；绩效分析法管理供应链绩效数据	具备一定的领导及管理能力，能够带领团队完成任务；数据分析应用能力；撰写文案和整理能力	树立正确的价值导向，提升社会主义核心价值观

1. 根植中华儒家思想 讲解合作谋略理念

"课程思政"强调的是专业教育与思政教育目标和方向的一致，强调的是知识传授、技能培养、价值引领和育人导向的有机统一。"仁义礼智信"作为中华传统美德的核心价值观，其价值观念、道德规范和治世原则与"供应链管理"课程培育的人生观和价值观育人目标高度一致。思政元素和"供应链管理"课程的结合见表2。

表2 思政元素和"供应链管理"课程的结合

思政元素	具体含义	育人目标	教学案例
仁	四重境界，修身、孝悌、爱人、爱万物，"爱人"是其核心价值。"爱"是"仁"的表现形式，它体现的是一种责任和付出	一是爱国，培养大学生对祖国的情感，把自己的命运和实现中华民族的伟大复兴紧密地结合起来。二是爱家乡，培养大学生学好知识，为将来建设家乡付出的理念；三是爱自己的骨肉同胞。培养助人为乐、互相帮助，积极参与志愿者活动	供应商之间交流协商；各企业之间合作沟通；企业内部部门合作
义	在自我与他人之间、个人与人类群体之间，人类与生命、非生命自然之间的利益发生冲突时，用"义"来指导行为选择	"义"的解析嵌入价值观教育：扭转大学生个人利益至上、不惜投机取巧的思维模式和行为取向	物流配送计划的实施；QR和ECR供应链管理
礼	敬语、礼敬、礼让、礼仪、礼节等	一是内在文明修养的培育。培育大学生平等、尊重、理解和宽容等理念；二是外在文明修养培育，培养沟通能力	智慧供应链协同规划；供应商之间沟通合作
智	明辨是非、善恶、美丑，智"不仅指知识、智慧，还包括适应社会的能力	嵌入道德观教育：提高大学生对是非善恶的辨别能力	企业采购流程再造；供应商的选择
信	"信"，人言为信，说话算数，履行诺言，诚实守信。诚信是个人的立身之本，是个人必须具备的道德品质	嵌入道德观教育：提升大学生的诚信意识和诚信行为，作为其自身学习和今后工作的基本道德素养之一	牛鞭效应需求变异消除；成本绩效的核算

基于儒家思想研究圈子人伦资本的成果融入课堂教学，讲解供应链主体网络规划，例如供应链上游的供应商网络，规划其供应商结构就涉及供应商位置+货源地供应商密度+供应商沟通频次+供应商之间交流圈子等因素，这些遴选因素构成供应商圈子结构，即圈伦，形成供应网络主体结构；供需合作感情+领导者义气（人情/面子）+互助礼让+诚信可靠，构成供应合作伙伴圈子关系，即圈系，形成供应网络主体关系；企业合作者之间观念意识+共同议题+事件认同，构成圈子认知，圈智圈谋。这四个维度形成供应圈子社会资本，大家行为遵守诚实守信原则，合作降低供应物流成本，实现价值创造，如图1所示。

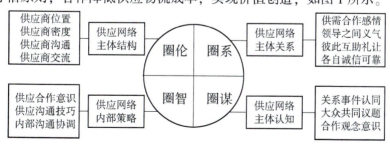

图1 "供应链管理"课程的"圈伦-圈系-圈智-圈谋"

2. 用实际案例树立学生科学发展和高质量发展理念

在经济全球化环境下，供应链物流运作者需要合理而有效地组织供应链中的物流、资金流和信息流活动，通过有效地利用信息技术把供应商、制造商和分销商组成一个虚拟的整体以实现信息共享，从而进行横向合作的管理才能具有更好的竞争能力。为了让学生更好地掌握供应链管理基本知识、基本方法与手段，培养其运用这些基本原理与方法从事企业物流供应链规划与运作的实践能力，将辩证唯物主义哲学与市场调查方法理论相结合，一方面使用哲学的思想帮助课程教学，思考绿色可持续发展问题；另一方面通过具体的教学内容加深学生对于辩证唯物主义的理解。同时辅以实际量化分析案例的方式，例如科学性引入瓶颈产能利润率，客观测度运营绩效与之相应风险，进行不同决策理念选择的方案，对比权衡优选，使学生认识到现实中企业决策和发展所面对的环境，树立科学发展和高质量发展的理念。

企业中管理层强调员工看重供应链管理相关工作岗位的工作过程以及前后工作过程的关系，在此基础上展开具体的工作。在实际教学中，我们根据实际企业中所需要的供应链管理的典型工作任务，以此为主线将供应链管理课程内容重新整合，根据物流产业发展需要，遵循职业能力培养规律，参照"（助理）物流师"国家职业标准，根据从事供应链管理工作所需要的技能与知识来选取教学内容，共设置形成几大学习情境，主要包括认识供应链、采购与供应管理、库存控制管理、运输管理、信息技术管理以及供应链管理绩效评估。以供应链相关的环节和岗位划分内容，以专题的形式设计课程的整体框架。本课程总共设计了6个专题，见表3。

表3 "供应链管理"课程专题和案例

专题	内容	结合具体案例工作内容
一	认识和构建供应链	啤酒游戏角色扮演，牛鞭效应认识、校园超市供应链设计
二	供应链环境下的采购管理	日用品供应链采购管理，家乐福VMI模式
三	供应链环境下的物流管理	联邦快递供应链优化方案，管家婆软件实训
四	供应链环境下的库存管理	AS连锁超市库存策略改进，VMI库存管理策略
五	供应链管理中的信息技术	UPS一维、二维标签的应用；宝洁公司的ECR战略；RFID技术在超市补货应用；Wal-Mart公司的QR实践
六	供应链成本绩效管理	大学生学校超市实习-供应链考核机制

重构后的"供应链管理"实训内容，形成了"校内+校外"、工学交替实训模式，学校导师、企业导师"双导师"对学生进行指导，形成完整的"供应链管理"课程实训体系，如图2所示。

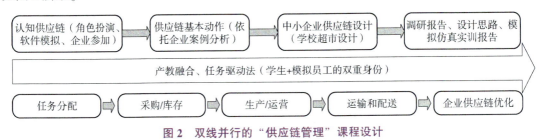

图2 双线并行的"供应链管理"课程设计

3. 将习近平新时代中国特色社会主义思想融入课程教学

习近平总书记指出："只有牢牢扭住经济建设这个中心，毫不动摇坚持发展是硬道理、发展应该是科学发展和高质量发展的战略思想，推动经济社会持续健康发展，才能全面增强我国经济实力、科技实力、国防实力、综合国力，才能为坚持和发展中国特色社会主义、实现中华民族伟大复兴奠定雄厚物质基础。"以此为切入点，每章课程中都插入一个现实市场案例，如"保洁供应链牛鞭效应弱化""物贸公司采购流程再造""海尔创新生态的运作模式""农产品供应链协调"等。通过引导学生分组探讨，更生动明晰地阐释通过供给侧结构改革以大力发展实体经济与转型升级，通过供应链合作网络的知识共享与吸收来加快实施创新驱动发展战略。

（二）课程建设的实施

1. 调研相关企业，确立岗位能力标准

为了使职业教育培养的学生更具实用性，邀请企业实践专家共同设计学习项目、工作任务，通过列举牛鞭效应、快速响应、库存管理、DRP 理论、准时制理论、生产延迟策略等经典理论为问卷进行调查设计，选取教学内容，依据工作过程进行单元设计，结合学生的智能特点与认知规律，按照工学结合的原则来组织教学。供应链管理相关岗位和工作职责见表4。

表4 供应链管理相关岗位和工作职责

名称	岗位	岗位具体要求	薪酬
浙江哈尔斯真空器皿股份有限公司	HRBP（供应链方向）	1. 五年以上 HR 全模块以上工作经验，2 年以上 HRBP 经验或 HR 管理经验； 2. 有制造业经验行业背景优先	1.2 万~1.8 万元/月
杭州大希地科技股份有限公司	高级供应链专员	1. 3 年以上物流运营、供应链管理等相关工作经验，较强的数据分析能力； 2. 熟悉物流标准化流程，擅长路由规划、成本优化	（1 万~1.5 万）×15 元/年
浙江诺诺网络科技有限公司	供应链产品经理	1. 企业管理、财务、供应链管理等相关专业，本科或以上学历； 2. 有供应链领域专业背景，ERP 软件产品项目实施、产品设计相关工作经验，熟悉供应链管理系统不同业务场景以及业务模式的管理特点； 3. 熟悉一款主流供应链厂商系统的应用架构、业务内容和特点	1.2 万~2.4 万元/月
杭州暖芯迦电子科技有限公司	供应链管理部经理	1. 管理类或物流专业，本科及以上学历，优异者条件可适当放宽； 2. 熟练使用办公软件以及供应链管理信息系统软件	1 万~1.5 万元/月
上海慧士嘉信息技术有限公司	女装供应链经理	1. 熟练掌握办公软件的操作； 2. 大型服装公司供应链管培生优先考虑	6 000~7 000 元/月
杭州乐刻网络技术有限公司	食品供应链专家	擅长供应链管理和规划，熟悉泛健康品类产品发展趋势，具有行业敏锐度	（1.2 万~2.4 万）×13 元/年
杭州季潮网络科技有限公司	服装类目供应链招商	1. 了解供应链及渠道知识，熟悉各种招商招募途径和方法，了解经销商体系和控价体系； 2. 善于对供应商进行合理有效的沟通、筛选和管理、品牌优先级管理	1.2 万~2 万元/月
百世物流科技（中国）有限公司	快递供应商管理经理	1. 良好的 PPT 文案撰写和 Excel 数据分析能力。 2. 结果导向，抗压力强，严格管理自己，具有优秀的职业品质和操守。 3. 能根据业务需要灵活安排出差和拜访供应商。善于和供应商洽谈	1 万~1.5 万元/月

2. 以工作过程为框架，提升学生职业素养

"供应链管理"课程教学将打破原有的偏重理论学习以及以考试结果为评估标准的教学目标，转变为以培养职业素养为目标。在课程教学过程中，强调以工作过程为导向，将教学任务组织成项目的形式，采用任务驱动教学法，达到以下技能目标：①能够利用软件进行各系统的初始化；②能够利用软件进行采购日常业务的处理及核算；③能够利用软件进行仓库管理日常业务的处理及核算；④能够利用软件进行配送业务的处理及核算；⑤能够利用软件进行销售业务的处理及核算；⑥能够利用软件进行期末业务的处理。让学生在完成工作任务的同时将教学内容消化和吸收。

3. 线上和线下相融合：设计基于SPOC教学模式的实践流程

"供应链管理"课程性质决定了教学内容，基于SPOC教学模式，将教学活动分为课前导学、课中研学、课后练学三个阶段，来保障教学活动完整性。课前环节侧重于理论知识与简单操作视频学习；课中环节侧重于疑难解答、师生互动，利用5G环境设计多样化教学活动来弥补纯理论学习的枯燥；课后环节完成上传作业的过程中巩固知识与测试、师生高效互动，补充课前、课中遗留问题，三个阶段环环相扣。以项目五"供应链物流信息管理"中"任务一：EAN条码识别与制作"为例，具体设计流程如图3所示。

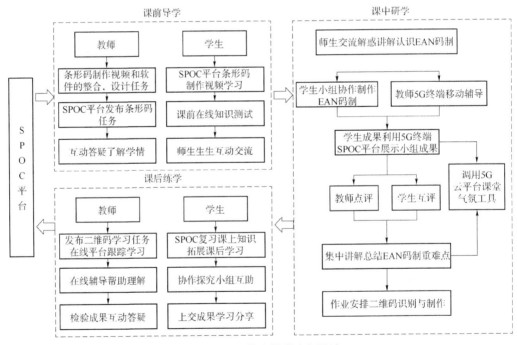

图3　SPOC模式教学流程设计

4. 综合测评考核，提升学生职业能力

注重职业能力的考核，采用能力测试的考核方式。根据学生任务完成情况、项目实施效果情况、调研及实验的完成情况等综合评定学生成绩。更加侧重学生对理论知识的掌握，在学期末统一完成，让教师、用人单位、学生共同参与评价，改变传统成绩决定论的模式，注重实操能力、团队合作能力及创新能力，以任务、项目的形式进行考核来客观评价学生掌握所学知识和应用知识能力这种综合考核测评方式可以有效地考察学生的理论基础和应用知识

能力，根据设计的 SPOC 教学模式，以学习者为中心，对学习者的评价贯穿课前、课中、课后阶段。本研究综合采用了专家评分法、德尔菲法、层次分析法来建立评价体系层次结构模型，各一级指标后的数字确立了各指标体系的权重，如图 4 所示，该种考评方式与整个教改目标紧密联系，有利于相关教学体系的搭建以及实训效果的产出。

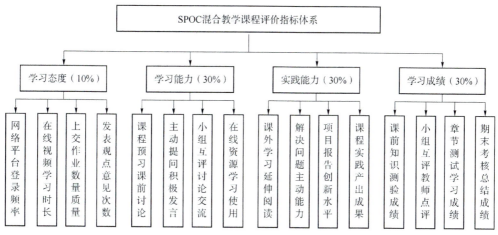

图 4 评价体系层次结构模型

（三）实施案例描述

实施案例见表 5。

表 5 实施案例

课程内容	条形码技术及应用	课程学时	3
授课地点	4 号楼三层机房	教学班级	20 级电子商务专业
教学方法	线上线下相融合		

一、教学背景

"供应链管理"是电子商务专业学生大二阶段的专业核心课程。到目前学习阶段，学生已经具备了供应链管理必要的基础知识，包括前期所学过的物流信息系统架构和物流信息技术。

条形码技术作为自动识别技术之一，是供应链管理信息技术模块中非常关键的一项知识点，而且现在日常生活中条形码的应用非常广泛，学生都比较熟悉，但是对其中的知识点掌握的深度不够，也不熟悉制作条形码的技术，所以通过本次课程学习，让学生掌握条形码技术的特点、编码原理，学习制作条形码，理论联系实践，充分利用不同的教学手段引导学生进行思考，激发学生的主动性和创新性，学生参与度比较高，兴趣比较大

二、教学目标

【知识目标】1. 认知条形码的基本概念以及编码规则；
2. 了解条形码的来源及常见条形码分类；
3. 正确识别 ENA-13 码、掌握常见代码的组成部分；
4. 掌握常见国家，地区，使用领域的前缀码；
5. 使用编码软件完成条形码的编制。

【能力目标】1. 能够使用编码软件完成条形码的编制；
2. 能够根据企业要求，设计和编码恰当的条形码；
3. 能够举出日常生活中应用条形码技术的具体案例。

【素养目标】1. 培养学生的观察能力和创造能力；
2. 提高学生分析问题及解决问题的能力；
3. 培养学生积极主动应用电子商务物流信息技术的意识

续表

三、教学策略与方法

本节内容理论和实践相结合，为了提高学生对本次理论课的兴趣，课程导入和技术的认识是非常重要的。将本次课程中的条形码技术和日常生活中所见的应用联系起来，观看视频后再学习相关理论知识，减少学生对理论课的枯燥感。在教学过程中，对学生进行了分组教学，鼓励小组成员之间协商讨论，共同解决问题，培养学生分析问题、解决问题及团队协作的能力。

【案例分析法】通过对一些典型案例的分析让学生加深理解，较快地掌握知识点；

【分组教学法】对课堂中的问题以小组为单位进行思考和讨论，集思广益，培养学生的团队协作意识；

【问题启发式】引发学生思考，调动学生参与到课堂讨论中，加深理解、活跃气氛；

【翻转课堂式】通过网络教学平台，提前发布课前任务，让学生先预习，先探索式学习，效果较好

四、教学重点和难点

本次教学设计条形码的内容计划 3 个课时来学习。通过本次课程让学生明白条形码的基本概念以及编码规则，条形码的分类，常见码制的特点和结构组成。本次课程的难点是掌握条形码的编码规则，编码规则比较抽象，通过软件演示操作，让学生直观的看懂，提起学生学习的兴趣

五、教学资源

PowerPoint 幻灯片演示、课程视频、BarTender 条码软件网络教学平台、学习通软件、投影设备等

六、教学活动过程设计

（一）课前导学：线上发布任务，学生自主学习，学生分组研讨

教学环节	教学内容	教师活动	学生活动	思政教学
课堂导学	1. 提出问题："双十一"全民追逐的网购新潮-物流爆仓 PK 2. 观看视频："双十一"快递爆仓	1. 提出现实问题引导学生思考如何解决大促期间快递爆仓问题； 2. 播放视频； 3. 总结点评：突出自动化分拣系统中条形码的重要性	思考教师问题组内互相讨论回答课程问题观看课程视频	1. 通过观看关于快递爆仓的视频引发学生思考，突出条形码的重要性，让学生快速融入学习的氛围中。培养探索知识、思考问题的能力； 2. **培育学生的"智"**：知识、智慧，包括适应社会的能力

（二）课中研学：激发学习兴趣，突破课程难点，掌握知识技能

教学环节	教学内容	教师活动	学生活动	设计意图
条形码的特点和分类（学生探索学习）	1. 日常生活中身边的条形码的特点； 2. 条形码在不同应用场景下的分类	引导学生探索式学习，组织学生小组为单位找出身边常用的条形码，并要求讨论它们都有什么相同点与不同点，试分析它们的基本构成	认真听老师的具体要求，以小组为单位和大家分享小组成果，每一小组条形码的来源和样式	条形码非常普遍，采用翻转课堂的教学方法，让学生课前先预习，课上先思考，**培养学生"礼"**：一是内在文明修养的培育，培育大学生平等、尊重、理解和宽容的品质；二是外在文明修养的培育，小组之间沟通能力

续表

教学环节	教学内容	教师活动	学生活动	设计意图
条形码的特点和分类（教师总结点评）	1. 条形码的特点； 2. 条形码的分类； 3. 一维码和二维码的特点	点评学生的学习成果，点评各小组对学习任务的表现，优点及不足之处，对知识点进行升华讲解	认真听取教师的点评，对出现的问题积极改正，认真学习教师讲到的条形码分类以及特点	通过学生观察-思考-讨论-发言-总结之后再讲授本次课程的第一项知识点，**培养学生的"义"：顺应历史潮流，与时俱进思想**
条形码的代码结构	1. 熟悉条形码的应用过程； 2. 熟悉代码、码制的基本概念； 3. 以 EAN-13 为例介绍条形码的代码结构	介绍条形码的应用过程，引入代码、码制的概念例题分析编码规则	认真听老师讲解条形码要点，通过例题分析，掌握 EAN 码结构的特点	集中讲解，清晰思路。让学生了解条形码的代码结构，为之后实践操作打下良好的理论基础。**培养学生通过实践，认识世界、改造世界的能力**
知识强化-二维码特点	1. 堆叠式二维码； 2. 矩阵式二维码	3. 引导学生观察几类二维码，发现它们的不同，对二维码分类，引发学生思考与学生互动	通过对比不同样式条形码，发现二维码的特点，回答教师提问	让学生观察发现二维码的样式不同，对二维码进行分类，和日常生活中所见所闻联系起来，容易理解。**培育学生的洞察能力，培养学生"适应社会能力"理念**
实践任务-演示操作	实践应用——条码的生成发布任务：某超市委托我校制作一批商品通用 EAN-13 的条形码，用于商品外包装的标识。要求对条形码的样式，编码进行统一的设定	发布实践任务提供学习网站提供软件程序提供学习资料演示简单操作	认真听取教师发布的任务，对学习资料的来源认真记录，认真观看教师演示的软件基本操作	通过软件操作具体实践，增强动手操作能力，加强对条形码代码结构的理解。**培养与人沟通能力。沟通已成为一门艺术，加强大学生运用语言的沟通能力和行为修养的提升**
实践任务-学生提升	以小组为单位，组织"代码设计小组"，组长进行岗位分工，完成以下步骤： 组织代码设计小组 ↓ 确定代码体系方案 ↓ 确定代码设计方法 ↓ 审批代码方案说明 ↓ 编制代码表	督促学生完成实践任务；观察每组学生的实践任务进展；对操作过程中遇到的问题进行解疑	组内讨论，确定代码方案和设计方法，在规定的时间保质保量地完成教师布置的实践任务	以小组为单位编制条码，理论联系实践，提高了学生的动手操作能力，加深了对条码代码结构的理解。**培养学生的"仁"，通过小组协作中对伙伴的同情和关怀，体现责任和付出**

续表

教学环节	教学内容	教师活动	学生活动	设计意图
讨论交流 小组分享	条形码的编码成果	引导小组进行交流，将小组编制好的条形码分享给大家	小组讨论，组间互评，展示实践成果	通过讨论交流，条形码代码结构的构成，集思广益，让学生学以致用，理论联系实践，巩固本次课程。 **培育"仁爱"理念，学以致用，爱自己爱家乡爱祖国**
课堂小结	对讲到的条形码知识做一个总结，同时总结这节课中分组协作等的学习方法，鼓励学生结合生活实际，投入学习，并学以致用	总结，引入下次学习内容 RFID 技术及相关任务	仔细聆听要求，小结本节的学习内容，通过网络教学平台准备预习下次学习内容	对学生总体点评，鼓励肯定学生的成绩，增强学生学习信心。通过网络教学平台做好课前任务的布置，为下次课堂内容做好准备

（三）课后研学：交流疑惑，协作学习，知识迁移

SPOC 学习 任务进阶	课后作业：在业余时间去便利店或者超市，体验条形码的识别过程（如上课过程时间充足，讲授第四点条形码的识别过程），撰写条形码识别实践报告。 在一些恶劣的环境下，没有自然光的辅助，条形码是否还可以识别？条形码在日常生活中检测的时候是否可以批量处理？如何解决这些问题？在条形码的基础上引入 RFID 技术（无线射频识别技术）。 完成下一节课 RFID 技术及应用学案，要求利用网络收集关于 RFID 技术的知识，特别关注 RFID 技术在日常生活中的常见应用，至少列举出三个方面，在网络教学平台和老师和同学们进行话题讨论。 思考：RFID 技术与条形码技术相比，有哪些方面的优势？
拓展学习 知识迁移	1. 浏览中国物品编码中心网站，搜集条码技术最新发展动态。参考网站： 中国物品编码中心 http：//www.ancc.org.cn/；国际物品编码协会 http：//www.gs1.org/；中国自动识别技术协会 http：//www.aimchina.org.cn/；中国自动识别技术协会条码工作组：http：//www.visiontech.com.cn/； 2. 搜集射频识别技术最新发展动态及应用。参考网站： 中国自动识别技术协会 http：//www.aimchina.org.cn/；中国自动识别技术协会射频工作组 http：//aimchina.rfidinfo.com.cn/
学习评价	通过分组实践、回答问题，促进学生对条形码技术的了解，培养学生的自主学习能力和合作能力。通过学生回答问题的结果，了解课堂的教学效果，通过软件的实践操作成果和网络教学平台的互动讨论，了解学生对于本次课程的知识点和技能点的掌握情况
教学反思	本次课取得了较好的教学效果，学生能按照老师布置的工作任务进行学习和操作，课堂气氛活跃，各小组均能在教师的指导下完成任务。具体总结如下。 1. 教学设计方面。教学设计的教学要素完整，包含理论知识和实践知识及真实工作过程。 2. 教学过程方面。能以真实工作为主线，以职业能力为本位，体现技工教学的培养模式，学生通过角色扮演，充分体验职业岗位要求。 3. 存在问题。制作条形码步骤出现部分学生分析不够清晰，个别学生基础较差，学习主动性低，未能完成学习目标。 解决措施：关注学习不够主动的学生，注意差异教学、因材施教

（四）特色及创新

本案例在 Web2.0 环境下，利用超星泛雅平台和社交网络技术，利用教师、学生、教学内容等传统教学元素 SPOC 融入高职院校教学，鼓励学生开展自学和创新，缩小教学中师生的反应空间，让教学活动及与学生的对话更加便捷。

将中华优秀传统文化特别是其核心价值"仁义礼智信"融入课程思政教学，育人功能目标一致，育人资源高度契合，有助于丰富教学内容、增强大学生的文化自信、重塑人生价值观和道德观。以"供应链管理"课程为例，在对融入必要性调查的基础上进行可行性分析，探索融入路径，通过原典解析、案例导入、情境模拟、实践教学把"仁义理智信"的内涵和理念融入人生观、价值观、道德观教育教学中，培养有仁爱之心和公义之心，懂礼节、明是非、讲诚信的中国特色社会主义事业建设者和接班人，把知识学习融入信念层面的精神指引，"润物细无声"地实现立德树人根本任务。

（五）教学成效

围绕儒家思想"仁义礼智信"的"五常"文化融入课程思政，同时采用 SPOC 混合式教学模式，有效地改变之前传统课堂知识讲授过程中存在的教师讲和学生记的"灌输式"教学模式的弊病，使理论知识与企业的行业岗位需求联系起来；以工作过程导向系统化的任务、项目驱动教学，注重培养学生的职业技能和职业素养，使学生学会运用所学知识去分析和解决实际问题，激发学生的学习热情，引导学生积极思考、乐于实践，并注重创新能力的培养，提升教学的教学质量。

信者自立 剖析互联网营销师立身之本
——"直播营销"课程思政课教学案例

课程名称：直播营销
教师信息：徐睿涵
授课专业：电子商务
课程性质：专业限选课

第一部分：课程基本概况

本课程主要面向高等职业院校电子商务专业学生，是全国高水平专业群——电子商务专业限选课课程之一。本课程依据主流直播平台的直播流程构建教学内容，包括直播案例学习、直播产品选择、直播话术设计和播脚本撰写、直播模拟测试以及直播实施等5个项目，如图1所示。

图1 "直播营销"课程项目

本课程是电子商务专业的一门专业核心课程，是依照高等职业教育培养目标与新媒体行业企业实际需求设置的专业限选课；主要面向电子商务类、新媒体类、市场营销类相关专业学生、新媒体从业者、电子商务从业者及社会学员，以实现技能提升和知识更新。

本课程主要针对互联网营销师、电商带货主播、直播运营师、直播数据分析师等岗位开设，主要任务是：培养学生直播营销方案策划、直播人员配置、直播话术、直播间设计、直播选品与规划、直播引流互动、直播数据分析等职业技能。

本课程注重实操性、实用性，重点让学生了解直播机构、电子商务企业、传统企业的直播营销与运营需求，掌握直播营销的方法、技巧并应用到实践中，适应岗位工作要求。本课程纵向与"新媒体营销""电子商务基础"前后衔接，横向与"短视频制作与运营""图形图像基础知识"等有机结合。

第二部分：案例描述

一、课程目标

（一）总体目标

通过对本课程的学习，学生能够熟知直播营销的基本概念和政策，遵守直播平台规则，进行直播营销与运营工作，具备直播营销方案策划、直播人员配置、直播话术、直播间设计、直播选品与规划、直播引流互动、直播数据分析等业务能力。

（二）具体目标

1. 知识目标

（1）了解直播营销的优势、常见形式及合作模式、直播营销的产业链与收益分配模式，以及直播平台的主要类型。

（2）掌握直播营销活动的基本流程、直播营销活动流程规划和直播活动脚本策划。

（3）掌握直播团队的组织架构、不同岗位的职能和团队配合的重要性。

（4）掌握直播营销话术设计要点、原则和常用话术，直播营销"三点"方法论和直播间商品讲解要点。

（5）掌握直播设备的配置，直播间的布置，场地要求、场景布置及辅助道具的使用。

（6）掌握直播间选品策略、直播间商品定价策略、直播间商品结构规划、直播间商品精细化配置与管理。

（7）掌握做好直播前预热，打造优质直播封面图，提升直播间氛围，开展平台内付费推广，做好粉丝运营的方法。

（8）掌握直播数据获取、处理与分析的方法，以及直播数据分析的常用指标。

（9）了解淘宝直播的生态特征、淘宝直播流量分配规则，以及淘宝直播代表性主播的直播特点及成功经验。

（10）了解抖音、腾讯平台的特点和抖音、腾讯平台直播电商生态特征，以及抖音直播电商达人直播特点及成功经验。

2. 职业技能目标

（1）能够策划直播活动脚本。

（2）能够组建直播团队，打造主播人设。

（3）能够运用"四步营销法"推广直播间商品。

（4）能够布置直播间设备、环境与灯光。

（5）能够选择、陈列与管理直播间商品。
（6）能够利用各种手段提升直播间氛围。
（7）能够对直播间数据进行分析与复盘。
（8）能够在淘宝直播平台、抖音直播平台、快手直播平台和腾讯直播平台上进行直播带货。

3. 职业素养目标

（1）具备直播行业的基本职业道德，热爱直播工作，虚心学习，勤奋工作，遵守行业法律、法规。
（2）培养用户思维、流量思维、产品思维、大数据思维等运营思维。
（3）养成认真踏实、细心耐心、注重合作、积极上进的工作作风，具有良好的服务意识。
（4）讲究工作效率和时间观念，养成良好的书面记录习惯，及时回复用户的各种要求，有重要事项及时进行反馈。
（5）保持对直播行业的敏感性，提高沟通协调能力。
（6）锻炼自学能力和可持续发展能力。

二、思政元素

1. 以诚待人，诚信拍图

电商平台的商品主图和商品详情页经常性被其他商家直接引用，虽然电商主图和商品详情页没有图片版权，但卖家带给消费者基本的信任是产品与实物相符。通过消费者自己将实物产品进行拍摄和制图，能够将不同的卖点圈重点体现给消费者，这是卖家立信之第一步，将信文化融入课程，使学生时刻提醒自己是否做到以诚待人，诚信拍图的基本准则（图2）。

图2　以诚待人，诚信拍图

2. 毅之挑战，信为风口

直播主流平台不再限于抖音和快手的娱乐方向，带货平台也在蓬勃发展。在直播的春天里，主播和其团队仍然面临巨大的挑战，项目化教学要求学生掌握直播营销话术设计要点、原则和常用话术、直播营销"三点"方法论、直播间商品讲解要点，以及直播间商品"四步营销法"等不同的知识点，帮助他们在直播风口找到自己的方法方式，以团队合作的需要懂得合理规划直播间内的商品结构：印象款、引流款、福利款、利润款、品质款。

3. 勤为粉丝，信任交托

直播与短视频还是有一定的区别，直播一夜爆红的可能性较小，更多的商家与博主还是以积累粉丝和直播引流的方式获得更多的曝光，故对于商家而言坚持做直播，坚持为消费者提供好的、消费者需要的产品是非常重要的。同时，为了增加消费者和粉丝对商家的信任与关注，商家需要坚持长时段、高频次的直播，并且认真规划直播标题、设计直播话术、打造直播脚本。

三、设计思路

"直播营销"课程与思政元素融合方法见表1。

表1 "直播营销"课程与思政元素融合方法

序号	教学内容概述	课程思政融入点	教学方法
1	直播营销案例学习： 1. 李佳琦直播片段，通过头部主播的直播，了解主播语速和常用口头禅； 2. 明星直播片段，通过头部主播的品类，了解热销品的品类和推荐重点； 3. 通过连咖啡直播片段，理解热门品类的常识铺垫方式； 4. 通过"认养一头牛"店铺，分析其商品，找到适合直播的卖点产品，尝试分析脚本，并通过该商品找到其他主播的优质视频链接，进行分析比较	1. 注重信文化，明确主播的立身之本和发展过程中需要注重信文化； 2. 树立职业精神和职业道德，争做新时代优质互联网营销师； 3. 培养学生和谐、平等、友善的社会主义核心价值观和团队合作精神	翻转课堂；案例教学
2	直播产品选择： 1. 教师提供产品让学生制作产品链接； 2. 学生自己寻找标品进行产品分析优点与卖点	1. 紧跟时代发展，在电商平台的急速发展中找到直播的意义和必要性； 2. 扎根人民，理解当代消费者审美与需求，减少为数据推销等营销方法； 3. 深入生活，理解粉丝和消费者需求的痛点，找到市场发展趋势的商品	小组头脑风暴
3	直播话术设计和直播脚本撰写： 1. 模仿头部主播与腰部主播话术； 2. 掌握主播与粉丝互动的必备话术； 3. 设计2小时的直播脚本，有全程控场能力	不一味模仿，树立创新精神和创新意识，找到主播与团队的定位	同伴教学法；自主学习法
4	直播模拟测试： 1. 利用平台，锻炼自己的直播能力，能够面带微笑、口齿清晰地与粉丝互动； 2. 掌握与粉丝互动的关键词，吸引粉丝下单转化	清楚掌握职业规范的发展，明白主播和团队的发展贵在坚持	角色扮演；协作评论法
5	直播实施： 通过主流平台，让学生以团队的形式进行实操，掌握不同的职能应该完成的项目	1. 树立职业精神和职业道德，争做新时代优质互联网营销师； 2. 培养学生和谐、平等、友善的社会主义核心价值观	角色扮演

四、实施案例

直播营销——优质脚本撰写与模拟操作（3课时）

本实施案例（表2）以课程第四单元相关教学内容为例，阐述实施过程，教学课时为3课时。

表2 实施案例

单元序号及单元标题：第四课 优质直播脚本撰写与模拟操作					
授课班级	电商20120、电商20121、电商20122、电商20123、电商20124	上课时间	第5周 周四 第1~3节 第5周 周四 第10~12节 第5周 周五 第1~3节 第5周 周五 第6~8节	上课地点	4-406 4-301 4-308 4-411
学情分析	电商20级同学的生源组成为3+2和普高班，先介绍本课程与本章节相关内容。 **1. 认知基础** 学生在"直播脚本——优质脚本撰写与模拟操作"课次学习内容前，学生已掌握头部主播话术和表达语速、优质粉丝互动话术等。本课次预习效果经测试，学生对知识点1、4、5（直播活动脚本策划、直播商品热销款推荐、直播链接的价格）掌握较好，正确率达到70%以上，对知识点3（粉丝互动的方式方法）掌握较差，正确率仅为30%，是学生课前自习的难点。 **2. 能力基础** 课前学习内容： 学生在"直播脚本——优质脚本撰写与模拟操作"课次学习内容前，通过课程预习已经能准确了解店铺背景，热销款产品规格和定价，在产品分类中找到企业运营重点等，但对于整场直播与粉丝互动、推荐的爆款产品的核心话术准备不全，对于团队分工配合还不够熟悉，尤其是在顾客对于非爆款产品的常识提问，无法很好地应对或给予其他方式方法的回馈。 **3. 基础素质** 大部分学生日常都有在不同平台观看直播的习惯，但从未从互联网营销师的角度去分析直播的产品组合、直播粉丝的人群画像。 **4. 学习偏好** 直播课程属于实操课，相比于直接从平台尝试直播，学生更愿意从模拟软件开始尝试，通过软件的打分，增强学生的信心，探索直播可能产生的意外事件				
教学目的	本次课程旨在让学生对"认养一头牛"店铺的背景和商品，以及营销方式有一定的了解，通过学习要求学生掌握产品规格、定价、卖点；能够策划单品的营销话术和粉丝互动环节，从而掌握整场直播的营销节奏；模拟完成10分钟直播过程，通过团队的方式，优化脚本并模拟直播				
任务目标	知识目标		能力目标		素质目标
	1. 掌握头部主播话术和语速； 2. 挑选直播商品热销款； 3. 设计优质粉丝互动话术		1. 有效掌握粉丝互动的方式方法； 2. 能够以团队形式策划直播活动脚本； 3. 增强创新意识		1. 注重信文化，明确主播的立身之本和发展过程中需要注重信文化； 2. 培养学生和谐、平等、友善的社会主义核心价值观和团队合作精神； 3. 培养学生的紧跟时代发展的意识

续表

重点难点及解决方法	教学重点：1. 设计完整的 10 分钟脚本； 2. 进行脚本 PK； 3. 模拟与直播间粉丝互动； 以任务为导向，带动学生思考直播流程需展示的卖点。 教学难点：1. 优化直播脚本； 2. 圈定产品和直播间的人群画像做持续吸粉； 以问题为导向，带动学生通过复盘和数据分析解决直播时的问题。 解决方法和策略：1. 通过课堂互动和团队合作的形式，增加团队互评，模拟软件的操作等，优化教学过程； 2. 坚持运用多媒体教学和平台资源等方法，增加学生对于直播营销课程的代入感，激发学生的自主能动性； 3. 以线上线下混合式教学方式，增加产品的直播效果
课后反思	有效激发了学生的学习热情，但同时增加了学生的心理压力，通过团队 PK 的方式，让学生感受到团队的力量，互相探索直播技巧
思政目标	1. 通过团队合作的形式，培养学生和谐、平等、友善的社会主义核心价值观 2. 通过分析店铺，撰写脚本，培养学生的职业技能素养，争做优秀的互联网营销师 3. 注重信文化，明确主播的立身之本和发展过程中需要注重信文化
参考资料	教材：主要使用的教材为《直播营销》（主编：秋叶，出版社：人民邮电出版社，出版时间：2017 年 6 月）； 平台：淘宝、中教畅想直播模拟软件、（1+X）奥派直播模拟软件

第一部分：翻转课堂

（1）任课教师将"认养一头牛"店铺官方的链接发给学生，请同学们在淘宝平台上了解相关内容，引导学生了解"认养一头牛"店铺的产品，要求学生了解产品的分类和不同商品的单价，鼓励学生分析商品评价和店铺直播，及相关卖点等。

（2）画出课前重点为：高复购、低单价的冲调饮品作为同学学习的品类，要求学生了解相关的常识、生活小技巧和类目的人群画像。

第二部分：新课知识

2.1 课堂提问（时间：15 分钟）

根据课前的预习任务，进行提问：

2.1.1 "认养一头牛"店铺的卖点是哪里呢？

2.1.2 "认养一头牛"店铺的产地主要在哪里？

2.1.3 "认养一头牛"店铺的热销款有哪些？

2.1.4 "认养一头牛"店铺的热销款的价格大致分为哪些？

2.1.5 你认为"认养一头牛"店铺最适合做直播的产品有哪些？为什么？

通过以上问题，让学生通盘思考为一个店铺直播需要分析哪些基础的问题？

思政融入点：通过分析店铺了解运营人员的应具备的职业素养，培养学生爱岗敬业的意识。

2.2 设计完整的 10 分钟脚本（时间：30 分钟）

通过脚本模板，让学生设计 10 分钟的脚本来描述"认养一头牛"店铺的一个商品，脚本中必须体现的内容有：商品名、产品规格、价格、活动、促销力度、产品价值、产品卖点和产品适用人群等相关内容。

思政融入点：通过脚本的制作了解一个主播的直播内容和话术，理解主播的不易，更加深刻地感受作为主播应有的职业素养，培养学生爱岗敬业的意识。注重信文化，明确主播的立身之本和发展过程中需要注重信文化。

时间段	流程	主播	详情	备注
19:00—19:10	生鲜节	老板：张伯伯 介绍活动：低价活动——精心挑选了 5 款商品低价秒杀回馈新老客户。所以我们今天喜大普奔，奔走相告：我们在生鲜节的优惠活动！！！！！ 主播提示分享以后，主播持续播报今天的活动：三份免单	—	迅速烘托直播间氛围：提示观众点赞、关注、分享
19:10—19:20	黄瓜	基本属性：水果黄瓜是黄瓜的一类，又称为无刺黄瓜，果实表面无刺，可以生食。水果黄瓜是新的蔬菜品种，随着它的快速发展，全国各地都开始进行栽培种植，早期的水果黄瓜品种多是从荷兰引进，近几年，我国已经研发出了一些国产品种	—	让粉丝在第一时间了解直播间内容，以及看回放的粉丝也能及时找到想看的时间节点
19:20—19:25	**柠檬** **4.6 折** 情景引出——天热了，现在办公室经常开空调，整个人会变得特别干燥，这时候补充水非常关键，但水又特别淡，是不是？所以我们今天要给粉丝安利我们的柠檬	柠檬切片以后泡水，可以生津解暑，特别适合夏天喝，而且补充维生素 C 的能力特别棒。 那我们这个柠檬好在什么地方呢？果实为椭圆形或卵形，两端狭，顶部通常较狭长并有乳头状突尖，果皮厚，通常粗糙，柠檬黄色，难剥离，瓤囊 8~11 瓣，汁胞淡黄色，果汁酸至甚酸，种子小、卵形、端尖；种皮平滑，子叶乳白色，花期 4—5 月，果期 9—11 月。 桃柠檬的特点：个头不要太大、表皮金黄、两端偏青说明它很新鲜，我们这个产品只有 3 000 份哦，因为这是我们的宠粉活动，直播间优惠价格仅持续时间为 5 分钟，只有关注主播，点击直播间的商品链接并且在规定的 5 分钟内拍下才可以享受此价格，共 3 000 份，限时抢购，售罄不再补货。 **物流信息**： 顺丰空运，一般地区发货后 1 天到达，偏远地区 2~3 天。 **关于售后**： 生鲜商品不适合 7 天无理由退货。 收到产品后请检查包装是否完好，如有损坏，请将问题产品与快递单一起拍照存证	平时促销 21.9 元 5 斤，直播间宠粉福利，两重优惠可叠加享受 优惠 1：从直播间购买，可享受专享价 14.9 元 5 斤！ 优惠 2：收藏加购商品，且下单时备注主播名字——张华，再多送 1 斤柠檬！	主播在试吃柠檬的时候，助播需要提示以下信息。 1. 柠檬不能和海鲜一起吃。海鲜中含有丰富的蛋白质和钙等营养物质，而柠檬中的果酸含量比较多。若一起食用，柠檬中的果酸会使蛋白质凝固，同时与钙结合生成不易于消化的物质，不仅降低食物的营养价值，还会导致胃肠的不适。 2. 柠檬和牛奶相克。同样，牛奶中也含有丰富的蛋白质和钙质，柠檬和牛奶同食也会影响胃、肠的消化。 3. 柠檬不直与胡萝卜同食。因为胡萝卜中含有抗坏血酸酶，二者同食会破坏柠檬中的维生素 C

2.3 脚本PK（时间：45分钟）

每组同学挑选1~2名同学展示直播脚本，通过团队互评的方式，集思广益，讨论主流的直播方式、营销卖点。

2.4 优化直播脚本（时间：15分钟）

优化直播脚本的目的如下。

（1）提升和粉丝互动的力度，增强粉丝在直播间的停留市场和黏性；

（2）通过圈定人群，是对人群去进行一个画像，而不是对观看直播的所有人泛泛而谈地介绍产品的特色，应通过固定的人群去凝练产品的卖点；

（3）增强学生的自信，反复打磨脚本能够帮助学生建立更强的记忆曲线。

思政融入点：强调以服务消费者为根本的目的，针对店铺粉丝人群，提高粉丝的热情与忠诚度。

2.5 模拟与直播间粉丝互动（时间：30分钟）

请学生们用手机录制，模拟在平台上进行直播，借助已经优化过的脚本，体验直播的流程，掌握直播带货的节奏，粉丝互动的频率和内容是否契合直播间，并深入思考。

思政融入点：培养学生爱岗敬业的精神，体现作为互联网营销师的职业素养，不因为些许困难就直接退缩，并以下案例进行辅助讲解。

直播时主播和粉丝在互动的时候，通常会读粉丝的提问和留言，这个时候需要注意作为互联网营销师的职业素养。近日，在天津"红绿灯"的直播中，两位主播因粉丝的留言产生了争执，其中一位主播直接站起来离开了直播间，这显然违背了主播的职业素养。

五、特色创新

1. 思政育人与专业育才相结合

通过专业知识寻找到思政有效载体，充分挖掘平台资源，利用案例教学、模拟操作、平台实操等多种途径，将思政融入专业教育，增强了学生对于创新的理解，引领他们顺利了解直播营销。

2. 岗位实际与专业理论相结合，顶天立地

在教学中结合岗位实际，推过团队直播的方式，让同学们凝聚力量，共同通过真实的平台去实操，感受职业道德规范的重要性，达到塑造直播的职业素养的效果。

3. 课堂教学与课后反思相结合，教学相长

结合现代信息技术手段，分析教学数据，实现课堂讲授与课后反馈的双向流通和及时互动，全面了解课程思政的教学状况，及时纠正课程思政的实施偏差，定制个性化的教学方案，提高学生学习能力，构建课程思政的闭环系统。

六、教学效果

课程新颖，学生好奇心和探索欲强

"直播营销"是电子商务专业于 2021 年开设的新课，其内容是学生比较好奇，在创业中常常考虑的项目之一。在上课的过程中融合实际的平台，让学生感受到一定的压力，同时增加他们的动力，勇于尝试和挑战。

"直播营销"不仅是我院的新兴课程，也是近几年风口的竞争激励的产业，企业和其他大赛都非常重视直播营销。在岗课赛证的道路上，直播营销具有非常大的潜力，也带给了学生非常大的动能以及探索欲。

烹饪工艺与营养专业群

烹饪工艺与营养专业群

烹饪工艺与营养专业群是浙江省高水平专业群建设单位，由烹饪工艺与营养、西式烹饪工艺、餐饮智能管理、酒店管理与数字化运营4个专业组成，其中烹饪工艺与营养专业创办于1974年，是国内最早开设的烹饪类专业之一，是浙江省首批重点专业和优势专业。烹饪工艺与营养专业群先后获得了"中国餐饮30年桃李芬芳卓越奖""全国餐饮职业教育优秀院校""改革开放40年浙江餐饮业桃李芬芳卓越奖"等荣誉，在国内外享有"浙菜黄埔"的美誉。

烹饪工艺与营养专业群建设内涵成果丰硕，主持烹饪工艺与营养专业国家教学资源库，建有国家生产性示范实训基地、中国华侨国际文化交流基地；创新现代学徒制人才培养模式，建立了雷迪森酒店管理学院、麦苗学院等产业学院，通过校企双方互建专业、互认学分、互补课程、互派师资和互评成绩的合作机制，创新"7H""6融"人才培养模式。

烹饪工艺与营养专业群响应国家"一带一路"合作倡议，先后成立了中尼商学院、西班牙中餐学院等海外学院，出版《美食中国》《味道中国》等系列著作，制定了系列国际课程，开发了"海外烹饪空中学院"小程序，牵手浙江省侨联，面向海外中餐馆，开展"万家海外中餐馆，同讲中国好故事"活动，产生了极大的国际影响。

传承红色基因　培育匠心厨者

——"宴会设计"课程思政教学案例

课程名称：宴会设计
教师信息：董智慧
授课专业：烹饪工艺与营养等
课程性质：专业核心课

第一部分：课程基本概况

本课程主要面向职业院校餐饮类专业学生，是浙江省高水平专业群——烹饪工艺与营养专业群烹饪工艺与营养专业核心课程之一。本课程依据宴会设计活动流程构建教学内容，包括宴会设计概述、宴会物品设计、宴会场景设计、宴会菜单设计、宴会台面设计和主题宴会设计等6个项目（图1）。

图1 "宴会设计"课程教学项目

第二部分：案例描述

一、教学目标

"宴会设计"课程旨在提高学生的岗位基础实践和综合应用能力，使学生具有宴会设计所必需的专业知识、职业技能和素养。教学目标包括知识、能力和素养三方面的要求。在知识上，了解中华名宴的背景和内容，理解宴会设计的内容构成以及掌握宴会设计的流程。在能力上，依据客情，设计并说明宴会物品、宴会场景、宴会菜单、宴会台面，撰写主题宴会策划书。在素养上，坚定信念，厚植爱党爱国情怀；德技并修，弘扬工匠精神；以文化人，坚定文化自信；营养先行，助力健康中国（图2）。

图2 "宴会设计"课程目标

二、教学策略

1. 精选名宴，认同中华文化，坚定文化自信

宴会是饮食文化的集中呈现，在讲述宴会发展史时，将名宴娓娓道来，将新时代宴会改革、提倡环保节约理念融入课程，使学生更加关心饮食文化、家国历史和时事政治。如学习2016年G20杭州峰会、2017年厦门金砖峰会、2018年青岛上合峰会的等10个国宴案例（图3），激发学生的民族自豪感、自信心和责任感。

图3　国宴案例

2. 精炼主题，感知家国情怀，牢记使命担当

主题是宴会的灵魂，设计需要言之有物，行之有道。精炼具有时代精神的宴会主题，培养学生家国情怀、责任担当。如设计南湖红船宴（图4），必须先了解中共一大召开的背景和红船精神的深刻内涵；设计梦敦煌宴，要了解丝绸之路历史，认知"一带一路"的伟大倡议；设计清风颂宴，要领略梅兰竹菊蕴含的"君子品格"。

图4　南湖红船宴案例

3. 精心设宴，体验精益创新，学习工匠精神

宴会设计涉及饮食文化、成本核算、美学文学等内容，涵盖市场调研、主题构思、方案策划等环节,是一项需要协调各部门、各领域的综合业务。在项目教学中,做到"先作图再施工",用料精准勤俭生产,垃圾分类绿色环保,厉行节俭,杜绝浪费(表1)。在教学评价中,项目任务明标准,让学习有目标、有动力;项目任务有阶梯,激发学生养成积极进取,精益求精,追求完美的工匠精神。

表1 南湖红船宴菜点设计

类别	序号	菜名	图片	寓意名	主料	规格(克)	烹调方法	造型	颜色	味型	质感	器皿
冷菜	—	红船启航		—	—	150	—	山水景	艳丽	多味型	脆、嫩、软	味碟、10寸碟
热菜	1	清汤宴球		团结一心	鲢鱼	100	炖	球形	鹅黄	咸鲜兼胡辣	松软	炖盅
热菜	2	蟹粉菜心		协力齐心	湖蟹	100	扒	菊形	翠绿、金黄	咸鲜兼微酸	香滑	7寸圆盘
热菜	3	鱼干焖肉		赤子初心	肋排	120	焖	方形	酱红	香酱味	酥糯	温炉
热菜	4	时令鲜蔬		南湖画心	嫩菱	100	炒	扇形	玉白	咸鲜味	滑嫩	7寸方盘
面点	1	三色粽		—	糯米	60	煮	山形	红、白、黄	本味	粘糯	蕉味碟
面点	2	荷花酥		—	面粉	50	炸	荷花形	桃红、白	香甜味	酥松	盏碗

三、设计思路

"宴会设计"课程知识点与思政元素的融合见表2。

表2 "宴会设计"课程知识点与思政元素的融合

项目	教学内容	思政要素	思政目标
一、宴会设计概述	1. 宴会的内涵; 2. 宴会的特征; 3. 宴会的作用; 4. 宴会的类型; 5. 中华宴会的发展史	1. 佳作解析:《兰亭序》《韩熙载夜宴》《琵琶行》等; 2. 案例解析:团餐创新品牌; 3. 案例解析:香港回归谈判的三次宴会; 4. 名宴解析:百笋宴、西湖十景、红楼宴、孔府	1. 坚定"四个自信",热爱源远流长的中华宴饮文化; 2. 爱党爱国爱家,自觉维护祖国统一和民族团结; 3. 提升信息素养,关注社会热点,凝练宴会主题,设计具有市场推广价值和社会美誉度的主题宴会
二、宴会物品设计	1. 宴会家具、布件配备原则和内容; 2. 宴会餐具配备原则和内容	1. 案例解析:国宴布草设计作品; 2. 案例解析:国宴瓷器设计作品	1. 热爱传统文化,解读宴会物品纹饰的深刻内涵; 2. 弘扬工匠精神,能按照专业要求和宴会主题设计宴会物品

续表

项目	教学内容	思政要素	思政目标
三、宴会场景设计	1. 宴会场景设计内容； 2. 宴会场景设计原则	案例解析：著名国宾馆宴会厅、凌波厅、紫薇厅场景设计实例	1. 树立职业自信，增强职业自豪感； 2. 学习工匠精神，能按照专业要求和宴会主题设计宴会场景
四、宴会菜单设计	1. 宴会的菜点结构； 2. 宴会菜点的特征； 3. 宴会菜单创新原则	典型任务：南湖红船宴	1. 爱党爱国，讲述红船故事和红船精神； 2. 学习工匠精神，精心设计，精研食材、小组协作、勇于创新
五、宴会台面设计	1. 宴会台面设计内容； 2. 宴会台面设计作用； 3. 宴会台面摆设程序； 4. 宴会席位安排	典型任务：江南忆宴	1. 热爱家乡，了解区域城市承办的重要国际会议和赛事，讲述区域内世界非遗景点和人文故事； 2. 学习工匠精神，能按照相关原则和宾客要求，设计台面
六、主题宴会设计	1. 宴会设计程序； 2. 宴会设计内容； 3. 宴会策划书内容	典型任务：西湖荷宴、清风颂宴、梦敦煌宴	1. 热爱传统文化，解读荷花及花中四君子的精神意向，了解一带一路的伟大倡议； 2. 培养学习能力，通过小组合作完成主体宴会设计

四、案例实施

案例实施见表3。

表3 案例实施

一、课程概况			
课程名称	宴会设计	所属学校	浙江商业职业技术学院
授课章节	项目四 宴会菜单设计 任务一 宴会菜点结果	授课人	董智慧
授课对象	烹调工艺与营养专业 第四学期	使用教材	宴会设计与管理（第五版） 清华大学出版社 ISBN 9787302481614
二、学情分析			
学生知识经验分析	学生在冷菜、热菜、面点等先修工艺课程中已掌握菜点制作的知识和技能，在饮食文化概论、烹饪营养等先修课程中已掌握地方菜系特点和菜肴营养搭配组合，但没有系统学习宴会菜点组合的知识和技能。 课前，通过智慧职教云课堂发布的教学资源（微视频、课前习题）和在线题库，学生开展线上自主学习，掌握了中式、西式宴会菜点结构知识		
学生学习能力分析	通过课前自主学习，学生基本掌握基础知识，但理解不深，需要教师通过案例解析提升学生比较薄弱的理解、应用部分。 学生有较强的收集信息、获取新知和沟通合作能力但对于信息的甄别和分析问题能力有待进一步提升		

续表

	二、学情分析
学生思想状况分析	学生喜欢专业，但自信心不足，自我评价不高，对专业所承担的社会价值存在认知不足的现象。 　　在抗疫常态化、健康中国、厉行节约的社会背景下，学生更加注重健康、卫生、环保的理念，部分学生缺乏中餐发展历程的知识，认为共餐形式的传统中式宴会"不卫生"。学生需要用专业的知识，正确认知中式宴会的发展历程。 　　在正确认知中式宴会发展历程的基础上，学生梳理自觉创新中餐宴会菜点的意识。教师设计"南湖红船宴"典型任务，通过国宴典型案例，为学生宴会菜点结构的创新设计提供脚手架
	三、教学内容
课堂教学目标	**（一）知识目标：** 1. 理解传统中式宴会菜点结构； 2. 了解西式宴会菜点结构； 3. 掌握中式分餐宴菜点结构。 **（二）能力目标：** 1. 通过典故，讲述中式宴会用餐方式发展历程； 2. 介绍2016年G20杭州峰会欢迎晚宴、2017年厦门金砖峰会欢迎晚宴和2018年青岛上合峰会欢迎晚宴的菜点内容； 3. 设计"南湖红船宴"菜点。 **（三）价值目标：** 1. 正确评价中式宴会的共餐形式，树立"公正"的价值观； 2. 体验国宴菜点魅力，增强职业认同感和自豪感，树立文化自信； 3. 解读"南湖红船宴"菜点，增强爱党爱国爱乡情感； 4. 创新中式分餐宴会菜点结构，树立创新精神
教学知识点	1. 中式传统宴会菜点结构：冷菜、热菜、面点、水果、茶饮； 2. 西式传统宴会菜点结构：冷盘、汤羹、副菜、主菜、甜点； 3. ★（创新内容）中式分餐宴菜点结构：冷盘四味碟、汤羹、鱼贝类热菜、禽畜类热菜、面点组合； 4. ★（典型任务）南湖红船宴菜点设计：冷盘四味碟、清汤宴球、蟹粉菜心、鱼干焖肉、时令鲜蔬、三色迷你粽、荷花酥配杏仁露
重点难点	**（一）教学重点：** 1. 中式分餐宴的菜点结构； 2. 南湖红船宴的菜点结构。 **（二）教学难点：** 1. 中式宴会菜点结构的发展历程； 2. 三次国宴菜点结构的分析凝练
思政资源	**（一）思想政治教育素材：** 1. 中华名菜库：2016年G20杭州峰会欢迎晚宴菜点介绍、2017年金砖厦门峰会欢迎宴会菜点介绍、2018年青岛上合峰会欢迎晚宴菜点介绍； 2. 2015年奥巴马欢迎习主席访美宴菜单； 3. 抗疫背景下，餐饮企业对公筷公勺、分餐制的倡议； 4. 红船故事和红船精神。 **（二）思想政治教育元素：** 1. 爱党爱国爱家乡的情怀； 2. 树立文化自信； 3. 职业认同感和自豪感； 4. "公正"价值观； 5. "专注""创新"工匠精神

续表

	四、教学方法与手段
教学方法	1. 案例教学法：教学中应用2016年G20杭州峰会欢迎晚宴菜点介绍、2017年金砖厦门峰会欢迎宴会菜点介绍、2018年青岛上合峰会欢迎晚宴菜点、2015年奥巴马欢迎习主席访美宴菜点等案例； 2. 实物教学法：教学中使用西餐摆台餐具、宴会菜单设计工具包等实物； 3. 探究式教学法：通过国宴菜点，探究中式分餐宴菜点结构； 4. 启发式教学法：通过故事，启发思考中式宴会用餐方式发展历程； 5. 情境演练教学法：结合节庆，构建"南湖红船宴"情景，开展教学； 6. 小组讨论教学法：按学习小组合作学习； 7. 讲授法
教学手段	1. 教学资源库：民族传承与创新资源库——烹饪工艺与营养传承与创新子库，烹饪文化数字、博物馆名宴实训库、地方名菜实训库； 2. 教学平台：智慧职教云； 3. 教学环节：智慧教室； 4. 教学准备：课件、教具等

五、教学过程设计	
教学内容和教学过程	专业知识与思政的融合
（一）课前预习 1. 中式宴会的菜点结构； 2. 西式宴会的菜点结构； 3. 嘉兴名菜名点。 （二）复习旧知，引出新知（5分钟） 1. 结合西湖国宾馆凌波厅，复习宴会氛围设计。 师（展示图片）：猜一猜图片展示的是哪一家宾馆餐厅，哪一家餐厅？ 生（抢答）：西湖国宾馆、凌波厅。 师：可以结合上节课学习的外部氛围、内部氛围、有形氛围和无形氛围这几个关键点，介绍一下凌波厅吗？ 生（抢答、补充）：西湖国宾馆三面临湖，毛主席曾在这里起草了新中国第一部宪法。在凌波厅用餐犹如泛舟湖上，西湖美景尽收眼底。西湖国宾馆被誉为"西湖第一名园"具有深厚的人文底蕴和得天独厚的自然景观。 2. 教师引导学生关注细节，餐具的摆设有刀叉，也有筷子，中西方元素在餐桌上相互交融，熠熠生辉。 师：进入国宾馆，来到凌波厅，我们看一下，餐桌上的宴会摆台。 师：展示凌波厅摆台图片  师：请同学们，看一下桌上的餐具，这里再现了2016年G20杭州峰会国宴中，接待俄罗斯总统普京时使用的餐具"和之颂"。餐桌上既有西式的刀叉之美，又有中式的青瓷、筷子之韵，可谓各美其美、美人之美、美美与共	西湖国宾馆是烹调工艺与营养专业校企合作单位，引入案例，深入了解实习单位，激发职业自豪感和认同感。 关注专业细节，培养"专注"工匠精神。 激发职业自豪感和责任感

续表

五、教学过程设计

教学内容和教学过程	专业知识与思政的融合
师（在黑板上写下"各美其美，美人之美、美美与共"）：如何理解？ 生：要爱惜自己的文明，也要认同别人的文明，最终文明共同发展。 师：2019年，习主席在亚洲文明对话大会开幕式主旨演讲中说：坚持美人之美、美美与共。一切美好的事物都是相通的。人们对美好事物的向往，是任何力量都无法阻挡的。我们既要让本国文明充满勃勃生机，又要为他国文明发展创造条件，让世界文明百花园群芳竞艳。 师：接下来我们来学习各美其美的部分。	增强爱党爱国情怀，树立文化自信。
（三）中式宴会菜点结构（10分钟） 师：请小组合作，分别对应看四张图片，结合中国烹饪文化数字博物馆杭帮菜博物馆场景的预习情况，做一回博物馆解说员，解说一下这四种照片。    （a） （b）  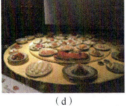 （c） （d） 生（小组代表回答）：图（a），举案齐眉，出自《后汉书·梁鸿传》讲的是（梁鸿）每次收工回来，妻子都会为他准备饭食，但不敢在他跟前仰视他，于是将餐案托盘总是举到与自己的眉齐平的位置。图（b），出自名画《韩熙载夜宴图》，通过这幅名画，我们还是可以看到古人在低矮的桌子上，主人和客人分别放着食物和酒水。图（c），张俊府邸第宴，1115年，宋高宗皇帝赵构临幸清河郡王张俊府第，张俊大摆筵席，侍奉高宗，成为中国历史上有菜单可查的最丰盛的一桌筵席。图（d），杭州将军府满汉全席，满汉全席是我国筵席发展史上的一个高峰	通过专业知识的分析，客观评价，培养"公正"。 增强爱国情怀，树立文化自信

续表

五、教学过程设计	
教学内容和教学过程	专业知识与思政的融合
师：通过刚才的四个案例可知，我国先有分餐制再有共餐制，传统中式宴会菜点结构和用餐方式的变化，是社会经济发展、重团圆传统等共同作用的结果，并不是卫生习惯的问题。 传统中式宴会菜点结构 • 先有分餐制，再有共餐制 • 宴会菜点从简单到丰盛 • 以冷菜、热菜、面点、果盘、茶饮为主要结构 （四）西式宴会菜点结构（8分钟） 师：课前我们已经学习了西餐的宴会菜点结构，现在我们来检查一下大家学习情况，请根据西餐宴会菜点结构，摆设西餐餐具。 生（指定西餐基础好的同学回答）：西餐菜点结构为冷盘、汤羹、副菜、主菜、甜点。依据菜点结构在展示盘由内向外依次是主餐刀、叉，鱼刀、叉，右侧汤匙、开胃品刀、叉，上方甜品勺、叉。   师：接下来请大家看2015年奥巴马欢迎习主席访美的国宴菜单，菜单是英语的，请大家说说菜点结构 传统西餐宴会菜点  • 采用分餐的形式 • 一菜一酒，一菜一具 • 冷盘、汤、副菜、主菜、甜品	 增强爱国情怀，树立文化自信。 激发职业自豪感和认同感，树立创新的工匠精神

续表

五、教学过程设计

教学内容和教学过程	专业知识与思政的融合
生（根据上课学生的专注度，指定回答）：汤、副菜、主菜、甜点。 师：各位，在菜点中有没有发现一些中国元素。 生（齐声）：绍兴酒和月饼。 师（承上启下）：是的，各美其美，美美与共，中西方烹饪大师们都是通过相互尊重、相互学习，既是烹饪美味，也是碰撞文化。 **（五）中式分餐宴（15分钟）** **1. 推广创新背景** 师："抗疫"背景下，2020年3月18日《中餐分餐制、公筷制、双筷制服务规范》出台。分餐制、公筷制、双筷制标准，成为中餐新风尚。这是中式宴会现代化、标准化、国际化发展的必由之路。  **2. 中式分餐宴菜点结构** 师：接下来请大家登录中华名宴库，学习2016年G20杭州峰会欢迎晚宴菜点、2017年金砖厦门峰会欢迎宴会菜点和2018年青岛上合峰会欢迎晚宴菜点，完成三次宴会菜点填空。  生（小组合作，完成填空） 师：接下来让我们一起分析三次国宴菜点，凝练中式分餐宴菜点结构 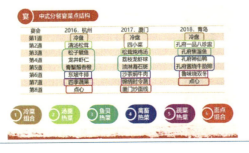	向国宴致敬，感受"地方元素、大国风范、国际视野"，激发职业自豪感和认同感，树立文化自信，树立创新的工匠精神。 创设宴会情景，激发爱党爱国爱乡的情怀

续表

五、教学过程设计	
教学内容和教学过程	专业知识与思政的融合
3. 设计"南湖红船宴"菜点 师：浙江是红船启航地，也是红船精神的萌发地，我们在"七一"前夕设计一席"南湖红船宴"表达我们的赤子之心如何？用我们烹饪班独特的方式"唱支山歌给党听"。请同学将下列嘉兴名菜按照菜点结构，排序设计"南湖红船宴"。 生（按照冷菜组合、汤羹热菜、鱼贝热菜、禽畜热菜、蔬菜热菜和面点组合，排序设计南湖红船宴菜点：红船启航、清汤宴球、蟹粉菜心、鱼干焖肉、时令鲜蔬、三色粽、荷花酥）	在红船精神中，升华中式分餐宴的创新意义，培养学生创新竞赛，职业自然感和责任感
（六）课堂小结（5分钟） **4. 中式分餐宴的创新意义** 师：中式分餐宴是传统中式宴会的继承和创新，对西式宴会的借鉴，是对卫生、营养、节俭社会风尚的积极响应，也是用实际弘扬敢为人先、开天辟地"红船精神"。 **（七）课堂总结、布置作业（2分钟）**	
课后作业	利用宴会设计工具包，设计"南湖红船宴"菜单（共4页，封面—宴会介绍—宴会菜单—封底），并召开宴会发布会，介绍宴会菜单，要求小组合作，人人上台，时间为5分钟左右

五、特色创新

1. 思政育人与专业育才相结合，润物无声

通过专业知识寻找到思政有效载体，充分挖掘专业教学资源，利用案例教学、情景模

拟、参观考察等多种途径，开展形式多样的课程思政教学活动，增强了思政亲和力，达到"润物细无声"的效果。

2. 岗位实际与专业理论相结合，顶天立地

在教学中结合岗位实际，再现真实的宴会场景，访谈真实的重大宴会参与者，让学生真切地感受家国情怀、工匠精神和文化认同，对职业生涯的动力支持，建构顶天立地的专业课程思政价值链。

3. 课堂教学与课后反思相结合，教学相长

结合现代信息技术手段，分析教学数据，实现课堂讲授与课后反馈的双向流通和及时互动，全面了解课程思政的教学状况，及时纠正课程思政的实施偏差，定制个性化的教学方案，提高学生学习能力，构建课程思政的闭环系统。

在创新实践中，逐渐形成"亲和力佳有温度、紧密度高有深度、实践性强有力度"的课程思政。

六、教学效果

1. 课程使用范围广，影响力强

"宴会设计"是国家教学资源库示范课程。智慧职教平台选课 18 598 人，SPOC 应用 87 所学校，累计 26 944 人。开设职教 MOOC 共 5 期，选课学校 178 所，累计 1 025 人，SPOC 应用 27 所学校，累计 3 382 人。本课程被认定为浙江省精品在线课程（2020 年），被评为智慧职教资源库"应用之星"（2020 年）。本课程微课入选浙江省高校课程思政优秀教学微课入选名单（2021 年）、课程案例入选长三角财经商贸类专业职教师资一体化协同创新平台财经商贸类专业课程思政教案设计案例集（2021 年）。

2. 初显育人成效，师生共同成长

在课程思政的实践中，教师将知识传授与思想教育有机融合，将技能提升与价值引领相互渗透，提升了育人水平。教师获浙江省高职院校教学能力比赛专业课程组二等奖（2019 年、2020 年）、浙江省高职院校"互联网+教学"优秀案例一等奖（2020 年）、教育部职业院校文化素质教指委"战疫课堂"课程思政三等奖（2020 年）、浙江省课程思政优秀教学案例征集活动高职组特等奖（2021 年）；指导学生"文旅融合 百县千碗"实践项目获国家文旅部旅游英才项目（2019 年），参与指导学习"诗画江南——红船宴"作品获全国职业院校技能大赛高职组"烹饪"赛二等奖（2021 年）。

成长中的"酒店人"

——"前厅服务与管理"课程思政案例

课程名称：前厅服务与管理
教师信息：滕玮峰
授课专业：酒店管理与数字化运营
课程性质：专业必修课

第一部分：课程基本情况

"前厅服务与管理"课程的编码为1330334，是浙江商业职业技术学院酒店管理专业（现改名为"酒店管理与数字化运营"，专业代码：540106）的专业核心必修课程。本课程经过多年的建设已日趋完善，是浙江省省级精品课程；教材建设同步跟进，主讲教师编著的《酒店前厅实务》为省级重点教材，且获多层次的教学成果奖。

"前厅服务与管理"课程思政建设从国家、行业、学校定位和学生职业发展需要出发，结合人才培养目标、毕业要求，基于OBE理念，通过设立与酒店行业相匹配、以践行社会主义核心价值观为基本要求的专业价值目标，挖掘专业知识、技能与课程思政的有机契合点，采取全过程教学评估方式，再根据目标达成度进行持续改进，最终落实以立德树人为根本目标的课程思政教学。"前厅服务与管理"课程思政教学模式导图如图1所示。

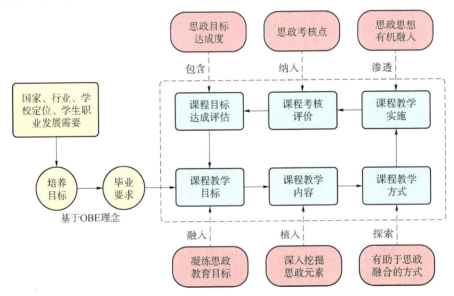

图1 "前厅服务与管理"课程思政教学模式导图

第二部分：案例描述

一、教学目标

"前厅服务与管理"课程负责人曾根据我校酒店管理与数字化运营专业人才培养需求进

行调查，重点是向学生实习基地深度访谈及发放调查问卷，了解企业、行业对职业院校学生的需求与期望。同时，这些年来，在对学生的实习指导过程中了解了学生对在校知识技能学习的反馈。**从由两个渠道获得的数据来看，酒店、学生普遍认为，综合素质、做事态度比专业知识和技能更重要，而技能与知识相比，综合技能的重要性更为突出。**

专业核心课程"前厅服务与管理"与酒店前厅部职业、岗位相对接。课程的专业知识能力目标是通过学习和训练，使学生具备客房预订、总台接待、收银服务、问询服务、礼宾服务、"金钥匙"服务、电话总机服务、商务中心服务等前厅服务所必需的基本知识、基本技能。同时，人才培养方案中对学生成为"酒店基层管理人员"的职业定位，要引导与培养学生具备前厅基层管理人员（即领班、主管）的沟通能力、管理能力、培训能力等工作能力。

课程思政要强化本课程的情感、态度、价值观教学目标，思政元素结合具体教学内容灵活展开。在实现知识和能力教学目标的同时，注重德技并修、育训结合。培养学生爱国爱民、遵纪守法、诚实守信、健康环保的公民态度，尊重他人、善待他人、规范自律、敢于担当的职业态度，乐于服务、严谨认真、沟通协作、吃苦耐劳的工作态度。

二、教学策略

本课程重视将思政融于教学，不只是对知识的讲解、技能的传导，更是对方法的研讨并注重加强训练。课程对相关理论知识和技能进行了再次审视，以求更科学、更准确，并与时俱进，不断创新；对相关训练方法、典型案例、实践项目等进行适时更新，以求更符合新时代大学生的学习特点。

（一）思路与理念

1. 传递科学的价值导向

"前厅服务与管理"这一专业课程融入思想政治教育的目的，是帮助大学生树立科学的就业观和职业信念，培养良好的道德情操、职业习惯、工匠精神等，故本课程的设计注重渗透标准、慎独自律、潜移默化、自醒自悟，向大学生传递科学的价值导向。这也有利于学生个体职业价值追求，有利于社会文明的养成。

2. 增强学生的实践动力

本课程的设计从酒店企业对人才需求的调查开始，了解到企业对大学生在遵纪守法、诚实守信、尊重他人、严谨认真、精益求精、积极进取、人际关系、有效沟通、团队合作、创新能力、吃苦精神、时间管理、积极心态等方面的素养和技能均有较高的要求。为达到这些要求，本课程力求设计和创造更多的开放性学习机会和案例场景，为职业综合素养的养成提供实践动力。

3. 注重教师的以身作则

教师是"传道授业"者，为人师表是教师的责任。在本课程的教学过程中，要培养学生良好的综合素养，教师理应从细微之处做起，具备良好的思政素养。因此，教师承诺做到：言语礼貌亲和、主动与学生问好、下课时亲自擦黑板、整理讲台物品复位、关闭教室电灯电扇，上课注意服装整洁正规、恪守教学纪律，平时尊重学生个体、善待每次沟通、关注情感交流。

（二）设计与实施

基于以上观点，本课程团队对"前厅服务与管理"课程的思政元素进行充分挖掘，梳理出本课程必须加强遵纪守法教育、人文素养教育、职业素养教育等方面的模块内容。结合课程教学过程，创新课程思政方式方法，以强化对学生情感、态度、价值观的引导和培育。主要实施路径有以下几方面：通过案例教学提高学生对情感态度价值观教育的认知认同；通过情景教学强化学生对情感态度价值观教育的体验共鸣；通过实践教学促进学生情感态度价值观的发展成长。

"前厅服务与管理"课程教学设计框架见表1。

表1 "前厅服务与管理"课程教学设计框架

序号	教学内容概述	课程思政育人目标	教学方法
1	前厅部认知	国家精神；"酒店人"的职业观、品行观、价值观；团队精神；优秀人格素养	中国酒店业尤其前厅服务发展历程与成长建树；团队调查饭店前厅，总结与分享感受；对MOT、Hospitality的深刻理解；《旅游饭店星级划分与评定》《浙江省品质饭店评价规范》解读等
2	预订服务	契约精神；全局意识；质量意识	预订模拟实践，网评管理体会
3	总台服务（接待、收银、问询）	遵纪守法；服务意识；团队合作；时间管理	模拟实践，SOP细节探讨；分解实操视频，提升情感态度、知识能力；住宿业相关法律法规了解
4	礼宾服务	"金钥匙"精神：诚信、守则、尽心、体恤、勤奋、吃苦等精神	礼宾服务案例分析；电影《布达佩斯大饭店》观后讨论与心得分享
5	总机服务、商务中心服务	细心品格；严谨态度	游戏教学、案例教学；语言习惯自省、学习、提升
6	投诉处理	尊重他人；恪守道德；有效沟通；人际关系	角色模拟演练，情感认知、技巧提升、同理心培养；案例学习
7	前厅基层管理	自信培养；积极心态；创新能力；沟通能力；协调能力；进取精神	心灵独白实践；高台演讲实践；图书馆调查；对学校多区域模拟质检；对饭店星评标准发表意见建议；创新思维与创新能力实践；学长宣讲成长心路历程；模拟培训

三、典型案例

本课程注重思政元素的教学融入，强调"精心设计——认真实施——切磋提高"。下面以"走进前厅部"模块为例，解读课程思政的教学设计与实施过程。

（一）结合章节

本案例设计结合"前厅服务与管理"课程的"走进前厅部"模块，包括项目一"初识前厅部"、项目二"营造和谐的大堂氛围"。

（二）教学目标（本模块）

教学目标（本模块）见表2。

表2　教学目标（本模块）

知识目标	从面到点，认识旅游业、酒店业，以及酒店功能与部门划分、服务与产品提供，尤其是我国酒店业的发展成效。 认识前厅部在现代酒店经营管理中的基本功能和重要地位，以及发展趋势。 了解前厅部的组织机构设置和相应的服务。 了解大堂分区、氛围营造的重要意义及原则
能力目标	能进行前厅岗位的识别。 能进行大堂区域识别，掌握前厅环境设计与控制的基本要求
素养目标 （思政目标）	宣扬民族自信。 传输"酒店人"的职业观、品行观、价值观。 诚实守信、严谨自律、精益求精等的良好品格。 培养学生互相尊重、友爱互助、团队精神等优秀人格素养

（三）教学实施过程和方法（注：红色字体为思政结合点）

根据教学内容，本模块的课程思政主要**通过三阶段教学融入**，见表3～表5。

表3　第一阶段——课堂教学，引入认识好客之道

● 通过对我国酒店业近几十年的发展历程介绍，尤其是前厅服务的进步，使学生认知作为我国服务业开放先锋的酒店业的喜人成长业绩，也是中国迅速发展的见证，从而增强国家自豪感、民族自信心；

● 通过单词溯源（hospice—hospital—hospitality）、案例学习（"香格里拉人的微笑"）、视频观看（"你不认识的酒店人"），使学生懂得hospitality（好客之道）的内涵，习得"友""礼"，树立良好的服务意识；通过伯恩济贫院的故事，再次挖掘学生的博大慈爱的本善人性；

● 通过对"MOT"（真实时刻）的解读、案例分析（北欧航空公司的良好口碑）、酒店使命宣言的引用举例，促使学生有良好的质量观念、顾客意识、全局意识；

● 学习前厅服务流程、前厅岗位设置，强调服务的环环相扣、诚挚合作的重要性，使学生理解"人人为我、我为人人"的真谛

视频传导——"友""礼"相融

续表

案例"伯恩济贫院"——慈善博爱

表4 第二阶段——实践教学,调查周边或其他酒店前厅部

Ⅰ.小组作业布置环节
调查形式:小组(4~6人)自行前往(线下+线上) 　　线下:实地参观调查酒店前厅大堂、总台、商务中心等地,亲自感知,获得一手资料; 　　线上:上网了解该酒店的综合情况,尤其是房型、房价、设施、宾客点评。 **作业要求**: 　　1. 撰写调查报告。报告形式:电子、手写均可,但要打印后上交; 　　2. 各组准备进行陈述交流(全员参与、团队合作)。 **调查内容**: 　■ 1. 酒店名称、位置、公交乘坐方法、总机电话号码; 　■ 2. 酒店大堂大致面积,如何布局,布置装饰如何,有哪些设施设备; 　■ 3. 总台面积、布局、布置,总台接待员人数、服务态度与效率(接待一位客人平均时间); 　■ 4. 大堂休息区座位数、布局; 　■ 5. 大堂副理工作位置,工作台设备物品有哪些; 　■ 6. 大堂吧座位数、装饰布置情况、营业情况,吧台风格、员工数; 　■ 7. 携程或其他平台上本酒店的情况介绍、宾客评价等; 　■ 8. 其他记忆深刻的物、人、事(正面、负面都可); 　■ 9. 酒店印象带给你的心灵感受,尤其是正能量,收获其他要求; 　■ 1. 每组带回酒店介绍宣传册、房价表、酒店名片等纸质材料; 　■ 2. 拍摄相关照片,尤其是前厅区域。(报告中使用3~5张); 　■ 3. 以小组为单位(4~6人/组)完成一份调查报告,要求涵盖以上调查项目内容,并画酒店大堂布局平面图一张,同时谈谈你们对该酒店前厅大堂的印象,对各项内容的看法如何,存在哪些不足; 　■ 4. 全员参与、团队合作; 　■ 5. 注意安全
Ⅱ.外出调查实施环节
每一组学生都实实在在地赴酒店进行了前厅部的相关调查,有不少小组还通过与酒店职员的沟通,参观了餐饮部、康乐部、客房部等区域,表现了很好的学习精神。有几个组为了更上一层楼,冒雨参观了多家酒店,对专业的推敲和认真态度,令人甚为感动

续表

线上、线下的调查相结合。除了实地调查,学生们还上网查阅了该酒店的设施、服务、房价、网评,增加了认知与思考。

学生们的调查实施能做到约定时间、做好准备、做好分工、集体行动,自始至终愉快合作

自立成长——学生自行前往酒店调查

Ⅲ. 调查报告撰写环节

各小组的成员分工协作,写报告、画大堂平面图、做PPT、查阅线上网评资料等,发挥了各自的专长,也相互学习进步。

学生们对调查报告作业给予了百分百的热情与专注,有的组修改数稿,力争做到最完美。学生的作业非常出色,不仅完成了相应的观察点、达到了布置的要求,还创新性地提出了独到的见解,对酒店行业有更理性的认识,为职业发展增添了一份正能量

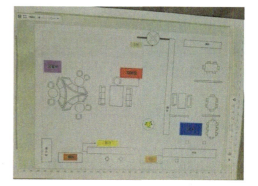

续表

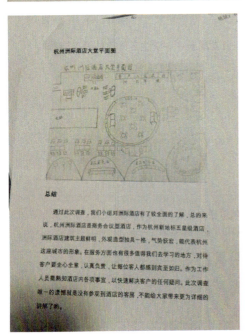

精益求精——每份作业都是棒棒的

Ⅳ. 小组陈述交流环节

课时：2节课/班；

形式：各小组逐一上台陈述，每组控制时间为5~8分钟；

要求：每组全体团队成员一起合作

续表

学生们在此环节中有很好的团队合作表现：主讲陈述、补充讲解、放映PPT、展示资料，井然有序，同时也进行了团队介绍、分工说明。各组有PK之势，力求在同学们面前有最好的表现

精彩纷呈——学生分组做陈述

V. 教师总结点评环节

1. 充分肯定学生良好的团队合作精神、认真的学习实践态度、严谨的作业报告、创新的社会接触意识；
2. 结合学生们的调查感悟，肯定大家很好地在实践中学习了酒店前厅部的氛围营造、区域布局、产品与服务、接待质量等内容；
3. 深深感受到学生们的学习热情，体会到大家对行业发展的欣喜、对专业选择的自信；
4. 强调：
（1）人人不应有"社会懈怠"，大家分工合作，展现各自专长，发光出彩；
（2）小组陈述时应说"我们"，而不是"我"，以更好地渗透团队意识

第二阶段设计的课程思政融合点小结	
达成的思政点	达成的手段路径
民族自豪、专业自信	高星级酒店实地调研，感受行业氛围与发展成果
团队意识、合作能力	小组调查、小组报告、小组陈述，没有"社会懈怠"
友爱意识、吃苦精神	雨天出行时互相关心与帮助；出行交通自行解决
时间观念、全局意识	每个环节遵守时间节点；约定调查时间
个人能力、创新能力	小组工作分工：写报告、绘图、做PPT、陈述演讲（出彩！）
有效沟通、人际关系	自行与酒店人员沟通，获得调查许可与热情接待
尊重他人、诚实守信	组长感谢和肯定小组成员的努力；实事求是地汇报情况
积极心态、精益求精	学生主动、自发地制作精美的PPT来配合陈述，以求完美
热情礼貌、严谨自律	酒店大堂氛围的感染；"酒店人"职业素养的传递

表5　第三阶段——标准解读，认知相关法律法规、行业规范

● 大堂原设定的适宜温度为24 ℃～26 ℃，现因节能需要，设置温度为：冬天不高于20 ℃，夏天不低于26 ℃。结合绿色旅游饭店评定标准、行业节能减排行动，传导绿色环保、资源节约理念。

● 解读《旅游饭店星级划分与评定》之前厅部分，并与调查发现相结合进行思考，给所调查酒店前厅模拟星级硬件评分，认知和体会质量意识。其中，对酒店无障碍设施展开讨论，引导学生尊重他人，言行文明。

● 解读《标志用公共信息符号国家标准》之通用部分 GB/T 10001.2 和旅游休闲部分 GB/T1 0001.2，尤其是结合酒店前厅部的标识符号，强调规则意识和公德观念

续表

行业标准——绿色环保意识、质量意识

标识符号——尊重他人意识、规则意识

四、成效经验

（一）教师转变了教学意识

作为课堂教学的引导者，教师转变教学意识，加强学习，重新备课，持续进步。第一方面，教师深入理解社会主义核心价值观，不断学习、体悟有关"课程思政"的新文件、新典型、新内涵，以保证准确地以德立学、以德施教，做好潜移默化的德育工作。第二方面，教师主动寻找专业课程与思政知识体系的"交点"，自然结合，有机融合，加深学生理解的同时又能将润物无声地开展思政教育。

（二）学生活跃了课堂气氛

课程思政的灵活施教，要如盐在水，不着痕迹。任课教师结合教学动态，在课堂上经常引导，经常提问，经常实操，经常鼓励，从案例分析出知识，从知识引申到观点，从观点升华到态度，自然过渡，无痕衔接，合理设置在线讨论、头脑风暴、作业 PK 等课中环节，将"一言堂"变为"众言堂"，鼓励学生多开口多提议多操作多总结。唯有学生全程参与、主动融入、认真思考、激发共情，才能在加深对知识理解和技能掌握的同时，从主观上接纳、吸收、认可、内化所听到的内容、所看到的事例、所共鸣的感受。

（三）课程担当了多重责任

面向旅游类酒店管理专业高职学生专业课程与思政融合的教学模式，使本课程的设计从旅游类学生素质现状与教育的本质出发，着眼于学生职业适应能力的提高以及职业情商的养成，更加着眼于个人职业生涯的可持续发展；在使本课程同时满足旅游企业和学生发展的基础上，完成对学生的职业素质教育；使本课程在培养新时代政治思想过硬的高素质劳动者和技术技能人才的道路上越走越坚定；使本课程更接时代气息，并结合实际，自成体系。

将思政之"盐"融入专业课程
夯实工匠根基

——"浙江名菜制作与创新"课程思政教学案例
（以"东坡肉"为例）

课程名称：浙江名菜制作与创新
教师信息：刘晨
授课专业：烹调工艺与营养
课程性质：专业选修课

第一部分：课程基本概况

"浙江名菜制作与创新"课程的开发与设计，是以"继承传统工艺，拓展创新思路，以经典菜点制作为依托，并结合创新为源泉"的教学体系为依据，提升学生学习中餐工艺的内容，即食品雕刻与冷菜工艺、热菜工艺、面点工艺三个模块后的知识巩固与变化，具有以培养学生的动手能力和创新能力为目标的专业特色和优势。"浙江名菜制作与创新"课程除了组成浙江菜的杭州、宁波、绍兴、温州四个地方风味的菜肴外，还包括了浙江省其他7个城市的地方风味菜肴，展现了浙江名菜的全貌。本课程是校在线开放课程，首批省级课程思政示范课程，将专业素养、职业道德和专业技能的培养贯穿于整个教学过程中。在整个教学体系中，体现了理论指导实践、实践提升理论的科学性，展示了中餐工艺各技能的系统性和适应性。本课程对有一定基础的学习者了解、熟悉、掌握浙江名菜的制作与创新有较大帮助，同时有利于拓宽个人的视野，有利于烹饪技艺的进一步提升。

第二部分：案例描述

一、课程目标及思政元素

本课程的教学任务是通过理论教学、实践示范与学生练习三者相结合的教学手段，使学生较全面、系统地了解和熟悉浙江名菜，培养学生对名菜的审美意识和创新意识，能较全面地掌握浙江名菜的原料加工与菜肴烹制的各项基本技能，能较熟练地掌握菜肴创新技能并有一定的实际灵活运用能力（图1）。

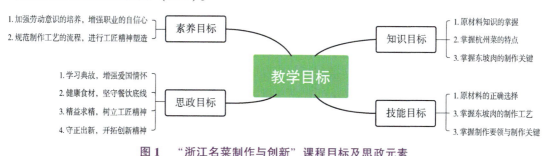

图1 "浙江名菜制作与创新"课程目标及思政元素

二、"盐"味融入

1. 学习舌尖上的国学文化，增强文化自信

中国饮食文化的历史源远流长，博大精深。它经历了几千年的历史发展，已成为中国传统文化的一个重要组成部分，在长期的发展、演变和积累过程中，中国人从饮食结构、食物制作、食物器具、营养保健和饮食审美等方面，逐渐形成了自己独特的饮食风俗，为了满足人民对美好生活的向往，也为了进一步强调立德树人的理念，在传承的基础上积极融入了工匠精神、敬业精神、诚实守信、开拓创新、绿水青山、一带一路等元素，创造了具有独特风味的中国饮食文化，成为世界饮食文化宝库中的一颗璀璨的明珠。奥运会、G20 峰会、青岛上合峰会等宴席上名菜肴的制作就是最好的体现。

2. 讲述舌尖上的名菜典故，感受家国情怀

作为一名烹饪大学生、烹饪爱好者，除掌握菜肴口味、讲究色香之外，更需要悟其"意境"。浙江为文化之邦，历史悠久、人杰地灵，每一名菜必有历史渊源，所谓"一菜一典"，不论是民间美味还是宫廷御膳，都需要了解、熟悉名菜文化。通过对"东坡肉"的制作把家国情怀深深地融入教学过程中，激发学生们的爱国热情，扎根餐饮服务国家。"东坡肉"的由来就是爱国爱家爱人民的生动写照，也是"东坡肉"这一名菜的生命力所在。

3. 保障舌尖上的食品安全，坚守餐饮底线

食品安全关系群众身体健康和生命安全，是小康生活的一把重要标尺。我们要加强原材料知识的学习，了解、熟悉、掌握原材料的产地、品种、性能，把好食品安全关，弘扬敬业精神，坚守职业道德，开展诚信教育，提升舌尖上的安全幸福指数，杜绝瘦肉精、僵尸肉，让广大消费者香在舌头、甜在心头，使美好生活更加有滋有味。

4. 提升舌尖上的菜肴质量，树立工匠精神

工匠精神就是不断雕琢自己的产品，不断改善自己的工艺，享受着产品在双手中升华的过程。从古至今中国的饮食文化灿烂辉煌，工匠精神处处放光芒：尝百草的神家氏、造酒大师杜康、农学家贾思勰、营养大师忽思慧、美食家袁枚等。菜肴质量是菜肴的灵魂，"东坡肉"的制作正如苏东坡所讲，"慢着火、少着水，柴火罨焰烟不起，待它自熟莫催它，火候足时它自美。"工匠精神就体现在这一过程的反复体验中。

5. 满足舌尖上的不同需求，突显创新意识

菜肴制作是一门实践性很强的学科，许多名菜的制作是无数次积累的结果，才得到广大消费者的认可。菜肴在传承中创新是烹饪文化发展的必然趋势，是适应社会发展的需要，也是适应旅游事业的发展需要，还是不断提高自身的综合素质和专业技能，增强自己的创新意识和实践创新能力的需要。要把创新意识融入日常工作，开发更多、更好、受消费者喜爱的新菜肴。因 G20 等国宴需要及人民生活水平的不断提升，人们在"东坡肉"基础上开发了"东坡羊""东坡牛扒""东坡鲍鱼"等新式菜品。

三、教学策略

教学策略见表1。

表1 教学策略

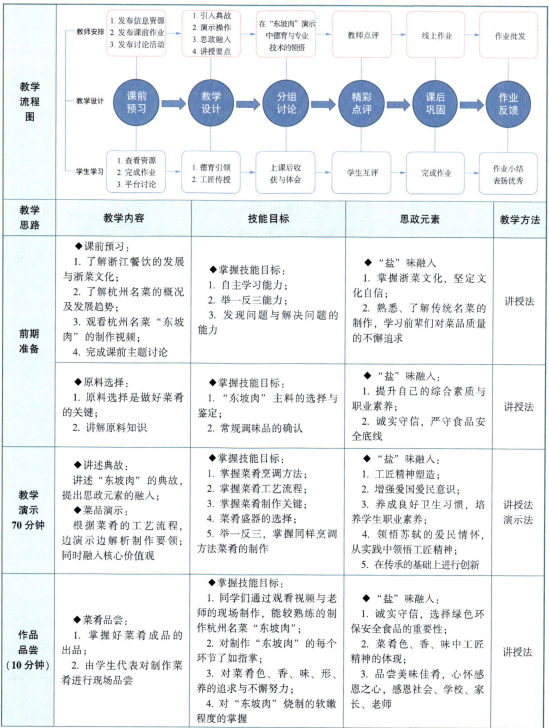

教学思路	教学内容	技能目标	思政元素	教学方法
前期准备	◆课前预习： 1. 了解浙江餐饮的发展与浙菜文化； 2. 了解杭州名菜的概况及发展趋势； 3. 观看杭州名菜"东坡肉"的制作视频； 4. 完成课前主题讨论	◆掌握技能目标： 1. 自主学习能力； 2. 举一反三能力； 3. 发现问题与解决问题的能力	◆"盐"味融入： 1. 掌握浙菜文化，坚定文化自信； 2. 熟悉、了解传统名菜的制作，学习前辈们对菜品质量的不懈追求	讲授法
	◆原料选择： 1. 原料选择是做好菜肴的关键； 2. 讲解原料知识	◆掌握技能目标： 1. "东坡肉"主料的选择与鉴定； 2. 常规调味品的确认	◆"盐"味融入： 1. 提升自己的综合素质与职业素养； 2. 诚实守信，严守食品安全底线	讲授法
教学演示 70分钟	◆讲述典故： 讲述"东坡肉"的典故，提出思政元素的融入； ◆菜品演示： 根据菜肴的工艺流程，边演示边解析制作要领，同时融入核心价值观	◆掌握技能目标： 1. 掌握菜肴烹调方法； 2. 掌握菜肴工艺流程； 3. 掌握菜肴制作关键； 4. 菜肴盛器的选择； 5. 举一反三，掌握同样烹调方法菜肴的制作	◆"盐"味融入： 1. 工匠精神塑造； 2. 增强爱国爱民意识； 3. 养成良好卫生习惯，培养学生职业素养； 4. 领悟苏轼的爱民情怀，从实践中领悟工匠精神； 5. 在传承的基础上进行创新	讲授法 演示法
作品品尝 （10分钟）	◆菜肴品尝： 1. 掌握好菜肴成品的出品； 2. 由学生代表对制作菜肴进行现场品尝	◆掌握技能目标： 1. 同学们通过观看视频与老师的现场制作，能较熟练的制作杭州名菜"东坡肉"； 2. 对制作"东坡肉"的每个环节了如指掌； 3. 对菜肴色、香、味、形、养的追求与不懈努力； 4. 对"东坡肉"烧制的软嫩程度的掌握	◆"盐"味融入： 1. 诚实守信，选择绿色环保安全食品的重要性； 2. 菜肴色、香、味中工匠精神的体现； 3. 品尝美味佳肴，心怀感恩之心，感恩社会、学校、家长、老师	讲授法

续表

教学思路	教学内容	技能目标	思政元素	教学方法
作品点评 10 分钟	◆菜肴点评：从菜肴色、香、味、形、器、养的角度进行归纳小结	◆掌握技能目标：制作到位、口味到位、菜品到位、盛器到位、创新精神到位	◆"盐"味融入： 1. 文化自信的体现； 2. 精益求精的体现； 3. 工匠精神的体现； 4. 爱国情怀的体现	讲授法

四、教学案例

"东坡肉"的制作过程见表2。

表2 "东坡肉"的制作过程

教学设计案例	杭州名菜："东坡肉"

	主料：生净五花肉 1 500 克； 调料：绍酒 500 克、酱油 150 克、白糖 150 克、生姜 50 克、小葱 200 克； 制作过程：
实操耗材 制作过程 制作关键 典故学习	1. 选用薄皮、肉厚的猪五花肉条，刮净皮上的余毛，用清水洗干净，放入沸水锅内约余 5 分钟，煮出血水洗净，切成 20 块方块（每块约重 75 克）；

	2. 将锅洗净，用竹箅子垫底，先铺上葱、姜块，然后将猪肉（皮朝下）整齐地排在上面，加绍酒、酱油、白糖与水用旺火烧开，盖上锅盖，改用小火烧 1 小时左右，把肉逐一翻身皮朝上，收汁，再将收汁好的肉逐块放入瓦罐内，上笼蒸 10 分钟即可（提前准备一份"东坡肉"，再烧 10 分钟，上笼蒸 10 分钟即可）

续表

教学设计案例	
实操耗材 制作过程 制作关键 典故学习	 成品特点：色泽红亮、油而不腻、酥而不烂。 制作关键：1. 烧制时肉皮一定要朝下摆放； 2. 烧制过程中不要用勺子翻动   典故：宋哲宗元祐四年（1089年）一月三日，苏轼来到阔别十五年的杭州任知州。元祐五年五六月间，浙西一带大雨不止，太湖泛滥，庄稼大片被淹。苏轼及早采取有效措施，使浙西一带的人民度过了最困难的时期。他组织民工疏浚西湖，筑堤建桥，使西湖旧貌变新颜。杭州的老百姓很感谢苏轼做的这件好事，人人都夸他是个贤明的父母官。听说他在徐州、黄州时最喜欢吃猪肉，于是到过年的时候，大家就抬猪担酒来给他拜年。苏轼收到后，便指点家人将肉切成方块，烧得红酥酥的，然后分送给参加疏浚西湖的民工们吃，大家吃后无不称奇，把他送来的肉都亲切地称为"东坡肉"

五、特色创新

1. 思政元素融入教学全过程　体现立德树人

根据学校课程思政"底色"要素与"特色"要素，结合浙江名菜典故中所蕴含的思政元素，很自然地将立德树人的理念潜移默化融入专业课程。通过课堂教学、大师授课、企业考察、实地参观来提升对专业的热爱，提升对专业的忠诚度，使同学们通过学习，真正树立起"厨艺立身、厨德立人"的理念。

2. 工匠精神融入教学全过程　体现爱岗敬业

对于学习烹饪专业的大学生来讲，学习做菜，不是简单地把菜做完，而是要用心去做，用心去体验做菜的全过程，在做菜中展现工匠精神。其原因，一是我们担负着人民饮食健康的重任；二是烹饪是科学、是文化、是艺术，是中华民族的一份丰厚的文化遗产，是全人类的宝贵财富；三是我们的职业是为了实现人民对美好生活向往。因此，在工作中必须体现爱岗敬业、精益求精的工匠精神。

3. 智慧职教融入教学全过程　提升教学质量

充分运用职教平台，提高网络教学，是实现教育现代化的重要途径。同学们通过网络学习，培养创新意识、创新精神和创新能力，进一步加强创新人才的培养。通过网络学习缩短与知名工匠（如 G20 宴席组组长胡忠英大师）间的距离，更好地学习工匠们的敬业精神和高超技艺，在学习中把握制作菜肴的关键与要领，进一步提高我们的教学质量。

六、教学成效

2021 年 7 月，"浙江名菜制作与创新"课程获浙江省教育厅第一批课程思政教学项目建设立项。

1. 课程融入　学生称赞

目前我院有共 10 门课程思政，思政元素与专业课无缝融合，在立德树人方面取得了较好的收获。从"浙江名菜制作与创新"课程融入思政元素以来，从课堂学生的反映来看，同学们从惊讶、好奇、到接受、喜欢、称赞，思政元素慢慢融入专业课程的教学，在传授专业知识的同时，同学们也乐于接受，甚至有所期盼。

2. 初见成效　学生受益

将思政元素融入专业课程，寓价值观引导于知识传授之中，确保"浙江名菜制作与创新"课程与思想政治理论课同向同行，形成协同效应。许多烹饪系专业学生，从专业课程中领悟职业素养、职业道德对自己未来发展的重要性，在平时的学习、生活，尤其到了企业实习，能尊敬师长、注意个人的言行、吃苦耐劳、勤学苦练、与同事保持融洽的关系，得到师傅们的肯定与好评。

3. 毕业反馈 影响深远

从 2018 年课程思政建设以来，经过团队的共同努力，"浙江名菜制作与创新"课程融入课程思政元素，深深影响着同学们。21 届毕业生在疫情期间的就业率达到 98.35%，尤其在走访毕业生时，部分同学们对思政元素的融入仍记忆犹新，深感受益匪浅。餐饮管理专业 21 届毕业生郭广彬，刚毕业 3 个月就走上了店长的工作岗位，思政元素的融入深深影响着每一位毕业生的人生之路。

紧扣安全管理，落实德技双修

——"厨政管理与实务"课程思政课教学案例

课程名称：厨政管理与实务
教师信息：赵刚
授课专业：烹饪工艺与营养、西式烹饪工艺专业等
课程性质：专业核心课

第一部分：课程基本概况

"厨政管理与实务"课程在校内面向本校的烹调工艺与营养专业群学生，是浙江省高水平专业群——烹调工艺与营养专业群三个专业（烹饪工艺与营养、西式烹饪工艺、餐饮智能管理）的专业核心课程。"厨政管理与实务"课程是我校 2018 年首批省优质校支持的课程思政项目，根据学校对课程思政的要求，完成了课程思政建设方案，明确了课程思政教学目标，修订完善了课程教学大纲及课程育人教学设计，确定了课程考核方式方法，健全了课堂教学管理，建立起了一套完善教育教学规范。2021 年，"厨政管理与实务"课程成为第一批省级课程思政项目。

第二部分：案例描述

一、课程目标及思政元素

1. 育人目标

基于专业群人才培养目标，结合课程特质，利用行业优势，以"职业素养"为主线，以"工匠精神"为核心，以"安全管理"为导向。将思想政治教育元素，潜移默化地对学生的思想意识、行为举止产生影响，实现立德树人。

2. 主要融入点

1）有机融入思政元素，落实德技双修

在课前、课中和课后教学中，落实德技双修。在原料采购验收教学中，融入诚实守信、遵纪守法；在菜点创新教学中，研发"红色菜肴"——嘉兴南湖菜和忆苦思甜菜，设计"建党 100 周年"系列菜点，让学生通过学习，浸润爱党爱国的情怀；在厨房卫生安全管理教学中，把"爱岗敬业、团队合作"有机融入。

2）工匠精神贯穿始终，落实工学结合

本课程围绕政治认同、家国情怀、法治意识、道德修养、劳动价值等优化课程内容。校内外教学团队成员贯彻"学艺先立德，做菜先做人"理念，把爱岗敬业、工匠精神言传身教给学生，使学生以后不仅是厨师，更是中华民族健康的卫士。

3. 教学方法

创新教学方法，重构教学设计。充分发挥学生的主体地位，通过问题式、参与式、案例式、讨论式等教学方法，探索推动课堂革命，将价值观教育潜移默化于专业知识传授过程中，使之达到有高度、有深度、有温度的教学效果。

4. 思政元素

习近平总书记说过，课程思政打个比方：就是烧菜的时候放点盐，不能放多，也不能放少，主要得有标准。"厨政管理与实务"课程讲的就是这个。本课程深入挖掘各教学环节育人功能，把思想政治工作贯穿于课程教育教学全过程，实现知识传授、能力培养与价值引领的有机统一，着力培养有社会责任、有创新精神、有专门知识、有实践能力的餐饮类技术技能型专门人才。

（1）将育人内容与专业知识技能教育内容进行有机融合，对原有专业群三个专业的人才培养方案进行修订，健全课程标准，在人才培养的知识目标、能力目标基础上加上思政目标，形成课程标准。深入挖掘课程的德育内涵和德育元素，与专业知识技能有机融合，使课程育人目标更加清晰和具体。

（2）在课程教学中，根据课程性质，在教学过程中有机融入思政目标。

①课前引导：启发式教学，面对问题，明确主题，循循善诱。

②课中讲解：体验式教学，案例分析，训练智慧，互动交流。

③课后分享：感悟式教学，对接行业，加强沟通，提升素养。

④浙江工匠现身说法：邀请浙江工匠、浙江省劳动模范、浙菜十大宗师来课堂上讲社会主义核心价值观和中华优秀传统文化教育，以专业技能知识为载体，深入讲解课程所蕴含的思想政治教育资源。

二、设计思路

课程运用线上线下混合式教学模式，融合传统课堂和云端在线课堂，设计了"八步育训"的教学策略，具体为"预""赏""学""做""思""展""评""拓"，依次实施课前、课中和课后三个环节，将价值塑造、知识传授与能力培养相统一，科学设计用心育训，将思政教育有机融入课程教学，以求达到润物无声的育人效果（表1）。

表1 设计思路

课程教学内容概述、课程思政育人目标、教学方法			
序号	教学内容概述	课程思政育人目标	教学方法
1	第一章 现代厨房管理概论	爱党爱国	启发式、案例式 案例：餐饮名店的管理艺术，文化传承。了解餐饮百年老店"楼外楼"，通过2018年的同名电视剧，了解优秀餐饮传统文化和革命历史，构建爱党爱国的理想信念
2	第三章 厨房设计布局	实事求是 安全意识	分析真实案例，引导自我评价 案例：西湖国宾馆的厨房设计从安全性高角度出发，以实用为前提，注重员工安全，了解我国优秀的餐饮传统文化，增强安全意识

续表

序号	教学内容概述	课程思政育人目标	教学方法
3	第四章 原料采购验收	遵纪守法	餐饮相关法规，小组互助学习 遵守国家相关的法律法规，具备法律意识，要有最基本的职业道德底线，违法违规的事不做。八荣八耻，诚实守信
4	第六章 厨房产品质量管理	爱岗敬业 工匠精神	成立社团，组织活动，自觉行动 操作中精益求精，耐心打磨，力求卓越
5	第七章 菜点创新	工匠精神	探究式，通过任务驱动，培养学生自主学习能力 具备创新精神，开发一系列"红色菜肴"，如"延安系列红色菜肴"、毛式红烧肉、忆苦思甜菜等
6	第八章 厨房卫生安全管理	团队合作 环境意识	问题式、参与式 热心奉献，主动补位，不斤斤计较；安全环境设置，卫生红线，增强社会公德意识等
7	第十章 美食活动策划与设计	爱党爱国	探究式和讨论式 构建爱党爱国的理想信念，开发设计美食节，如"八一建军节"美食周活动等；牢记历史不忘初心
…			

三、实施案例

本实施案例以"厨房管理与实务"课程第八章任务三厨房安全管理为例，阐述实施过程，教学课时为 3 课时(表2)。

表 2 实施案例

第八章 厨房卫生安全管理 任务三：厨房安全管理（3学时）	
学情分析	1. 智慧职教（职教云）平台自主学习积分平均分为 80 分，较好地掌握"厨政管理与实务"课程的平台资源； 2. 同学们在中职时就有企业实习，进入高职后也有餐饮兼职的经历，对厨房管理中的安全有了初步的认知； 3. 全班同学具备厨房的基本知识和安全的基本素养
教学重点	以职业素养为主线，以工匠精神为核心，以安全管理为导向。 1. 厨房的安全； 2. 火灾的预防和爱岗敬业、团队合作的重要性
教学难点	1. 厨房火灾及其预防； 2. 具有预防厨房火灾的能力
教学目标	知识目标：1. 厨房的安全隐患； 　　　　　2. 掌握厨房火灾的预防。 素养目标：1. 加强职业素养的培养，进行"工匠精神"塑造； 　　　　　2. 加强安全意识的培养，加强安全教育。 思政目标：1. 团队合作的深刻内涵； 　　　　　2. 巩固爱岗敬业、诚实守信的基本素养

续表

教学过程	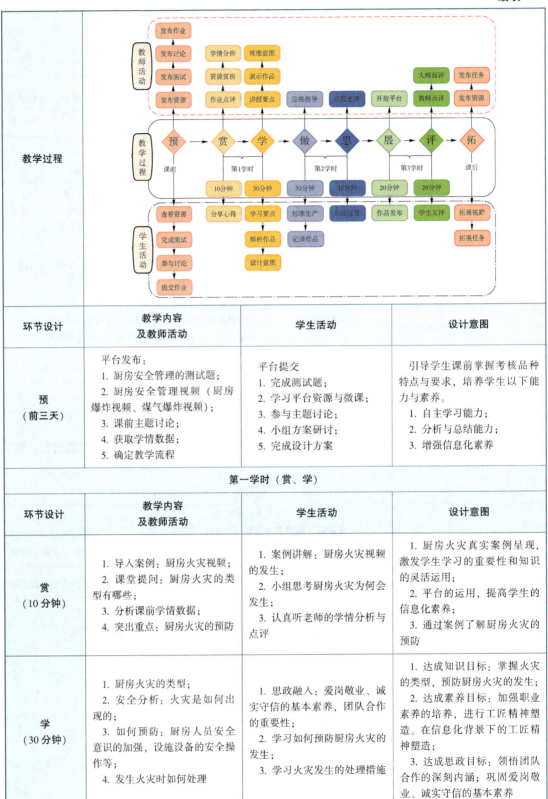

环节设计	教学内容及教师活动	学生活动	设计意图
预 （前三天）	平台发布： 1. 厨房安全管理的测试题； 2. 厨房安全管理视频（厨房爆炸视频、煤气爆炸视频）； 3. 课前主题讨论； 4. 获取学情数据； 5. 确定教学流程	平台提交 1. 完成测试题； 2. 学习平台资源与微课； 3. 参与主题讨论； 4. 小组方案研讨； 5. 完成设计方案	引导学生课前掌握考核品种特点与要求，培养学生以下能力与素养。 1. 自主学习能力； 2. 分析与总结能力； 3. 增强信息化素养

第一学时（赏、学）

环节设计	教学内容及教师活动	学生活动	设计意图
赏 （10分钟）	1. 导入案例：厨房火灾视频； 2. 课堂提问：厨房火灾的类型有哪些； 3. 分析课前学情数据； 4. 突出重点：厨房火灾的预防	1. 案例讲解：厨房火灾视频的发生； 2. 小组思考厨房火灾为何会发生； 3. 认真听老师的学情分析与点评	1. 厨房火灾真实案例呈现，激发学生学习的重要性和知识的灵活运用； 2. 平台的运用，提高学生的信息化素养； 3. 通过案例了解厨房火灾的预防
学 （30分钟）	1. 厨房火灾的类型； 2. 安全分析：火灾是如何出现的； 3. 如何预防：厨房人员安全意识的加强，设施设备的安全操作等； 4. 发生火灾时如何处理	1. 思政融入：爱岗敬业、诚实守信的基本素养，团队合作的重要性； 2. 学习如何预防厨房火灾的发生； 3. 学习火灾发生的处理措施	1. 达成知识目标：掌握火灾的类型，预防厨房火灾的发生； 2. 达成素养目标：加强职业素养的培养，进行工匠精神塑造。在信息化背景下的工匠精神塑造； 3. 达成思政目标：领悟团队合作的深刻内涵，巩固爱岗敬业、诚实守信的基本素养

续表

	第二学时（做、思）		
环节设计	教学内容 及教师活动	学生活动	设计意图
做 （30分钟）	1. 根据表单组织分组讨论； 2. 利用职教云系统观测火灾的发生； 3. 现场巡回指导学生的讨论； 4. 根据学生讨论的问题，进行视频回放、指导和理解安全预防的注意事项	1. 分组进行讨论； 2. 在工位上通过录播显示屏认真看视频中各位工作人员的表现； 3. 抓细节，观表现，查问题，提措施，梳结果	1. 达成知识目标：掌握火灾的类型； 2. 达成素养目标：养成良好的职业习惯，培养学生的团队精神； 3. 达成思政目标：巩固爱岗敬业、诚实守信的基本素养
思 （10分钟）	1. 课堂提问：厨房火灾的类型； 2. 预防厨房火灾的措施； 3. 每组的分析报告； 4. 对标检查：是否检查出火灾发生的关键点	1. 认真思考、回答和学习厨房安全管理的问题； 2. 对标检查火灾发生的关键点，听取老师的分析； 3. 提出优化方法和好的措施	1. 达成知识目标：预防厨房火灾的发生； 2. 形成良好的职业素养和团队精神； 3. 形成爱岗敬业的精神
	第二学时（展、评）		
环节设计	教学内容 及教师活动	学生活动	设计意图
展 （20分钟）	1. 鼓励实践经验突出的学生对预防厨房火灾的措施进行互相展示； 2. 展示可操作性的火灾发生后的应急处理。 3. 按组为单位将讨论结果上传平台，线上进行展示评比	1. 对自己技术有自信的学生可以进行火灾预防的上台展示； 2. 听取老师的分析和建议； 3. 将讨论结果上传平台	1. 达成素养目标：开展线上线下作品展示，培养学生的信息化水平和团队精神； 2. 促进教学团队成员的技术技能水平，增强作为餐饮人的安全感和成就感
评 （20分钟）	1. 组织学生现场进行讨论并自评； 2. 进行学生互评，并接受对方提问和解答； 3. 连线浙江餐饮精英点评厨房火灾的预防； 4. 老师点评、优化作品质量，总结课堂	1. 结合厨房安全管理，组长介绍如何预防； 2. 回答同学的提问； 3. 倾听大师的点评； 4. 听取老师的点评，反思作品； 5. 思考并改善作品	1. 达成知识目标：了解厨房的安全隐患，掌握厨房火灾的预防； 2. 达成素养目标：学生自评和互评，培养学生的团队合作和毅力； 3. 对于标优秀作品，取长补短，提升安全意识，继续深化爱岗敬业
环节设计	教学内容 及教师活动	学生活动	设计意图
拓 （后3天）	1. 发布作业：案例教学结合演示，在理论和实践上进行提炼和拓展，便于学生加深记忆与掌握重难点，完善厨房安全火灾预防和处理； 2. 将讨论结果发布在平台上	1. 完善厨房火灾预防和处理，修正"厨房安全管理"活页工作手册； 2. 根据厨房火灾预防的类型，对不同加热设备的厨房进行火灾预防的措施整理	1. 培养学生认真学习、接受失败、不停反思、不断巩固的学习习惯； 2. 处理好安全管理与安全生产之间的关系，培养学生学习迁移能力； 3. 向浙江省烹饪大师的爱岗敬业致敬，增强烹饪传统文化自信与职业自信

四、特色及创新

1. 课程特色

（1）"多"平台，进行线上、线下混合式教学（图 1）。

创新课堂教学模式，近年来用智慧职教、职教云、MOOC 慕课等平台进行线上线下混合式教学，推进现代信息技术在课程思政教学中的应用，激发学生学习兴趣，引导学生深入思考，优化课程思政教学方法，提升教学效果。

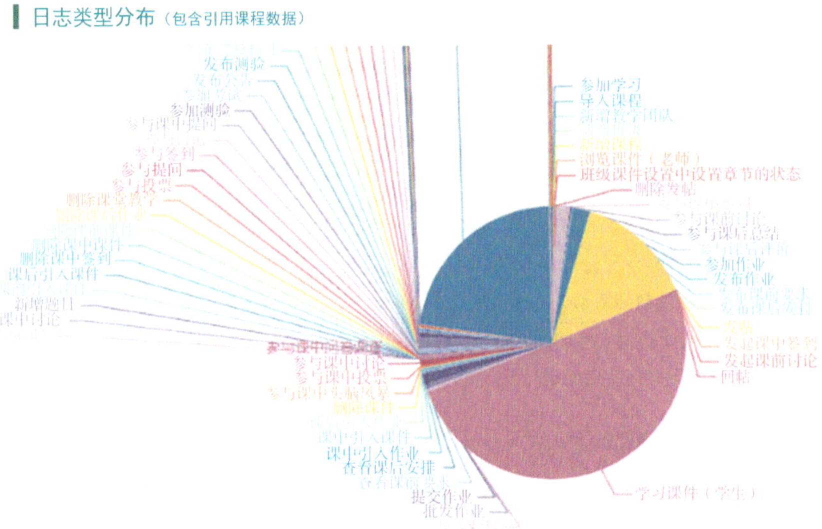

图 1 "多"平台

（2）"活"课程，辐射全国增强专业影响力（图 2）。

科学地理解课堂、灵活地组织课堂、生动地激活课堂，熟练运用互动课堂，让课程思政"活"起来，目前课程已被全国 38 所院校使用，有一定的影响力。

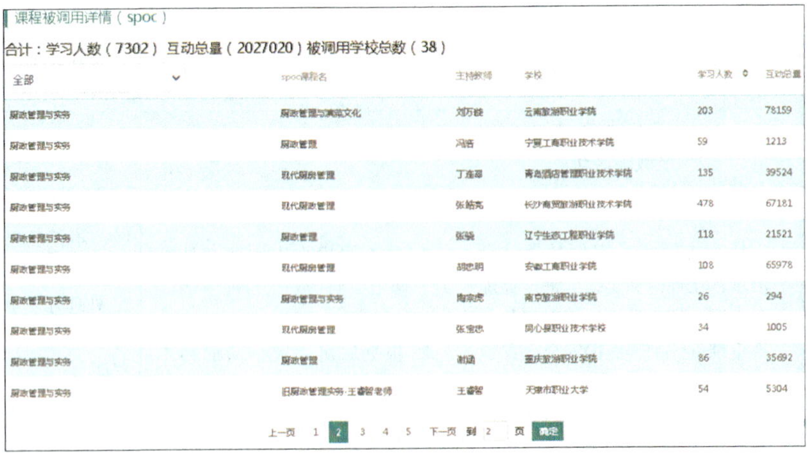
课程被调用详情（spoc）

合计：学习人数（7302）互动总量（2027020）被调用学校总数（38）

全部	spoc课程名	主持教师	学校	学习人数	互动总量
厨政管理与实务	厨政管理与滇菜文化	刘万巍	云南旅游职业学院	203	78159
厨政管理与实务	厨政管理	冯语	宁夏工商职业技术学院	59	1213
厨政管理与实务	现代厨房管理	丁鑫淼	青岛酒店管理职业技术学院	135	39524
厨政管理与实务	现代厨政管理	张皓亮	长沙商贸旅游职业技术学院	478	67181
厨政管理与实务	厨政管理	张骁	辽宁生态工程职业学院	118	21521
厨政管理与实务	现代厨房管理	胡忠明	安徽工商职业学院	108	65978
厨政管理与实务	厨政管理与实务	陶家虎	南京旅游职业学院	26	294
厨政管理与实务	现代厨房管理	张宝忠	同心县职业技术学校	34	1005
厨政管理与实务	厨政管理	谢涵	重庆旅游职业学院	86	35692
厨政管理与实务	旧厨政管理实务-王睿智老师	王睿智	天津市职业大学	54	5304

上一页 1 2 3 4 5 下一页 到 2 页 确定

图 2 "活"课程

2. 创新

（1）教学内容体现思想性、前沿性与时代性（图3）。

本课程实施"四融合"教学设计，将思政元素、法律法规、工匠精神、职业规范融入课程，融入课堂，落实德技双修、育训结合、文化自信等教学方针。

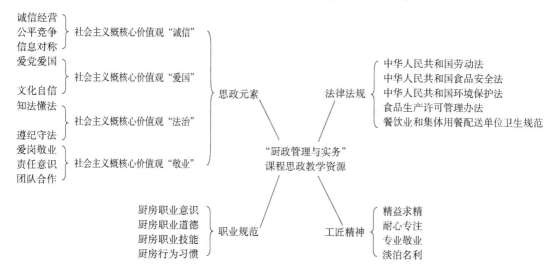

图3 "厨政管理与实务"课程思政教学资源

（2）教学方式体现先进性、互动性与针对性。

利用多元信息化手段，特别是依托国家级烹饪专业教学资源库开展线上线下混合式教学，帮助学生获得体验，提升教学效果。

（3）课程考核方式和评价完善，育人效果显著。

课程进行过程性考核，即课前在职教云上进行课件和视频学习、课中进行线上互动和线下教学、课后进行线上作业和线下回家搞厨房卫生等综合考核。课程内容掌握度、思政元素融入度、感恩家长满意度等育人效果显著。

五、教学成效

"厨政管理与实务"课程教学效果的学生评价均是"优秀"。本课程是我校2018年首批省优质校支持的课程思政项目，于2020年6月由学校进行项目验收，对该思政元素有机融入课程给予高度评价。

1. 主编"厨政管理与实务"课程校本教材

"厨政管理与实务"课程校本教材被列入"十四五"部委级规划教材，借此契机，将本课程打造成烹饪工艺与营养专业群课程思政范本。

2. 升级国家级专业资源库示范课程

对本课程进行升级，有机融入思政元素，向全国中高职院校进行辐射，力争经过建设，把"厨政管理与实务"打造成国家级专业资源库中的"课程思政"示范项目。

本课程注重价值塑造、知识传授与能力培养相统一，科学设计用心育训，将思政教育有机融入课程教学，以求达到润物无声的育人效果。

智慧流通专业群

智慧流通专业群简介

  智慧流通专业群包括连锁经营与管理、现代物流管理、市场营销和工商企业管理四个专业。其中连锁经营与管理专业是浙江省"十三五"特色建设专业、浙江省示范建设专业、中央财政支持专业服务产业提升项目建设专业、教育部首批现代学徒制试点院校建设专业；现代物流管理专业是浙江省"十二五""十三五"特色建设专业；市场营销专业和工商企业管理专业是校级重点建设专业。

  智慧流通专业群师资团队校企深度融合，形成了校内专任教师与企业导师融为一体的"双主体、双场地、双身份、双考核"的校企育人团队，建有以"物美学院""韵达学院"等为代表的一批校企联合体，形成了"企业化培养方式、职业化培养过程，校企一体共育人才"的鲜明人才培养特色。

  智慧流通专业群与美国东北州立大学、法国 IDRAC 高等商学院合作办学，引进国外优质教学资源；与浙江工商大学合作，本科课程与智慧流通专业群人才培养方案衔接，有序推进"技能+学历"双提升现代学徒制人才培养模式。毕业生就业满意度和对口率高，深受用人单位的广泛欢迎，为国内流通业培养了以韵达集团董事长聂腾云为代表的大量杰出人才，走出了一大批商海骄子。

一心二翼，三崇四得

——"网络文案设计与策划"课程思政道路探索

课程名称：网络文案设计与策划
教师信息：徐洁
授课专业：市场营销
课程性质：专业限选课

第一部分：课程基本概况

"网络文案设计与策划"课程是高等职业院校市场营销专业的一门重要的专业课程，对学生网络市场营销职业能力的培养和职业素养的养成起着重要的支撑作用。本课程教学的主要目标是在学生已经具备一定专业知识与能力的基础上，基于新型移动互联网快速成长、互联网文案工作日益受重视的发展现状，培养学生移动商务文案设计制作技能，把握移动新时代所带来的市场营销行业的新变化和契机。

第二部分：案例描述

一、设计来源

在多轮教学中，课程组发现"网络文案设计与策划"课程在教学中存在一定问题。

1. "文"不对题

教学内容上，高校文案写作教育与文案设计落地"两层皮"。在课程教学中，理论内容多于课堂实践，但过分偏重文案的理论知识，可能会导致"百文不如一践"的后果，重理论轻实践这一突出问题需要解决。

2. 纸"商"谈兵

在教学对象上，教师对学生的学情期待与实际的学情情况"两回事"。从2020年开始，本课程由大二下半学期提早到大一下半学期开放。大一学生初步接触专业课，专业程度不足、商业意识弱、商业审美欠缺，都是本门课程所面临的学情问题。

3. 有谋无"用"

在教学内容上，"学院式"文案与新时代背景下商务文案需求"两条道"。教学内容以文案类别为逻辑开展，并要求学生进行相应的设计。但教学内容与商务需求的脱离，学院式分析与商务背景的不同，导致学生对自己的作品无法产生正确的判断。

"网络文案设计与策划"课程中"文"不对题、纸"商"谈兵、有谋无"用"这三大问题和困惑亟待解决。但是，如何解决？课程组认为，三个问题应找到答案。

文题有效桥接：如何找准写作与专业课程融合的契合点，探索课程**学什么**。

商业思维导入：如何将"达济天下的商业精神、全球视野的新商业价值观和跨界融合的新商业思维"培养融于育人全过程，探索课程**怎么学**。

成果固化可持续：如何形成专业实践相结合相发展的长效运作机制，探索课程**得到什么**。

二、设计思路

为了解决前述三个问题,课程组将课程思政融入以"学生"为中心的课堂革命,提出"一心二翼,三崇四德"理念,并推进课堂实践(图1)。

教学			
模块一	网络文案概述		文案定义、岗位认知、写作创意技巧
模块二	网络文案类型	类别	产品文案、品牌文案的写作方法
		渠道	微信文案、微博文案、活动文案
模块三	商务文案策划		文案的营销应用

一心二翼			
家为心		德为先	美为要
爱家	爱自我之前	个人品德	文之美 — 艺术之文
	爱商校之前	家庭美德	简洁之文
	爱行业之前	职业道德	商之美 — 时代之商
	爱中华之前	社会公德	思维之商
为家	强个人之美		技之美 — 写作之技
	书商校之美		设计之技
	寻行业之美		策划之技
	筑中华之美		

三崇四得			
知识提升	能力培养	价值塑造	精神力量

图1 教学内容与课程思政的融入

"一心二翼"将课程思政融入教学理念,研究课程"学什么"的问题。本课程从学生学情和培养目标出发进行课程设计,**以"家"为中心词**,贴近学生、激发学生课程学习主动性和积极性,**以"德育""美育"为课程"二翼"**,以德化人、以美育人。

1. 以身边环境为深爱之"家"

从自我这一"小家",到现在的以校为家,再到行业这一发展之家,最后是"国"家,在"家"的导入中,提升学生的"爱家"初心,践行"为家"发展使命,"家"的融入,既是专业学习的需要,也是思政提升的需要。

2. 以"德""美"二育为腾飞之翼

育德为先,将德育融入专业教育之中,在课程中提升学生的社会公德、职业道德、家庭美德和个人品德;美育为要,提升学生对美的鉴赏能力,培养学生认识美、发现美和创造美的能力,为个人发展筑基。

"三崇四得"将课程思政荣融入实践理念,研究课程"怎么学"和"学到什么"的问题。打造**崇文、崇商、崇技**的课程要求,以传统优秀文化和中华文字基础为创作基础,以新时代新商科思维和创新意识为创作引领，以优秀的文案创作技巧为创作途径，在作品的输出、评价中得到**知识提升、能力培养、价值塑造和精神力量**这四"**得**"。

三、实施案例

在教学环节的设计中，我们以"美"为线，分**认识美、发现美、创造美、评价美、转化美**五个环节，将美育、德育融入课程。

以"品牌文案写作"专题为例，在教学中课程中以"商校"为家，引入经济管理学院劳动教育特色实践，以"书商校之美"为目标，将劳动教育与营销专业相结合，利用品牌文案写作教学，唤醒同学们对劳动的尊重，对"诚毅勤朴"校训的理解，从爱校之心转化为个人崇德尚技的职业道德。

具体实施案例见表1。

表1 实施案例

教学内容	第四章 品牌文案写作		
授课时间	第×周	授课时数	3
学情分析	• **知识结构**：学生已经初步了解了文案写作的内容、特点、结构，了解产品文案的写作，但对品牌文案认知较少； • **能力特点**：学生已经具备一定的文案撰写能力，具有短句意识、共情意识，形成了小组间团队合作模式； • **前期准备**：学生已通过网络，了解一些知名品牌的品牌文案案例		
教学目标	• **知识目标**：了解品牌文案写作要求、目的、结构和方式； • **能力目标**：能够针对特定品牌，撰写文案； • **思政目标**：强化吃苦耐劳的劳动美德意识，提升爱院、爱校之心		
教学重点	品牌文案写作特点		
教学难点	品牌文案写作方式		
教学流程	（认识美→发现美→创造美→评价美→转化美五个环节流程图）		
教学资源	智慧屏、钉钉等		
教学方法	讲授法、案例分析法、评价法、团队合作法		

续表

	教学实施			思政元素融入点
	教学内容	教师活动	学生活动	
教学环节	课程导入	※**教师导入** 展示品牌文案案例，邀请学生分析	※**小组讨论** 学生讨论，分析文案的优点和不足	选取中国品牌，强化中华企业崛起形象，增强中国自信
	认识美 品牌文案是什么？	※**教师讲授** • 品牌文案定义； • 品牌文案写作要求； • 品牌文案写作目的； • 品牌文案写作结构和方式	※**学生学习** 结合案例，学习理论知识	一得：知识提升
	发现美 品牌文案写什么？	※**教师导入** 导入经济管理学院劳动教育案例。 • 要求学生回答：如果对经管学院劳动教育的产品进行销售，那么，我们是否可以提供一个品牌？ • 确定品牌后，能否为该品牌撰写一段文案，突出"劳动"这一主题	※**学生思考** 在教学中思考这些问题： • 学院劳动教育的目的是什么？ • 劳动教育与专业学习如何结合？ • 如何在品牌中体现劳动价值、产品价值？	（1）"家"的教育：以校为家，关注家； （2）劳动美德教育：帮助学生了解劳动教育的目的，提升学生对劳动的认可 二得：能力培养 文案写作方法论
	创造美 品牌文案怎么写？	※**教师展示** 展示类似文案的写作，说明写作重点。 ※**教师引导** 关注学生讨论情况，参与学生讨论，参与小组文案设计； 关注文案完成情况，及时表扬和提醒	※**学生学习** 学生文案写作 ※**学生练习** • 通过小组讨论，形成一定概念； • 确定品牌； • 撰写品牌文案； • 修订并与教师共同探讨改进方向； • 在钉钉发布文案 组名：吴彦组 品牌：百草院 slogon：从百草院到三味书屋，都是经管种的菜。 文案：万物皆有关联。在一颗蔬菜中，可能隐藏着生活的真相。在一颗果蔬里，或许你能在菜叶的朝露中看到经管人辛勤劳动的身影，和一声声欢声笑语。	（1）树立学生"为家"发展的责任意识：参与学院的活动与发展之中，为劳动教育与专业学习探索的模式提出自己的想法； （2）提高个人自信：提升自己自信心，奠定参与商业活动的素养。 三得：价值塑造

续表

教学环节	教学实施			思政元素融入点
	教学内容	教师活动	学生活动	
教学环节	评价美 优秀的品牌文案怎么样？	※ 引导评价 • 学生自评； • 小组互评； • 教师点评：展示学院海报，说明思路	※ 参与评价 • 自评：与其他小组相比，个人的优点和不足是什么？ • 互评：哪个小组项目最好，好在哪里？ • 点评：教师是如何看待这些文案的？与我们的切入点有什么区别？	（1）增强团队协作意识和学习意识：取长补短，评有余而补不足，通过不断学习提升自我； （2）认可他人：对他们认可，对自己有清醒的认识。 **三得：价值塑造**
	转化美 品牌文案怎么用？	※ 发布作业 发布调研作业	※ 完成作业	从文案写作转换到营销专业发展，提升学生的课程自信、专业自信和行业自信。 **四得：精神力量**
作业布置	课后调研 "田心公社"的运营情况，"田心公社"的文案现状（下节课汇报）			

在"创造美"的过程中，学生通过对学院劳动教育的参与、实践和理解，输出了大量优秀文本（图2）。

文字共情　　　文化传承　　　爱家之心　　　劳动之喜

图2　"品牌文案"专题学生作品

可以看到，在这些作品中，有文字之美，以"夜晚有星、云朵有雨、地里有菜、这善变的世界难得有你"描述出一幅温暖而又轻柔的菜地之景，将"菜"与"汗水的收获"紧密结合在一起；有文化之美，将"三味书屋"仿拟为"三味菜园"，将读书声与种地声结合在了一起；有爱家之心，描绘送给爸爸的爱；有爱劳动之心，走出朗朗书声区，实践中也获得真知。

四、实施效果

以"家"为心，"美""德"共育腾飞之翼。 在后续专题中，我校 100 周年校庆、疫情中的大爱等元素也紧紧融入课程，从小家到大家，不仅体现了商业社会中的创新思维，也在书写中华文字之美、中华子女之爱。在探索过程中，我们试图解决曾经遇到的问题。

1. "文"可对题

以"家"为题，导入认知基础，创新商业意识，有机融合课程之"文"与专业之"题"。

2. 以"商"谈兵

源于商用于商，案例来自生活，调研深入生活，在实践中出真知。

3. 有谋有"用"

将"用"深入剖析。不仅做到实"用"，也要达到"可持续"之"用"。崇美、崇德、崇技，做到有美之"谋"，立"德"之需，才能真正"四得"之用。

在本课程结束的半年之后，来自营销 20049 班的俞丽丽同学正在申请品牌文案创业园，在她的申请书中，写着这样的申请原因：

"我在新疆上学时，只见过老师用 PPT，对 PPT 的制作和展示、图像的设计、文案的写作是一窍不通的，甚至我在大一的第一个学期还是不会制作 PPT。"

"随着科技的发展，很多同学都需要用图、文案来展示自己的作业，企业也需展示自己的项目。但是因为很多原因，他们没有办法制作，这个时候就需要有人来帮助他们。"

"我希望我可以做好这件事情，从而带动家乡的经济发展。我希望教会越来越多的人去做这样的事情，然后和大家一起带动经济的发展。"

授人以鱼不如授人以渔。在教学中，或许俞丽丽这样的同学很少，但更多的同学，他们知道了文案、了解了文案，不仅获得了知识与技能，提升了"美"的能力，更是具有了"家"的意识。提升自我，回报家乡，这就是我们同学的使命担当。

五、创新与特色

本课程的创新之处体现在以下几个方面。

第一，"文""商"统一，文案写作教学与商科思维培养的创新实践统一。 在文的教学中，突出商思维在文案写作中的重要性；在商的实践中，突出中国文字在商业活动中的重要性。通过文、商统一，提升学生的自我提高意识和商业实践意识。

第二，"美""德"融合，与时俱进的课程思政教育与专业教育的融合实践。 专业教育，教师铸就"立德"底蕴，在专业教学中"以德树人"；思政教育，学子尽显"爱美"本色，"以美文德"，在寻找美、创造美的过程中，书写中华之美德。在"美""德"融合的过程中，认识到文案不仅仅为商业服务，更是人类对美的追求，其中蕴含的是"德"的认可、"德"的共情。

第三，"今""明"共进，着眼未来的育时代新人与担青春使命有机统一。 教师主导，践行育人初心使命；学生主体，感悟成长成才精髓。课程将"家"定义为不断变化的环境，从昨天的"自己"、到今天的"校园人"，到实习中的"行业人"，再到未来完全融入社会的"社会人"，推进学生对自我认知的提高，对中文的进一步认识，对中华文化在商业活动中发展的认可，对美德在人生发展路径中的重要性的认知。

六、反思与改进

在教学实施过程中，存在一些问题需要进一步改进。

1. 教学团队仍需进一步强化

本门课为营销专业课程，面向学生优先，目前教学团队师资力量仍较为薄弱，需进一步改进。多样化团队成员的专业背景，取长补短，形成团队共进。

2. 教学实践仍需时间考验

由于课程调整，学情发生改变，目前课程思政的改革轮次不足，仍需要不断推进，发现不足并进一步改进。

3. 教学成果转化仍需推进

学生目前的成果转化集中在自创、自推环节，需要进一步引进企业进行对接，真正实现将作品市场化。

德法兼修，敢闯会创

——"直播营销与运营"课程思政课教学案例

课程名称：直播营销与运营
教师信息：鲁晨琪
授课专业：市场营销等
课程性质：专业核心课

第一部分：课程基本概况

"直播营销与运营"是高职院校市场营销专业的一门专业核心课程，是依照高等职业教育培养目标与电商直播行业企业实际需求设置的专业必修课。本课程主要针对直播销售员、电商带货主播、直播运营师、直播数据分析师等岗位开设，课程从直播营销的形式与内涵展开，重点围绕直播营销方案策划、人员配置、直播话术、选品规划、引流互动、数据分析等模块，全方位、多角度地介绍直播营销与运营人才必须掌握的核心知识点与技能点，并对典型实际案例深度剖析。本课程搭配全真直播实训，指导学生快速熟悉淘宝、抖音、快手三大直播平台，了解直播平台特点和生态特征，详细演练专场直播活动，掌握直播营销与运营的实战精髓。

本课程注重实操性、实用性，重点让学生了解直播机构、电子商务企业、传统企业的直播营销与运营需求，掌握直播营销的方法、技巧并应用到实践中，适应岗位工作要求。本课程纵向与"市场营销学""新媒体运营"前后衔接，横向与"商务数据分析""互联网消费者行为分析"等有机结合。

第二部分：案例描述

一、课程目标

"直播营销与运营"课程旨在传授直播营销与运营的专业知识、职业技能与道德素养。在专业知识上，帮助学生掌握直播营销方案策划、直播人员配置、直播话术、直播间设计、直播选品与规划、直播引流互动、直播数据分析等方面的专业知识，熟知直播营销的基本概念和政策，遵守直播平台规则，能进行直播营销与运营工作。在职业技能上，通过课程实训，提高学生在直播镜头前的语言表达能力、形象管理能力、直播控场能力、商品讲解能力以及"敢创会做"的创新创业能力。在思政素养上，帮助学生了解电商直播专业和行业领域的国家战略、法律法规和相关政策，培养学生经世济民、诚信服务、德法兼修的职业素养。

二、设计思路及思政元素

（一）设计理念

根据工作岗位需求，本课程使学生具备直播营销与运营能力，并能真正成为一名网络直播主播，实现能力变现。通过实践项目的设计，培养学生从事直播营销与运营工作的各种能力，熟悉直播营销与运营的相关方法、工具与技巧，具备熟练的职业技能。

（二）教学模式设计

本课程采取"目标驱动，学做合一"的教学模式，以直播营销与运营工作为教学目标引领整个教学过程，以直播实训平台为载体培养企业所需的职业能力和职业素养。依托完善的实训条件，创设真实的直播情境，导入真实的直播营销任务，让学生在进行课程实训时，完成真实的直播营销任务，实现学做合一。通过与电子商务企业、MCN 机构、传统企业建立校企合作关系，为教学提供项目资源，实现实训任务的实战化，提高学生学习的积极性和成就感。

（三）教学方法设计

本课程采用讲授法、讨论法、任务驱动法、视频演示法、案例分析法、实践练习法等教学方法，改变单纯的课堂教学模式，以学生为学习的中心，以教师为学习的组织者和工作过程的引导者。

在实训阶段，承接校企合作企业与机构的直播任务，根据任务安排 3 名学生组成一个学习小组（直播小组），分配不同的岗位职责（主播、场控、运营等），进行协作式学习，共同完成直播任务。教师课前下达任务书，陈述性知识由学生自主学习获得，课堂教学组织以工作过程为引导，并最终形成运营成果。以班级为单位共同观摩评价，企业导师全程参与课程学习指导和成果评价。

（四）教学过程设计

通过多元化教学，把所需掌握的知识点融入直播实训项目，使学生能够更真实地体验和参与到项目的实战流程中。通过"案例观摩+教师演示+学生演练"，使学生能更快地掌握直播营销与运营技能。通过启发引导的授课方式，培养学生的创新思维，促进学生对核心技能的掌握和直播营销任务的实施。

（五）教学策略设计

教学策略设计如图 1 所示。

图 1 教学策略设计

（六）课程思政设计

本课程将直播营销课程思政融入课堂教学设计，分别落实到课程素养目标和思政目标，贯穿于课堂授课、实训实操、课前课后作业各环节，具体设计思路如图 2 所示。

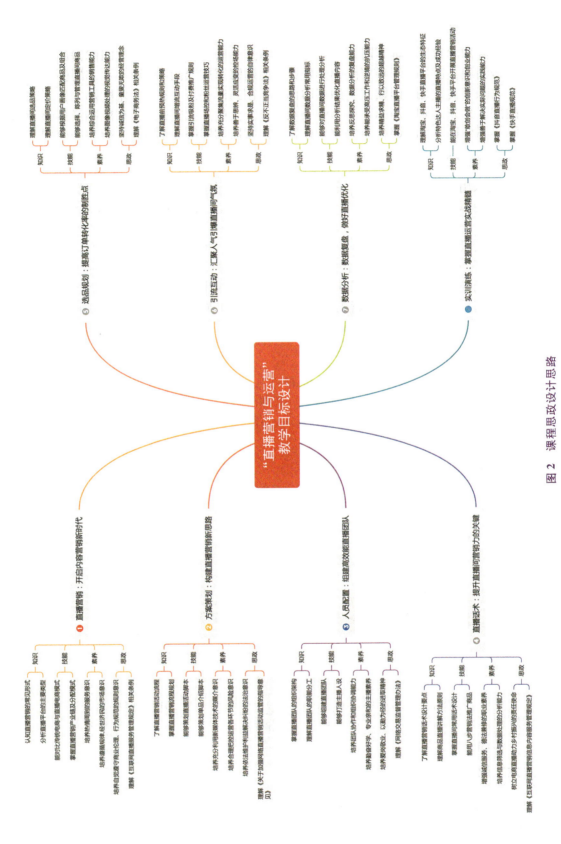

图 2 课程思政设计思路

三、实施案例

本实施案例以课程第四章教学内容为例,阐述教学实施过程,具体见表1。

表 1 教学实施案例

教学案例			直播话术:提升直播间营销力的关键	
授课班级		营销 20049	授课时数	3
授课地点		智能营销实践创新一体化实训室(直播间)		
实训设备		摄像头、高清采集卡、直播摄影灯、环形补光灯、外置 USB 声卡、云台三脚架、落地支架、麦克风、直播电脑等		
学情分析		知识储备	掌握市场营销基本原理,已了解直播营销活动的流程、特征及组织架构	
		技能水平	掌握市场营销基本策略,理解直播方案策划方法,能组建高效能直播团队	
		学习特点	积极动手实践,习惯小组学习。 乐于发圈分享学习成果,获得成就感	
教学目标		知识	1. 了解直播营销话术设计要点; 2. 理解商品直播讲解方法原则	
		技能	1. 掌握直播间常用话术设计; 2. 能用八步营销法推广商品	
		素养	1. 增强诚信服务、德法兼修的职业素养; 2. 培养信息筛选与数据处理的分析能力	
		思政	1. 树立电商直播助力乡村振兴的责任使命; 2. 理解《互联网直播营销信息内容服务管理规定》	
教学重点与难点		重点	直播间商品讲解要点拆解	
		难点	直播间商品讲解八步曲	
教学方法		任务驱动法、讲授法、演示法、案例分析法、实践练习法		
教学流程		预热探究(课前)→沉浸学习(课中)→直播演示(实训)→复盘优化(课后)		
课 前				
教学环节		教学内容及活动	设计意图	
预热探究		1. 任务驱动:在线发布课前任务单。 ➢ 聚焦一位特色主播(小组自选); ➢ 剖析其直播风格和话术特点; ➢ 根据后台数据分析其高点数据来源; ➢ 总结提炼其话术技巧与实时效果。 2. 课前提交,实时互动讨论。 小组将截图和分析结果总结发布在任务平台,参与互动讨论,校企双导师答疑解惑	1. 启发学生自主探究,培养团队协作能力; 2. 提高信息筛选与数据处理能力(素养目标2); 3. 明确学习重点,找准薄弱环节	

续表

课 中		
教学环节	教学内容及活动	设计意图
沉浸学习	1. 了解直播营销话术设计要点： (1) 话术设计口语化，表达适度，富有感染力； (2) 话术配合情绪表达，语速、语调适中； (3) 坚持**实事求是，避免虚假宣传、误导用户**。 2. 学习**《互联网直播营销信息内容服务管理规定》**。 3. 掌握直播营销常用场景话术设计方法	1. 掌握知识点1、2； 2. 增强**诚信服务**意识，规避违规行为，培养**德法兼修**主播（素养目标1）； 3. 补充**行业法律法规知识**，达成**思政目标2**

话术应用场景	话术技巧
直播预告	说明直播主题、直播时间、直播中的利益点
开播欢迎	介绍商品情况，介绍优惠或折扣力度，制造直播稀缺感
	引导观众互动留言，激发观众的参与感
开播暖场	设置抽奖活动，引导观众参与互动
引导关注	强调福利，引导关注，强调直播内容的价值
邀请观众进群	设置福利，体现服务内容的价值性
激发观众对商品的兴趣	打破传统认知，提高商品的价值感
	构建商品的使用场景，强调商品的细节优点
引导观众下单	强调售后服务，与原价做对比，限时限量限购制造紧张感
	引导观看查看商品链接，引导加入购物车
下播	表达感谢，引导关注，引导转发，强调直播间的价值观
	下期商品预告，预告直播利益点

沉浸学习	4. 理解商品直播讲解八步曲。 讲解产品八步曲思维导图，并能用此框架撰写其他产品讲解话术	1. 掌握技能目标1； 2. 掌握技能目标2和学习难点

产品八步曲-烟味去除剂思维导图：找出痛点、升级痛点、引出产品、产品介绍、产品价值、售后保障、用户评价、限时限量

续表

	实 训	
教学环节	教学内容及活动	设计意图
直播展示	1. 科学选品：直播选品要符合主播人设特点，贴合用户画像； 鼓励学生选择**学校劳动教育基地农产品**、**直播助农特色农产品**进行讲解。 2. 脚本撰写：根据商品直播讲解八步曲模型，为选定商品撰写直播脚本。 3. 直播展示：小组按主播、场控、运营岗位分工，根据直播脚本，进行产品讲解直播展示（3分钟），将视频分享至互动平台，双导师打分 图3 优秀直播间演示截图	1. 响应"**电商直播助力乡村振兴**""**电商扶贫**"战略，达成**思政目标1**； 2. 提高学生**劳动实践教育**积极性； 3. 巩固技能目标2； 4. 巩固学习难点
	课 后	
复盘优化	1. 登录账号后在后台查看数据，探究数据波动的原因； 2. 寻找优化直播内容、提升直播效果的方案； 3. 提交结果，指导下一次直播活动	1. 提高数据复盘能力，巩固素养目标2； 2. 增强学生的创新意识和实践能力
	教学反思	
	通过任务驱动式课前学习，提高了学生对直播行业专业领域的认知深度，学生已不再聚焦于头部主播的理解分析，而偏向专业性更高的垂直类中腰部主播，他们的定位更准确、讲解更专业、更懂得目标用户群体的痛点及需求，更适合成为我校学生的学习榜样。 在知识传授方面，学生了解了直播营销话术设计，理解了商品直播讲解方法，掌握了直播间商品讲解八步曲；在能力培养方面，提高了团队的合作能力，锻炼了勇于面对镜头的主播素养，提高了学习积极性；在价值引领方面，融入学校新时代浙商价值观，坚持树立诚信经营、德法兼修的原则，同时补充电商直播行业相关法律法规知识，响应国家战略"电商直播助力乡村振兴"号召，鼓励学生积极参与学校劳动教育，直播销售农产品	

四、特色及创新

（一）商科特色，破局困境

结合学校"新商科"专业特色优势和区域经济特点，找到流量时代下直播营销行业高速发展与价值传播困境中的破局思路，深入挖掘课程资源和教学过程中蕴含的思想政治教育资源，在课堂教学主阵地融入行业领域的国家战略和法律法规，引导学生关注现实问题，担当电商直播服务乡村振兴的责任使命，坚持培育学生经世济民、诚信服务、德法兼修的职业素养。

（二）实践育人，更深一步

更新实践育人理念，从"做中学"转变为"启智明理，行以致远"，坚持学思结合、知行统一，在直播岗位的亲身参与中增强学生"敢闯会创"的创新精神，在"直播—复盘—优化"的循环实训中不断增强学生的创造意识和创业能力，引导学生将个人的价值实现与国家的战略发展相统一，将个人的职业发展与专业行业发展相统一。

五、教学成效

本课程以专业强、上手快、适用广等特点深受学生欢迎，从教学各环节掌握情况来看，教学效果良好，树立正确的直播营销价值观，了解相关行业法律法规，达到**思政育人**目标。此外，本课程**专创融合**初显成效，在 2020 级市场营销专业授课学生中，共有七人在直播营销领域开展创新创业活动，其中二人开设自营店铺，通过直播营销推广产品和品牌；二人签约 MCN 机构，从事专业主播的直播销售工作；一人开设自营账号，从事娱乐主播工作；其余二人签约企业店铺，开展运营推广及模特展示等工作。

"国潮"品牌照九州,开拓创新耀全球
——"市场营销学"课程思政教学案例

课程名称:市场营销学
教师信息:沈侃
授课专业:市场营销等
课程性质:专业基础课

第一部分：课程基本概况

"市场营销学"是一门专业基础课程，主要面向市场营销、工商企业管理、物流管理、连锁经营管理等专业，线下总授课人数逾 10 000 人。目前，"市场营销学"课程组在浙江省高等学校在线开放课程共享平台、超星等平台上共完成 10 期"市场营销学"课程的开设，课程访问量超 100 万次。课程教学中坚持以马克思主义为指导，研究市场营销活动及其规律性，探究商业模式发展与经营规律，立足培养了解专业和行业领域的国家战略、法律法规和相关政策，熟悉经济、管理等专业知识，能够适应市场经济需要，具有诚信品质、人文精神和创新思维的现代商贸人才。**课程围绕"树立营销理念""了解营销环境""识别竞争对手""分析消费者行为""选择目标市场"以及"规划营销组合"六大模块**，帮助学生建立基本的营销思维，拓展学生的营销视野。

第二部分：案例描述

一、课程目标

（一）总体目标

本课程主要研究市场营销活动及其规律性，在教学中融入营销管理领域的国家大政方针和国内优秀企业的案例，使学生能熟悉完整的营销知识体系，掌握在"互联网+"时代下的营销发展动态，并制定行之有效的市场营销策略，同时，通过营销实践提高其营销实战能力。本课程通过国内优秀企业的发展实践，**激发学生坚定的家国信念和文化自信，培育学生经世济民、诚信服务、德法兼修的职业素养，使学生成为具有家国情怀和使命担当的营销人。**

（二）知识目标

在知识层面，厘清营销环境要素，了解客户心理特征，掌握竞争对手类别，了解市场细分战略，掌握产品策略设计，掌握价格策略设计，掌握分销渠道设计，掌握促销方案设计。

（三）能力目标

在能力层面，辨析宏观微观环境，解析客户心理行为，识别主要竞争对手，确认目标市场定位，胜任品牌塑造工作，优化调整价格策略，优化销售网络布局，制定落实促销方案。

（四）素质目标

在素质层面，廉洁自律诚信经营，善于沟通乐于协作，踏实严谨德技并举，守正创新终身学习。

（五）思政目标

在思政层面，经世济民遵纪守法，传承匠心追求卓越，坚定信念文化自信，家国情怀使命担当（图1）。

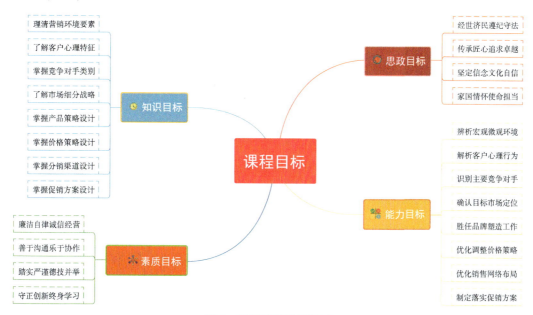

图1 课程思政目标解析

二、教学策略

（一）思政映射与融入点设计

"市场营销学"课程将知识点融入商业领域的国家发展战略，引导学生深入营销商业实践，关注客户遇到的现实需求问题，培育学生经世济民、诚信服务、德法兼修的职业素养（表1）。

表1 思政映射与融入点设计、教学方法一览表

模块	学习项目	教学内容	思政元素	价值观引导	教学方法
模块一：树立营销理念	项目一：树立营销理念	1. 市场及市场营销的基本内涵；2. 熟悉市场营销学的研究内容及研究方法	1. 培养学生树立以顾客为中心的核心价值观，以及诚信经营的意识；2. 以史为鉴，把握市场规律	引导学生以历史的角度，用发展的眼光看待市场营销的发展历程，把握市场经济规律	"线上+线下"的混合式教学、PBL项目式教学、合作学习法

续表

模块	学习项目	教学内容	思政元素	价值观引导	教学方法
模块二：了解营销环境	项目二：了解营销环境	1. 市场环境分析的意义和特点； 2. 市场营销的宏观环境和微观环境； 3. SWOT 分析法	1. 导入社会主义核心价值观，坚定文化自信； 2. 强化学生社会责任意识，培养人文精神； 3. 唯物主义辩证法	引导学生用辩证的思维分析国内外市场营销环境，正确认识中国特色，全面客观地认识世界	"线上+线下"的混合式教学、PBL项目式教学、情境案例教学法、合作学习法
模块三：识别竞争对手	项目三：识别竞争对手	1. 识别竞争对手； 2. 企业的竞争性定位	1. 导入社会主义核心价值观，坚定文化自信； 2. 强化学生社会责任意识，培养人文精神	引导学生树立发展的理念及与竞争者之间合作共赢的意识	"线上+线下"的混合式教学、PBL项目式教学、情境案例教学法、合作学习法
模块四：分析消费者行为	项目四：分析消费者行为	1. 消费者需求分析； 2. 消费者购买行为分析； 3. 消费者购买决策过程	1. 引导学生树立正确的消费观和价值观； 2. 树立以消费者为中心的商业思维； 3. 坚定文化自信	引导学生探究影响消费者行为的文化因素，培养人文精神，树立学生的文化自信	"线上+线下"的混合式教学、PBL项目式教学、情境案例教学法、合作学习法
模块五：选择目标市场	项目五：选择目标市场	1. 市场细分； 2. 目标市场选择； 3. 市场定位	1. 引导学生深入社会实践、关注现实问题； 2. 关注企业家的人文情怀； 3. 关注社会整体利益	引导学生以实事求是、科学严谨的态度对市场进行分析，精准界定目标市场	"线上+线下"的混合式教学、PBL项目式教学、情境案例教学法、合作学习法
模块六：规划营销组合	项目六：产品策略	1. 产品与产品线策略； 2. 新产品开发与推广； 3. 品牌与包装策略	1. 培养学生诚信经营的职业素养； 2. 传承中华民族传统文化，坚定文化自信； 3. 培养大国工匠精神	引导学生在产品策略分析过程中结合中国元素，凸显文化自信，倡导以工匠精神不断提升产品品质	"线上+线下"的混合式教学、PBL项目式教学、情境案例教学法、合作学习法
模块六：规划营销组合	项目七：价格策略	1. 定价方法； 2. 产品定价策略； 3. 产品价格调整策略	1. 培养学生的诚信意识，树立良好的营销道德； 2. 培养学生公平交易的价值观； 3. 培养学生诚信守法的法治精神	引导学生学习《中华人民共和国价格法》，不以虚假的价格战、欺骗、诱导消费者，倡导正确的价值观	"线上+线下"的混合式教学、PBL项目式教学、情境案例教学法、合作学习法
模块六：规划营销组合	项目八：分销渠道策略	1. 分销渠道的特征及中间商类型； 2. 分销渠道策略； 3. 分销渠道的管理与控制	1. 培养学生的社会责任感和使命担当； 2. 培养学生树立正确的价值观； 3. 坚定文化自信	引导学生学习国内优秀企业的分销渠道管理案例，激发学生的民族情怀和社会责任感	"线上+线下"的混合式教学、PBL项目式教学、情境案例教学法、合作学习法
模块六：规划营销组合	项目九：促销策略	1. 促销与促销组合； 2. 人员推销； 3. 广告策略； 4. 公共关系； 5. 营业推广	1. 培养学生诚信服务的职业素养； 2. 培养学生树立实事求是的态度； 3. 企业的经济效益与社会整体利益并重	引导学生在开展促销活动时，应以法治为底线，诚信服务，兼顾企业利益与社会效益	"线上+线下"的混合式教学、PBL项目式教学、情境案例教学法、合作学习法

（二）课程思政教学方法

"三轮驱动"教学方法示意如图2所示。

1. 线上、线下联动

本课程在浙江省高等学校在线开放课程共享平台、超星等平台上开课，有效实现了线上线下的有机结合。将课程的基本理论结合思政元素，导入线上资源，学生可以利用碎片时间在课程平台上借助教学视频、案例讨论等板块进行互动；将体现理想信念和时代精神的相关案例，融入线下课堂，线上、线下联动，强化学习主动性。

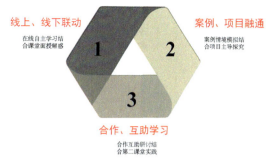

图2 "三轮驱动"教学方法示意

2. 案例、项目融通

本课程将基本理论融入一定的情境或者思政案例，思政案例的选取侧重于体现企业家的人文精神和社会责任感。通过讨论剖析，使案例更具有感染力和说服力；通过情境再现，让学生能够切身地感悟到所蕴含的道理并启发其思考；通过项目主导，激发学生深入探究项目任务中的实际问题，引发情感共鸣，激发学习积极性。

3. 合作、互助学习

将学生分组，引导学生以合作和互助的方式交流、学习，培养学生的合作意识和团队精神；同时，通过小组间的竞合关系，充分挖掘个体潜能，提高整体学习效果。此外，作为全国百强社团的指导教师，积极推行线上线下相结合的"营销集市"，通过"国潮"品牌的推广等活动，落实品牌强国策略，夯实理实一体化人才培养。

三、实施案例

本实施案例以课程项目六相关教学内容为例，阐述实施过程，教学课时为2课时（表2）。

表2 产品策略——新产品开发战略（2学时）

授课班级		营销2020级	授课时间	第13周
授课内容		新产品开发战略	授课地点	网络营销与创业实训室
学情分析	知识和技能基础	学生通过省平台在线课程的学习，讨论题的问答，已经初步了解了新产品的类型。 学生在之前的课程中，学习了产品的整体层级及产品线策略，在课前调查中发现学生对产品组合策略掌握的较好，但对于产品线延伸之新产品开发过程知之甚少		
	认知与实践能力	学生通过课前自主学习，基本完成认知过程维度中的记忆部分，课中只需进一步复习巩固；在课中重点关注并通过教学提升学生比较薄弱的理解、应用、分析、评价部分。 学生有较强的收集处理信息、获取新知、沟通合作能力，但发现问题、分析问题、解决问题、交流成果的能力有待进一步提升		
	学习特点	学生信息化学习素养好，喜欢在小组合作实践探究中学习新知识和新技能。师生关系融洽，学生对专业认可度高		

续表

教学目标	知识	1. 掌握不同类别新产品的特点； 2. 理解新产品的开发决策过程		
	技能	1. 甄别新产品的性能差别； 2. 能用新产品的属性辨析新产品的采用和扩散过程		
	素养	1. 培养学生经世济民、诚信经营的职业素养； 2. 传承中国优秀的传统文化，坚定文化自信		
教学重点	1. 不同类别新产品的特点； 2. 新产品的开发决策过程		教学难点	1. 新产品开发的步骤； 2. 根据新产品的特征辨析新产品采用和扩散过程
教学方法	1. 教法：利用案例分析法、启发式教学法等，启迪学生探索文化自信与新产品开发战略之间的关系； 2. 学法：采用自主学习法、合作探究法等，通过导学单、小组合作等方式，引导学生主动完成知识建构			
教学策略	本课程采用"课前——知识传递""课中——知识内化""课后——知识拓展"的三大教学模块。结合"国潮"品牌强国策略，本课时教学环节精心设计为"探→导→学→析→练→拓"。			

教学过程

课前——知识传递

教学环节	教学内容	教师活动	设计意图	教学资源
探 学情探究	知识预习	**1. 任务推送**：发布导学单，要求学生根据导学单的说明进行自学自测。学生根据导学单完成预习内容。 **2. 学情收集**：收集学生的学习数据。进行学情分析，确定课程重难点的设置	◆ 通过数据化学生的学习情况，以学生为中心，设计课程的教学重难点。 ★ 视频资源、课件、讨论区等植入思政元素	依托省平台，发布课前学务

课中——知识内化

教学环节	教学内容	教师活动	设计意图	教学资源
导 专题导入	"中国智造"的发展历程	**1. 问题引导**：从"中国制造"到"中国智造"的发展历程中涉及的关键因素是什么？ **2. 专题引导**：紧扣新产品的概念，提问"什么是创新型产品？" **3. 总结内涵**：新产品的概念	◆ 通过信息搜索，初步了解新产品； ◆ 通过举例介绍，将学生原有的对新产品的认知系统化、概念化。 ★ 变革现有模式，利用创新思维，重塑模式	通过学习强国，了解"中国智造" 在这个内陆省份 总书记亲身体验"中国智造"

续表

学 知识内化	新产品开发的内涵	1. **理实结合**：结合社会上的热点事件，以马克思主义为指导，用辩证性思维来对事件产生的积极作用和负面效果进行研讨。 2. **案例引入**：共享经济如共享单车，在给人们生活带来便利的同时，也增加了城市管理成本	◆ 通过合作学习，提升信息搜索、分析能力，提高学生的理论联系实际能力。 ★ 挖掘思政元素，实现企业利益与公众利益，经济发展与社会可持续发展的协调发展	通过视频案例，了解新产品开发的内涵
析 讨论讲解	新产品的开发决策过程	1. **知识讲解**：新产品开发决策过程。 2. **视频播放**：小米手机的社群营销。 3. **启发思考**：小米手机走向全球的发展历程、面临挑战和应对策略。 4. **总结归纳**："国潮"走向世界，品牌营销是关键	◆ 通过PPT知识讲解，新产品的开发决策过程，理解施行品牌营销的必要性。 ★ 通过植入发生在身边的案例，融入中国元素，凸显文化自信	通过线上答疑，线下课堂深入剖析，使学生深入了解新产品开发决策过程
	新产品的三个层面及其路径 ★重点 "国潮"品牌	1. **提问引导**：新产品开发的三个层面是什么？有什么区别？ 2. **知识讲授**：根据学生的问答，总结归纳新产品开发决策的主体及其内容。 战略投资层：重点关注新产品在整个战略框架下的位置。 产品线管理层：负责本产品线下业务计划，并做出相关决策。 产品开发层：负责所属产品的整体成功，包括产品开发、发布等	◆ 通过案例分析，帮助学生理解新产品开发的三个层面及其路径。 ★ 通过理解"中国制造"与"中国智造"，强化文化与民族品牌的联系，坚定文化自信	通过现场分组讨论，采用合作、互助式学习，实时了解学生的学习情况，并对内容进行及时调整和优化
练 课内拓展	小米手机的品牌营销策略分析 ★难点文化自信	1. **布置任务**：小米手机如何顺应时代需求开发新产品并享誉全球。 2. **创建帖子**：班级圈内讨论发帖，要求经小组讨论后个人回帖。 3. **教师监控**：跟踪线上、线下的讨论情况。 4. **总结分析**：根据回答情况，进行归纳总结	◆ 通过团队合作，提升创新案例分析能力。 ★ 通过案例分析，引导学生树立品牌传承的理念和开拓创新的营销价值观，坚定文化自信	在线课程"讨论发帖"，实时跟踪学生的理论联系实际能力
总结评价	课堂评价	1. 专题总结：总结新产品开发及其流程，说明新产品开发决策的关键节点。 2. 数据收集：收集学生反馈的数据，以确定教学设计的合理性和有效性	◆ 查漏补缺，了解重、难点设置和解决的情况，用于课堂反思和课堂改善。 ★ "国潮"品牌传承工匠精神，努力打造健康、创新、领先的世界一流品牌，助力品牌强国战略	总结、评价

续表

课后——知识拓展				
教学环节	教学内容	教师活动	设计意图	教学资源
拓 课后拓展	营销集市	1. **发布任务**：相约周三营销集市，聚焦"国潮"品牌。要求学生以小组为单位选取"国潮"商品，结合线上直播营销和线下营销集市，进行销售。看哪个小组的商品最受欢迎。 2. **师生互动**：评论、点赞、总结	◆ 以"营销集市"的任务导入下一专题"价格策略"。 ★ 通过任务，强化新产品的推广途径，推动品牌强国意识的内化	线下"营销集市"、线上"直播营销"，双轮驱动

考核评价

市场营销学采用线上线下过程性考核评价，由七个模块组成。其中，线下成绩（课堂表现、期末考核）占40%，线上成绩（专题测验、视频学习、讨论发帖、学习笔记、课后作业）占60%。

总评成绩＝专题测验20%＋视频观看10%＋讨论发帖5%＋学习笔记5%＋作业20%＋课堂表现10%＋期末考核30%，合计为100%。

四、特色创新

1. 思政案例，贯穿教学

在教学设计的过程中，用丰富、生动的课程思政案例提升教学效果，推进课程教学与思政元素的有机融合。课前，通过思政案例启发导入；课中，贯穿思政案例引发思考；课后，融入思政案例指导实践。

2. 专思一体，综合考评

通过项目驱动，围绕具体的项目创设情境，带领学生开展分析策划、营销战略的解析等营销活动。从课程目标设计、课堂授课到考核评价等方面融入思政元素；在实践过程中，引导学生运用专业技能和思政思维来辩证思考并解决问题。

五、教学成效

1. 课程使用范围广，受众多

"市场营销学"是学校首批课程思政示范课程，也是首批校级优质在线开放课程。本课程在超星平台开设四期，累计选课人数为 1 144 人，累计浏览量为 625 464 次；在浙江省高等学校在线开放课程共享平台开设 MOOC 六期，累计 353 550 人次学习；主讲教师获第二届全国高校微课比赛二等奖。

2. 赛教融合，育人成效显著

在课程思政的实践中，教师将知识传授与思想教育有机融合，将技能提升与价值引领相互渗透，提升了育人水平。"市场营销学"课程组教师指导学生参赛，以全国第一名的成绩荣获 2019 年全国职业院校技能大赛高职组"市场营销技能"大赛一等奖；获 2018 年浙江省职业院校技能大赛高职组"市场营销技能"赛项，二等奖、三等奖各一项；获 2016 年浙江省高职高专院校技能大赛"市场营销技能"赛项，一等奖；获第十三届浙江省大学生职业生涯规划大赛省优胜奖等。通过竞赛引导学生深入社会实践、关注现实问题，培育学生经世济民、诚信服务、德法兼修的职业素养。

礼仪欲行　思政引领

——"商务礼仪与职业形象塑造"课程思政教学案例

课程名称：商务礼仪与职业形象塑造
教师信息：张淑英
授课专业：市场营销、工商企业管理、连锁经营与管理等
课程性质：专业选修课

第一部分：课程基本概况

一、课程概况

"商务礼仪与职业素养"是商科类高职院校各相关专业普遍开设的一门受众广、实用性强、综合职场各领域知识内容的通识类素质教育课程。本课程坚持正确的政治方向和价值导向，体现习近平新时代中国特色社会主义思想，落实立德树人根本任务，弘扬社会主义核心价值观，能帮助学生融洽人际关系、提升团队协作、顺畅运行职场事务。通过理论知识学习，动手实践操作，创设各种商务场景，培养学生的商务意识，锻炼大学生在商务活动中的行为习惯，提升职场修养与人文素质，以达到规范与准则，零距离和当今企业用工、市场需要接轨。本课程侧重塑造学生符合企业人力资源和市场竞争需求的、有社会责任有担当的职业思维模式。

二、课程思政开展情况

"商务礼仪与职业素养"课程近5年面向2016级、2017级、2018级、2019级、2020级市场营销专业、企业管理专业、文秘专业、物流管理专业、连锁管理专业近3 000名学生开设。为了响应全国高校思想政治工作会议要求，本课程明确将德育纳入授课体系，逐步探索由思政课程到课程思政的转变。教学目标渗透思政元素，教学模式融入思政教育，教学内容彰显思政功能，教学评价完善思政教育。"商务礼仪与职业素养"课程思政化，学生共情能力与人文精神得到提升，培养学生积极健康的情感、态度、价值观和人生观以及高情商社交能力的同时，从礼仪文化渊源到职业现状，从职业素养到职业梦想，讲述如何传承和延续中华礼仪，激励学生的爱国情怀，培养学生的社会担当（图1）。

第二部分：案例描述

一、课程育人目标与思政元素

"商务礼仪与职业素养"课程育人目标与思政元素如图1所示。

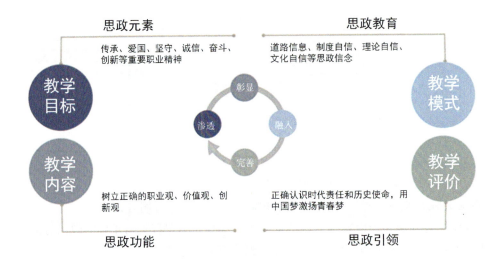

图1 "商务礼仪与职业素养"课程育人目标与思政元素

礼仪欲行 思政引领。突出职业教育类型特点，符合技术技能人才成长规律和学生认知特点，适应人才培养模式创新和优化课程体系的需要，理实一体，实践特色鲜明。

知识目标——以"知礼"全面客观认识当代中国、看待外部世界，坚持古为今用、洋为中用，去粗取精、去伪存真。

对于学生实施中国传统礼仪教育，在于提高学生的爱国主义精神、民族自信心和自豪感，让学生从民族传统文化中汲取营养以提高对不良社会思潮的抵抗力，**自信平视这个世界**。

能力目标——以"行礼"做社会主义核心价值观的坚定信仰者、积极传播者、模范践行者。

礼仪在教中做，在做中学，在学中悟，内化于心、外化于行。培养学生自然而然地用规范的礼仪行为表达内心的尊重和敬畏，把远大抱负落实到实际行动中，让勤奋学习成为青春飞扬的动力，让增长本领成为青春搏击的能量

素质目标——以"弘礼"培养一批有亲和力、协调力、包容力、责任力的综合性人才。通过传统礼仪文化和西方礼仪规则的学习，提升学生对传统优秀礼仪文化认识，强化传统礼仪文化与现代文化思想融会贯通，并以此提升青年学生的综合素养。

二、教学设计

1. 教学模式

课程思政主要通过**线上线下混合教学方式全时空融入专业知识与育人内容（图2）**。通过课前、课中、课后环节结合线上线下混合组织教学，不必再简单重复一些概念和基本的礼仪知识点，而是创造性地将思政内容渗透到每一个知识点中，阐述每一个知识点背后的道德基础和价值取向，以及在这个过程中与学生产生的共鸣。混合式教学不仅能够教给学生思维的方法，同时也给予课程思政很大的发挥空间。

图 2　教学模式

线上线下混合方式是通过课前、课中、课后环节结合线上线下混合组织教学，设置多维学习学习模式，利用在线资源实现学习目标。从学生职业能力培养的基本规律出发，依据商务职场岗位的工作任务、工作流程中的知识与技能要求，遵循教、学、做合一的原则，整合教学内容，相对应地设计学习情境、工作项目及工作任务，以完成工作任务情况作为衡量学习效果的主要依据（图3）。

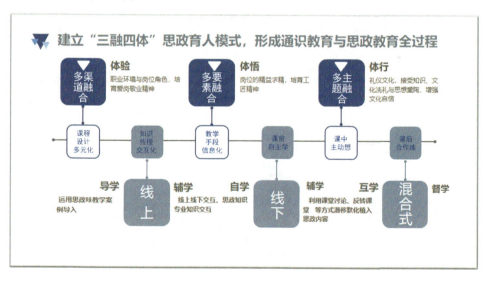

图 3　"三融四体"思政育人模式

2. 育人元素及其在课程教学中的切入点

通过深入挖掘课程中可以有效融入的思政要素和元素，在构建课程三重教学目的（知识、技能、思政育人）的前提下，根据明确的授课任务挖掘思政价值，从而进行体系化的教学内容设计。在设计过程中紧密结合教学要点，从任务中寻求思政切入点，而非为了思政而思政。在潜移默化的影响方式下，让学生在学习过程中感受到教学任务和思政元素的契合。在教学模块中（包括中西传统礼仪、中西服饰礼仪、仪容仪表礼仪、中西座次礼仪等）提炼对应的思政元素（表1）。

表1 思政切入点

专题	知识目标	能力目标	素养目标	思政育人目标
中西传统礼仪	1. 中国传统礼仪文化； 2. 西方传统礼仪文化	1. 掌握中西方基本礼仪； 2. 对比中西方文化的差异	1. 将中西文化进行细节上对比，理解传统礼仪的现代意义； 2. 传统礼仪贯穿的核心价值理念	1. 文化传承、文化借鉴以及文化融合； 2. 热爱祖国的传统文化，坚定文化自信
中西服饰礼仪	1. 中国传统服饰礼仪； 2. 西方服饰礼仪	1. 服饰搭配的基本要领； 2. 服饰搭配中的美学标准	1. 利用正确的着装礼仪提升自身形象； 2. 掌握走向成功的着装技巧	1. 传统礼仪贯穿的核心价值理念； 2. 增强文化自信
仪表仪容礼仪	1. 以情动容； 2. 仪表修饰	养成教育重在修养，修身养性，约束自己的言行举止	强化关注自身发展的形象意识与打造	1. 建立跨文化意识和文化敏感性； 2. 正确对待中西方文化差异
中西称谓礼仪	1. 中国传统称谓礼仪文化； 2. 恭敬的学问	1. 了解称谓，知道尊称的范畴； 2. 运用尊称建立良好社会关系提升社交质量	形象包含言谈沟通，建立良好形象	1. 对优秀传统文化的认识与自信； 2. 自谦与自尊
中西座次礼仪	1. 中国座次礼仪文化； 2. 西方座次礼仪	1. 能够恰当地安排商务会议座次； 2. 能够根据客人实际情况进行恰当调整	1. 树立传承文化、开拓创新的意识； 2. 具有团队精神和协作精神	1. 提升文化自信； 2. 传承礼仪文化
商务交往礼仪	1. 传统社交礼仪； 2. 国际社交惯例	1. 主动约束自身言行； 2. 强化在人际交往中的礼仪意识，注重性格和人格的培养与礼仪修养的提升	具有较强的口头表达能力、人际沟通能力	1. 遵守相关的规章制度，改选岗位职责； 2. 在团队工作中有团队意识跟角色意识，也能够勇于承担责任； 3. 中西方礼仪文化的冲突与融合
中西餐饮礼仪	1. 中国传统餐饮礼仪文化； 2. 西方餐饮文化	1. 培养规范餐饮礼仪习惯； 2. 正确区分宴请的规格、类型； 3. 能够熟练掌握中餐、西餐餐具的使用	1. 识别实际生活中的哪些礼仪属于商务宴请礼仪的范畴； 2. 能够区分主要的宴请类型和作用； 3. 能够恰当地安排商务宴请座次，并根据客人的实际情况进行恰当调整	1. 理解中西方礼仪文化差异的原因； 2. 学会讲好中国故事，增强文化自信
商务仪式礼仪	1. 传统仪式礼仪； 2. 商务仪式礼仪	1. 了解各类庆典活动的筹备、庆典议程安排及场地布置等礼仪规范； 2. 能够简单策划并较好地承担庆典仪式礼仪工作	1. 能够搜集商务会议礼仪相关案例并进行简单解说； 2. 能熟练应用与庆典活动相关的各种技能，掌握传播媒介和约请方式的选择之法	1. 培养处世哲学； 2. 尊重文化差异； 3. 爱岗敬业
体态体姿礼仪	1. 知礼懂礼形体实操； 2. 情境模拟训练	纠正不良体态习惯，养成良好体态体姿，塑造优美形象	提升自身审美能力与个人整体形象	1. 培养审美情操； 2. 企业文化与职业形象一致性认同

3. 实施路径

本课程任课教师小组定期开展思政教研活动，请课程思政专家指导，在不断的探索和实践中，形成了图4所示的课程思政实施路径。

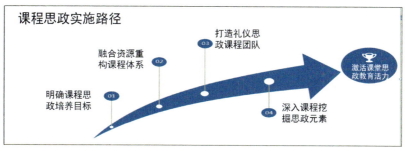

图4　课程思政实施路径

三、实施案例

实施案例以第一章"商务礼仪概述"相关内容为例，阐述实施过程（表2）。

表2　实施案例

第一章　商务礼仪概述			
授课班级	营销20048	授课时间	2节课
授课章节	第一章商务礼仪概述	授课教室	11-100
教学目标	知识目标	(1) 能够掌握"礼"与"仪"的基本含义； (2) 能够识别实际生活中的哪些礼仪属于商务礼仪的范畴； (3) 能够区分礼貌、礼节与礼仪； (4) 能够掌握商务礼仪的构成要素和基本特征； (5) 能够运用商务礼仪的基本理念进行合理的人际沟通； (6) 能够运用商务礼仪知识，规范自身言行，提高自身修养，提升可持续发展能力	
	能力目标	(1) 能自主学习新知识； (2) 能够通过电视、报纸、网络等媒体资源查找着装礼仪相关知识； (3) 具有良好的审美情趣	
	育人目标	(1) 提升商务人员高尚的道德情操和良好的职业素质； (2) 增强商务人员在商务活动和日常生活中的口头表达能力、人际沟通能力； (3) 巩固民族精神的传承，增强文化自信	
课　前			
教学资源	教学环节	教学内容	教学过程	设计意图
赏	1. 赏视频：《中国传统礼仪文化》。 2. 案例导入：《东西方赞誉与反应语的差异》	1. 学生讨论：东西文化差异体现在哪些方面？ 2. 教师总结课前测及课堂讨论情况	1. 传统礼仪的现代意义。 2. 传统礼仪贯穿的核心价值理念。 3. 传统礼仪贯穿的核心价值理念。 4. 增强文化自信	自编教材视频材料 教学说明

续表

		课　中		
教	1. 案例导入：《梅汝璈妙语争座次》。 2. 商务礼仪的基本理念。 3. 商务礼仪的基本特征	1. 教师讲解：礼仪概念、礼的原则、中西方礼仪的文化差异。 2. 知行合一、以礼导行的经典案例，发挥其行为规范作用	1. 领悟礼仪形式的差异均是由不同地方风俗文化决定的，具有约定俗成的影响力。 2. 养成知行合一、以礼导行的思维以及习惯，使内在品质与外在形式协调统一。 3. 不同的文化背景产生不同的地域文化，从而影响了商务礼仪的内容和形式差异	自编教材视频材料 知识衍生5
评	1. 商务礼仪的作用。 2. 商务礼仪的基本规律	1. 教师引导学生讨论商务礼仪的作用，阐述自己的观点。 2. 从商务情景、商务时间、商务场合、商务角色等立场分析"你"的商务责任。	1. 达成知识目标。 2. 领悟商务礼仪背后强调形式规范，目的就是提高员工的素质，维护企业形象。形式规范主要涉及"有所不为"与"有所为"等两个互有联系的不同层面。 3. 从案例、课件、讨论植入爱国思政元素，进行思政引导	自编教材视频材料 同步训练
创	1. 情景模拟演练。 2. 商务谈判场景设计	1. 通过实训，明确商务礼仪的基本内涵、特征、理念、规律及相关概念的知识内容。 2. 掌握商务礼仪的四大构成要素	1. 经过反复训练，提升个人商务礼仪素养和商务活动交往能力。 2. 在实际创作中找到礼仪点并内化	
做	1. 通过实训，明确商务礼仪的基本内涵、特征、理念、规律及相关概念的知识内容。 2. 掌握商务礼仪的四大构成要素。 3. 经过反复训练，提升个人商务礼仪素养和商务活动交往能力	1. 教师进行礼仪知识的讲解。 2. 学生进行分组，8~10人一组（本课程各模块实训均可以此分组为准），每小组确定一名主持人（组长）。 3. 分组讨论，从国际商务礼仪的角度分析不妥之处，并说明理由。 4. 各组选派一名代表进行组间交流。 5. 回答评判组提问（各组派一名代表组成评判组）。 6. 教师总结	1. 礼仪的社会功能中有一条观点是提升社会形象，礼仪通过对个人形象的塑造来提升社会形象。 2. 国际交往中你的言谈举止决定着他国人士对你的国家的评价。 3. 切实从自己做起，从有意识地提高个人的礼仪素质做起，培养学生们的爱国主义情怀	情景模拟实训请拍摄成视频上传学习平台
悟	思考契丹族民族文化消失的原因。请站在文化的立场上发表自己的观点	课后针对这一提问，在学习平台上发表观点。要求发表的内容不少于200字，下一节课堂交流		学习平台的拓展内容

四、特色创新

1. 建立"三融四体"思政育人模式,贯穿通识教育与思政教育全过程

现在高校学生的心态、思想在改变。课程最大的特色在于**"多渠道融合"**,将核心价值观融入课堂,将思政教育融入整个教学过程,强化对学生的品德塑造,实现最佳育人效果。**"多要素融合"**,让学生在学习理论知识的同时,让学生在核心素养上,例如态度、诚信、感恩、信仰、情怀等方面,提升学生共情能力和人文精神,学会欣赏美,创造美,提升美学修养与人文素质,培养优雅生活的意识和素质。**"多主题融合"**,深入挖掘和阐发优秀传统文化,设计讲仁爱、重民本、守诚信、崇正义的教学任务主题,培养学生"举止庄重、进退有礼、执事谨慎、文质彬彬"等礼仪思想。

礼仪课程的优势在于利用情境模拟学习让学生**"体验"**职业环境与岗位角色,培育爱岗敬业精神;**"体会"**岗位的精益求精,培育工匠精神;**"体悟"**礼仪文化,接受知识、文化洗礼与思想熏陶,增强文化自信;**"体行"**敢于担当勇立潮头的干劲,培育创新创业精神。通过"三融四体"完成通识教育与思政教育共同体。

2. 打造"全链贯通"课程思政体系,培育职业价值观,熔铸课程内涵

课程思政在实施中不能一蹴而就,要循序渐进地逐步强化知识、认知、技能与精神领悟。从接触传统礼仪文化,到提升学生素养,树立职业价值,强化责任意识,再到升华爱国情怀,层层递进,引导学生深入思考,实现思想启迪和价值建构。

3. 建立课程思政获得感评价系统,跟踪课程思政效果

课程思政设计遵循可观可测原则,激发学生的学习兴趣,引导学生深入思考,实现思想启迪和价值引领。将追求知识、能力等显性层面的考核与价值观念等隐性层面的考核并重,将线上教学与线下实践有机融合,开发课程思政获得感评价系统,动态对学生学习全过程进行记录和评价。从职业素养、务实精神、文化自信、团队合作四个方面进行评价,其中包含学生自评、学生互评,优化育人形式。

财会金融专业群

财会金融专业群简介

财会金融专业群旨在培养"讲诚信、懂技术、精核算、晓税法、通金融"的具有数字化思维和数字专业技能的高素质复合型智慧财税技术技能人才。财会金融专业群包括大数据与会计、财富管理、金融服务与管理等三个专业，其中大数据与会计专业是国家级骨干专业、省级优势专业，财富管理专业是省级特色专业，金融服务与管理专业是校级重点专业。

财会金融专业群建有国家级精品课程1门、省级课程思政示范课程2门、省级精品在线开放课程2门、省级精品课程2门；教师主编职业教育国家规划教材18本、省级新形态教材5门；教师主持获得国家级教学成果二等奖1项、省级教学成果一等奖2项。大数据与会计专业教学团队先后获评国家级教学团队、省级课程思政示范基层教学组织和省级职业教育教师教学创新团队。

财会金融专业群先后与浙江交投、海康威视、滨江税务局、中国建设银行等30余家知名企业深度合作，实施了"学校教育教学+企业教学实习+顶岗实践+就业"的校企合作培养模式，学生专业知识扎实、技能突出、综合素质高，毕业生初次就业率平均达97%以上，用人单位满意率达95%以上。

勤学善思，知行合一

——"证券投资分析"课程思政实施案例

课程名称：证券投资分析
教师信息：时坤
授课专业：财富管理等
课程性质：专业必修课

第一部分：课程基本概况

"证券投资分析"课程是财富管理专业的核心课程，也是国家证券从业资格考试中专项业务类资格考试的课程之一。本课程是以证券投资分析方法对象，以证券投资市场为背景，着重阐述证券投资分析的方法与技能，课程设置符合证券行业人才培养目标和职业岗位的任职要求。本课程以证券投资服务业务活动过程为主体，进行项目设计和任务分解，从证券投资从业人员对证券投资知识与能力要求出发，将课程内容设计为证券投资分析准备、证券投资价值评估、宏观经济分析、行业分析、公司分析、证券投资技术分析六个教学项目，如图1所示。

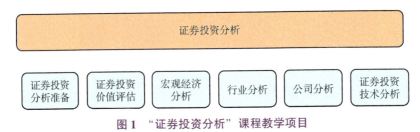

图1 "证券投资分析"课程教学项目

第二部分：案例描述

一、课程目标

通过本课程的学习与训练，学生将具备证券投资所需的专业知识、职业技能和素养。在证券投资专业知识方面，学生将明确现代证券投资分析理念与方法，了解影响证券价值的内外部因素，掌握证券投资分析的基本面分析和技术分析方法。在证券投资技能方面，学生将能应用证券投资分析的基本面分析方法和技术分析方法对上市公司进行分析并能撰写相应的投资分析报告。在素养方面，学生将树立牢固的价值投资理念，具备良好的职业道德与精神。本课程具体目标如图2所示。

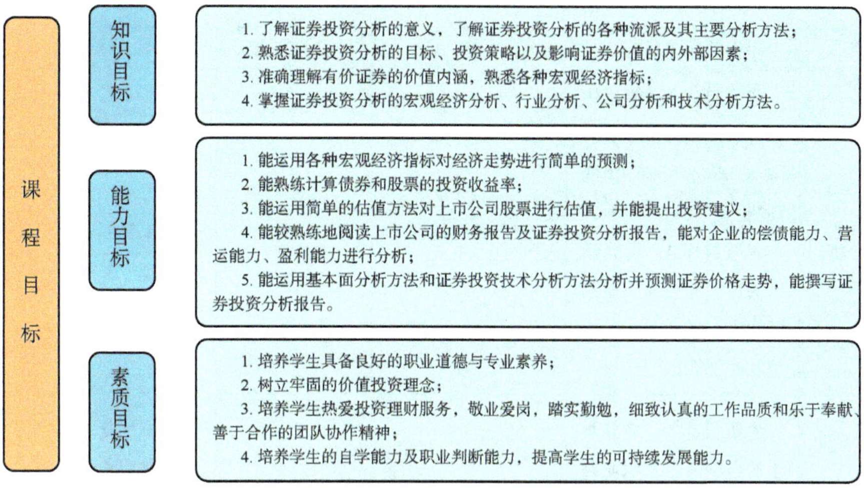

```
课程目标
├─ 知识目标
│   1. 了解证券投资分析的意义，了解证券投资分析的各种流派及其主要分析方法；
│   2. 熟悉证券投资分析的目标、投资策略以及影响证券价值的内外部因素；
│   3. 准确理解有价证券的价值内涵，熟悉各种宏观经济指标；
│   4. 掌握证券投资分析的宏观经济分析、行业分析、公司分析和技术分析方法。
├─ 能力目标
│   1. 能运用各种宏观经济指标对经济走势进行简单的预测；
│   2. 能熟练计算债券和股票的投资收益率；
│   3. 能运用简单的估值方法对上市公司股票进行估值，并能提出投资建议；
│   4. 能较熟练地阅读上市公司的财务报告及证券投资分析报告，能对企业的偿债能力、营运能力、盈利能力进行分析；
│   5. 能运用基本面分析方法和证券投资技术分析方法分析并预测证券价格走势，能撰写证券投资分析报告。
└─ 素质目标
    1. 培养学生具备良好的职业道德与专业素养；
    2. 树立牢固的价值投资理念；
    3. 培养学生热爱投资理财服务，敬业爱岗，踏实勤勉，细致认真的工作品质和乐于奉献、善于合作的团队协作精神；
    4. 培养学生的自学能力及职业判断能力，提高学生的可持续发展能力。
```

图 2 "证券投资分析"课程目标

二、设计思路

从"证券投资分析"课程教学目标中提炼出相应的课程思政元素，把这些课程思政元素和相应教学项目进行有机结合，然后再以案例分析、思考讨论、教师讲授等方式把课程思政融入具体教学。具体设计思路见表1。

表 1 "证券投资分析"课程思政设计思路

教学项目	相关教学目标	教学切入点	切入方式	课程思政概要
项目一：证券投资分析准备	素质目标2：树立牢固的价值投资理念	树立正确投资理念，正确看待风险和收益	案例分析	高收益往往伴随高风险，天上不会掉馅饼，引导学生树立正确的投资理念，规避金融诈骗风险
	素质目标1：培养学生具备良好的职业道德与专业素养	证券投资的信息来源	案例分析	具有诚信和社会责任感，遵纪守法，不能利用内幕信息进行交易
项目二：证券投资价值评估	素质目标4：培养学生的自学能力及职业判断能力，提高学生的可持续发展能力	价值概念	思考讨论	结合证券价值评估，引导学生思考如何提升个人的自我价值
	素质目标3：培养学生热爱投资理财服务，敬业爱岗，踏实勤勉，细致认真的工作品质和乐于奉献、善于合作的团队协作精神	市盈率估值法	教师讲授案例分析	通过对股票投资价值的分析，培养学生的精益求精，勤勉尽职的职业精神

续表

教学项目	相关教学目标	教学切入点	切入方式	课程思政概要
项目三：宏观经济分析	能力目标1：能运用各种宏观经济指标对经济走势进行简单的预测；素质目标4：培养学生的自学能力及职业判断能力，提高学生的可持续发展能力	宏观经济指标	案例分析	通过对"克强指标"的讨论，让学生关心时政，了解国家重大政策的制定背后的经济逻辑
项目四：行业分析	素质目标4：培养学生的自学能力及职业判断能力，提高学生的可持续发展能力	行业竞争分析	思考讨论	通过对行业竞争力的分析，引导学生思考如何提升自身的竞争力问题，培养学生创新意识和竞争意识
项目四：行业分析	素质目标4：培养学生的自学能力及职业判断能力，提高学生的可持续发展能力	行业生命周期分析	案例分析	介绍如何利用行业生命周期理论选择就业或创业的行业，提高学生的职业判断力和可持续发展能力
项目五：公司分析	素质目标1：培养学生具备良好的职业道德与专业素养	公司基本面分析	案例分析	通过对公司信息披露不及时、不完全案例的分析，引导学生要做讲诚信、守法规，有高度社会责任感的金融从业人员
项目五：公司分析	素质目标1：培养学生具备良好的职业道德与专业素养	公司财务分析	案例分析	通过对资产概念的辨析，让学生思考自身作为父母的"资产"，应如何提升"资产质量"，更好地回报父母
项目六：证券投资技术分析	素质目标4：培养学生的自学能力及职业判断能力，提高学生的可持续发展能力	K线分析	教师讲授	K线蕴含着中国古代辩证文化的精髓，通过对K线背后中国古文化的分析，培养学生爱国情怀和文化自信
项目六：证券投资技术分析	素质目标3：培养学生热爱投资理财服务，敬业爱岗、踏实勤勉、细致认真的工作品质和乐于奉献、善于合作的团队协作精神	切线分析	案例分析	通过案例分析，让学生明白专业知识的重要性，在证券投资中要做到勤学善思，知行合一，激发学生的学习热情和动力

三、案例实施

本实施案例以项目四"行业分析"中的"行业一般特征分析"子任务教学内容为例阐述实施过程,教学课时为2课时(表2)。

表2 案例实施

授课班级	投资 20062	授课地点	5#408
授课内容	行业一般特征分析	授课时间	第七周10月21日(周四)
学情分析	知识基础	已学习证券投资基础、经济学原理、基础会计等专业基础类课程,初步掌握证券投资基础知识,但对证券投资的行业分析方法并不掌握	
	专业技能	具备一定宏观经济分析的技能,但对如何选择行业、判断行业投资价值等专业技能还需要进一步的学习	
	学习特征	对证券投资比较感兴趣,自主性学习的动力不强。具有一定的证券投资基础知识,但是缺乏证券专业知识的综合应用能力	
教学目标	知识目标	1. 理解行业竞争结构分析框架; 2. 掌握行业生命周期理论	
	技能目标	1. 具备行业信息搜集能力; 2. 能应用行业竞争理论和行业生命周期理论对指定行业进行分析	
	素养目标	1. 培养学生热爱投资理财服务,敬业爱岗,踏实勤勉,细致认真的工作品质和乐于奉献、善于合作的团队协作精神; 2. 培养学生的自学能力及职业判断能力,提高学生的可持续发展能力	
教学重点	1. 行业竞争结构分析; 2. 行业生命周期分析		
教学难点	行业生命周期分析		
教学实施			
(一)课前:教师发布学习任务,学生分组学习探究			
教学环节	教学内容及教学活动		课程思政融入
发布任务 分组学习	1. 教师通过班级课程群发布学习任务 (1)完成行业研究学习小组的划分,4人一组,学生自主分组,并选择一位组长; (2)通过申万宏源证券公司网站,查找申万上市公司行业分类的标准及行业划分情况; (3)根据查询的数据,每个行业研究小组选择一个最有投资价值的细分行业,并给出看好该行业的至少三个理由,形成文档资料上传到班级课程群。 2. 学生接受学习任务,完成分组自主学习探究 (1)自由结合,4人一组成立行业研究小组,选出组长; (2)根据教师要求,自主学习探究,完成教师布置的任务,形成文档资料上传到班级课程群平台上		通过课前任务的学习,培养学生踏实勤勉、细致认真的工作品质和乐于奉献、善于合作的团队协作精神
(二)课中:案例分析,激发兴趣,解决难点,掌握技能			
任务点评 激发兴趣 (5分钟)	教师从课前任务完成较好的研究小组中选择三个具有代表性的小组,分析该小组完成较好的原因,激发学生进一步学习行业分析知识的兴趣。		

续表

案例导入 引入新课 （5分钟）	教师通过案例分析引入新课。 1. 通过PPT展示给学生一个细分行业的发展概况案例； 2. 提出思考题：如何对该行业的投资价值进行分析？ 3. 结合案例，提问并引入行业一般特征分析的方法。 学生思考并回答老师的提出问题	
讨论释疑 解决问题 （35分钟）	教师通过讲授与案例分析方法，讲授行业竞争结构分析逻辑框架。 1. 结合上述案例，讲述行业竞争结构分析方法； 2. 讲授波特的行业竞争力分析模型 3. 通过白色家电细分行业的竞争结构分析案例，使学生掌握行业竞争结构分析方法的应用。 学生学习行业竞争结构分析方法，并应用该方法对指定行业进行分析。 1. 学习波特的行业竞争力分析模型； 2. 掌握行业内的五种基本竞争力量； 3. 应用行业竞争力分析逻辑框架，选择细分行业并应用行业竞争力分析方法对该行业进行分析	通过对行业竞争力的分析，引导学生思考如何提升个人的竞争力，培养学生的自学能力及职业判断能力，提高学生的可持续发展能力
案例分析 讲授知识 （35分钟）	教师通过讲授与案例分析方法，讲授行业生命周期分析方法。 1. 讲述行业生命周期的概念； 2. 讲述行业生命周期的划分及各阶段的特点； 3. 讲述行业生命周期与证券投资的行业选择； 4. 案例分析：白色家电行业生命周期分析。 学生学习行业生命周期分析方法，并应用该方法对指定行业进行分析。 1. 学习行业生命周期分析方法； 2. 应用行业分析方法对指定行业进行分析，判断该行业的投资价值； 3. 总结典型行业所处生命周期阶段	俗语说"男怕入错行，女怕嫁错郎"，这充分说明了行业选择的重要性。由于现在是男女平等的社会，女性也大多参加工作，所以不仅是"男怕入错行"，同样存在"女怕入错行"。行业是有生命周期的，不同行业所处的生命周期阶段不同，其发展前景也不同。投资要关注行业生命周期，就业或创业同样要关注行业生命周期。结合行业生命周期理论，引导学生思考如何应用行业生命周期分析方法选择未来就业或创业的行业，培养学生的自学能力及职业判断能力，提高学生的可持续发展能力
当堂练习 巩固知识 （10分钟）	教师布置任务，点评学生操作。 给学生布置行业分析的任务，对学生的完成情况进行课堂点评。 学生分组完成教师布置的任务。 1. 利用同花顺证券行情分析软件，选择一个细分行业，查找细分行业相关信息，分析该行业所处的市场竞争结构。 2. 分析该细分行业所处的生命周期阶段，并给出理由	
总结归纳 知识拓展 （5分钟）	教师提出思考题，随机提问，拓展知识。 1. 如果选择某个行业进行投资，你应该选择处于行业生命周期的哪个阶段进行投资？原因是什么？ 2. 当某家上市公司所在行业处于衰退阶段，该公司一定不能投资吗？（行业衰退期内的上市公司有可能通过资产重组的方式转变行业，从而提升公司的估值，才可以进行投资） 学生思考，回答问题，总结归纳。 1. 思考回答老师的问题； 2. 对不同行业生命周期类型的特点进行总结归纳	

续表

（三）课后：知识巩固，提升技能		
知识巩固 技能提升	教师：在课程作业平台上完成作业布置、批改，通过学生作业完成情况进一步掌握学生的学习情况。 学生：登录课程作业平台，完成相关作业任务，巩固知识，提升技能	

四、教学效果

1. 树立了正确的投资理财观念，预防金融诈骗意识得到提升

通过课程的学习，学生的证券投资专业技能有了显著提升，信息收集、处理与分析的能力得到明显提高。在证券投资标的和交易时机的选择上能进行独立思考和深入的分析，体现了精益求精的职业精神。通过本课程的学习，学生树立了正确的投资理财观念，对证券投资风险有了深入的认知，对各类金融诈骗的防骗意识得到提升。

2. 学生的学习热情得到提升，教师与学生共同成长

本课程思政的教学实践激发了学生学习证券投资专业知识的热情，教师和学生共同成长。在教师的指导下，学生积极参加历年全国"黄炎培杯"大学生投资理财技能大赛和浙江省大学生投资理财技能大赛，获得股票投资个人赛、期货投资个人赛以及证券投资团体赛项的特等奖、一等奖、二等奖等多个奖项，教师获浙江省高职院校教学能力比赛三等奖。

培育"守法、诚信、担当"会计人

——"企业会计实务"课程思政案例

课程名称：企业会计实务
教师信息：刘秀琴
授课专业：大数据与会计、注册会计师等
课程性质：专业核心课

第一部分：课程基本概况

一、课程定位

"企业会计实务"课程是高等职业技术学院大数据与会计专业培养方案中的核心课程，是会计学专业知识结构中的主体部分，是会计核算岗位核心技能（会计核算技能）培养的主要支撑课程。本课程以财务会计的目标为导向、以对外财务会计报告的会计信息生成为主线、以四项会计假设为前提、以六大会计要素为结构，在阐述财务会计目标、信息特征的基础上，对六大会计要素和各种会计业务的处理规则和方法进行详细说明，最后又以财务会计报告为总结。本课程具有理论性、实务性和操作性强的特点。

二、课程目标

1. 知识目标

要求学生能理解和掌握《会计法》《企业会计准则》的要求。

2. 技能目标

要求学生能根据《会计法》《企业会计准则》的要求对企业的经济业务进行规范的会计处理。

3. 素养目标

结合岗位工作需要，培养学生"发现问题、分析问题和解决问题"的自学能力，基于岗位需要的恰当的沟通、协调能力；严谨守法的会计核算意识，团结协作的管理服务意识以及自信、诚信、担当的个性品质。

第二部分：案例描述

一、课程思政元素

（1）产教融合，依托企业真实资料设计工作任务和考核方案，强化责任意识和规矩意识。

依托产教合作企业，用企业业务工作资料设计工作任务，使课程对接岗位最新技术，强化职业素养、职业道德和职业精神，并深度融入企业文化，使课程思政教育延伸到第二、三课堂；将工作任务是否独立完成、是否按规定时间完成、完成效果等作为过程性考核纳入综合考评;订立无手机课堂教学公约,除非教学需要,学生上课前应将手机放入指定手机袋中,教师在课前检查学生是否已经将手机放入手机袋中,提醒"忘记"的学生,口头批评弄虚作假的同学,并持续肯定学生保持无手机课堂的好习惯。

(2)结合专业课程核心概念谈制度优势。

成本核算是"企业会计实务"课程教学的重要方法。企业成本与国家政策密切相关,国家税收政策、社保政策关系企业的税收成本和薪酬成本开支。在税收成本和薪酬成本核算学习过程中,可以结合疫情期间的国税总局降税、国务院牵头降低社保和公积金等案例,分析国家通过调整税收、社保政策,降低企业的成本,实现对企业经营的大力扶持,让学生切实感受我们国家的制度优势,增强道路自信。

(3)采用"双'践'、双'评'"闭环教学模式和"践—评—析—导—践—评—拓"七步教学方法,培养学生自学能力,强化学生职业技能和守法、诚信品质的养成。

二、设计思路

以工作任务引领,以学生为主体,采用"双'践'、双'评'"闭环教学模式,采用"践—评—析—导—践—评—拓"七步教学方法,让学生在完成工作任务的过程中熟练培养专业技能,在教师的点评和引导下,强化独立发现问题、分析问题和解决问题的自学能力。

课前,根据岗位工作需要,借助云课堂,布置工作任务,让学生尝试独立完成工作任务。学生课前尝试独立完成任务的过程是锻炼独立发现问题、分析问题、解决问题能力的关键环节。教师应认真分析学生的工作成果,弄清学生存在的问题,从而确定课堂教学的重点和难点。

课中,首先通过集体点评学生的工作任务完成情况,充分肯定学生在尝试独立完成工作任务过程中付出的努力和成果;其次和学生一起分析完成工作需要解决的问题,研究解决这些问题需要了解和掌握的知识和技能;最后讨论如何利用这些知识和技能高效完成工作任务。通过布置课堂工作任务,并进行有针对性的个别辅导和点评,强化专业知识和技能在新环境下的具体应用,从而达到培养学生在掌握熟练职业技能的同时提高其自学能力和应变能力的目的。

课后,通过云课堂布置练习任务、延伸阅读和专题讨论,巩固和拓宽专业知识和技能。

三、教学实施

教学实施见表1。

表1 职工薪酬成本核算-职工薪酬发成本计算及账务处理(2课时)

教学环节	教师活动	学生活动	思政融入
践(课前) 发布任务, 自主探究	1. 云课堂课前任务推送:要求学生根据A公司职工薪酬工作任务书在规定时间内独立完成工作任务; 2. 学情收集:汇总学生职工薪酬发放明细表及汇总表制作及账务处理情况,明确课堂教学重点和难点	1. 识别任务:通过企业职工薪酬发放办法了解企业职工薪酬一般构成,学习职工薪酬的计算方法; 2. 完成任务:规定时间内独立完成职工薪酬发放明细表及汇总表的制作及账务处理	1. 设计简单工作任务,确保学生稍做努力能独立完成任务,培养学习自信和自学能力; 2. 规定工作成果提交要求,强化学生的工作执行能力

续表

教学环节	教师活动	学生活动	思政融入
评（课中） 做的怎样	1. **集体点评**工作提交情况； 2. 示范正确的工作成果提交方法； 3. 组织学生讨论不同工作成果提交方式的利弊以及是否在规定时间提交工作成果的利弊； 4. 点评工作完成效果，**强调作品的唯一性**，引导学生明确独立完成任务的重要性	1. 讨论分析企业工作成果提交的一般方法及利弊； 2. 学习如何有效执行工作任务	通过评价工作提交情况和完成效果评价，引导学生明确端正工作态度是提高工作能力，做好工作的前提；**诚信**品质会体现在工作全过程，关乎工作执行力和**团队合作**
析（课中） 应该怎么做	1. 展示优秀作品； 2. 组织学生分析讨论完成工作过程中遇到的问题以及解决问题的方法	1. 回顾工作完成过程，分享工作中遇到的问题及解决的方法； 2. 讨论如何正确计算职工薪酬成本和账务处理，如何设计企业薪酬发放明细表和汇总表	通过展示优秀作品让学生感受来自身边榜样的力量。每一次出色完成工作就是**精益求精的工匠精神**的体现
引（课中） 导入问题	云课堂发布问题讨论： 问题1：职工薪酬关乎员工利益和企业利益，薪酬成本核算或账务处理错误该怎么办？ 问题2：怎样减少工作失误？ 问题3：不同时期、不同企业的职工薪酬成本构成一样吗？	1. 通过情景分析，换位思考，明确不推卸责任，主动承认错误，努力弥补工作失误造成的损失； 2. 学艺不精是工作失误的主要原因； 3. 薪酬成本构成是国家政策、企业文化的生动体现，通过对比分析，明确不同时期企业薪酬成本构成不一样，同一时期、不同企业薪酬成本构成也不一样	1. 要做一个**有担当**的人，工作失误时，主动承认错误，努力弥补损失就是担当； 2. 钻研技术，勤于训练，熟能生巧，方能减少工作失误。 3. 企业被要求承担员工的保险及公积金，是国家**民生工程**的具体体现，也是**企业担当**社会责任的体现（**企业认同**、**道路自信**）
践（课中） 实操巩固	推送课堂工作任务：根据B公司职工薪酬发放办法及相关资料，计算公司2021年11月薪酬成本，完成薪酬成本计算明细表和汇总表制作及账务处理	独立、自主完成工作任务，规定时间内提交工作成果	检测学习效果，提升职业技能
评（课中） 是否遗留问题	**个别点评**和辅导： 点评提交情况和完成情况，**强调工作任务完成的准确性**	了解自己的优缺点，查漏补缺	精益求精，强化工匠精神
拓 课后拓展	收集近两年职工薪酬相关政策变化情况，总结变化情况，在云课堂提交变化情况报告	了解国家发布相关政策的渠道；对近两年国家社保相关政策的变化进行专题学习和分析，感受国家政策调整对企业职工薪酬成本的影响	通过专题学习和分析，感受疫情期间国家制度优势，强化道路自信；与时俱进，养成时刻关注国家相关政策的良好习惯

四、教学效果

通过课前工作任务的布置，要求学生独立自主进行探究学习、完成工作任务，训练了学生工作执行能力，培养了学生自主学习能力。通过以学生为主体"评—析—导—践—评—拓"等系列教学活动，有效引导学生一起分析问题、突破重点、化解难点。在教学各个环节全程融入诚信、担当、道路自信等思政育人元素，实现了本项目知识传授、能力培养、价值引领的教学目标。

总结课程思政教学经验，撰写题为"课程思政融入'企业会计实务'课程教学探索与实践"的论文，获2021年浙江省课程思政教师征文二等奖。

五、特色与创新

1. 产教融合，使课程思政延伸到第二、三课堂

依托产教合作企业，用企业业务工作资料设计工作任务，使课程对接岗位最新技术，强化职业素养、职业道德和职业精神，并深度融入企业文化，使课程思政教育延伸到第二、三课堂。

2. 线上线下融合，推行七步教学方法和闭环教学模式

借鉴智慧职教云课堂平台，采用"双'践'、双'评'"闭环教学模式和"践—评—析—导—践—评—拓"七步教学方法，培养学生自学能力，强化学生职业技能和素养的养成。

通过两次工作任务（简单→复杂）的布置，强化技能培养。要求学生在自主完成工作任务的过程中逐步熟悉并掌握专业技能。

通过两次点评（集体点评→个人点评），完成价值引领。通过集体点评（工作任务完成情况和效果的点赞），从整体上鼓励学生自主学习、创造性完成工作任务，培养学生诚信品质；通过个人点评，一方面通过优秀作品展示，树立榜样力量，培养精益求精的工匠精神。另一方面关注学习弱势群体，通过个别指导，有针对性解决问题，专业和学习一个都不落下。

3. 知识、技能和素养相融合，全程融入思政育人元素

教学设计从财务成本管理岗位需求的知识、技能和素养出发，以工资成本核算为对象展开，教学过程以学生为主体，注重调动学生学习的主动性，从课前任务的安排、课中学生分享工作过程遇到问题以及对存在问题解决方法的讨论，始终关注学生自学能力以及基于岗位的沟通和协调能力培养；通过"如何面对工作中不可避免的错误"的问题讨论，明确诚信和担当的重要性。通过企业薪酬成本结构的变化以及近两年国家社保政策变化专题学习，感受国家制度优势，强化道路自信。在教学全过程中，老师通过对学生作品的点赞、对参与课堂讨论的有个性的发言的充分肯定，让学生在被欣赏、鼓励中积累自信。

大数据下的精诚会计

——"基础会计"课程思政教学案例

课程名称：基础会计
教师信息：吴从慧
授课专业：大数据与会计等
课程性质：专业必修课

第一部分：课程基本概况

"基础会计"是会计专业的必修基础课程，同时也是财经类专业的专业基础课程。作为跨校优质在线课程，"基础会计"课程组在浙江省高等学校在线开放课程共享平台（www.zjooc.cn）上开设6期，为41所高校提供了线上学习服务，选课学生达1 959人（其中，外校403人），在线课程访问量607 041人次（图1）。

图1 "基础会计"课程概况

本课程根据以就业为导向，以能力培养为中心的职业教育思想进行设置。本课程内容以制造业企业经济活动过程为依托，以六大会计要素（资产、负债、所有者权益、收入、费用）、四大工作环节（确认、计量、记录、报告）、三项技能（证、账、表）为主线展开，具体为"初识企业与会计→设置账户体系→确定记账方法→核算企业营运过程基本业务→取得和填制会计凭证→登记账簿→财产清查→编制财务报表"等基于会计理论的会计实务操作的专业教学内容，具体如图2所示。

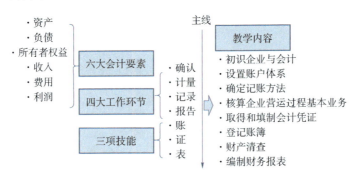

图2 "基础会计"课程教学内容

第二部分：案例描述

一、基于课程思政的教学目标

"基础会计"课程作为大数据与会计专业课程思政教学设计的启明星，思政元素的融入尤为重要。根据教育部《高等学校课程思政建设指导纲要》精神，在"基础会计"课程整个教学过程中，在浙商文化大环境下，紧紧围绕学校"以服务浙江区域经济发展和产业结构调整，培养现代服务业高素质、高技能人才"商科特色办学定位和会计专业"坚持以立德树人为根本，着力培养理想信念坚定，秉承校训'诚、毅、勤、朴'文化，崇尚宪法、遵法守纪、崇德向善、诚实守信、尊重生命、热爱劳动，履行道德准则和行为规范，具有社会责任感和社会参与意识高素质技术技能人才"的人才培养定位，将习近平新时代中国特色社会主义思想、社会主义核心价值观、中华优秀传统文化、会计职业道德、商科特色、浙商精神等内容作为本课程的思政元素。通过梳理，丰富的思政元素造就了生动的思政案例，表1展示了本课程中常见知识点与思政元素的完美有机融合，其形成了一个完整的课程育人体系，根据课程特点和知识点的巧妙结合，达到了"润物无声""盐溶于水"隐性的思政教学目标。

表1 思政元素融入案例及思政育人目标

社会主义核心价值观	1. **负债项目**中应交税费知识结合明星偷漏税被巨额罚款事件，融入"法治"理念；  2. **筹资活动**中非法集资投资诈骗和高利贷现象，强调**"遵守规则"**，突出**"法治"**理念； 3. 收到学生实习公司发来的表扬信，以视频或图片展示会计人员的工作日常，会计人员要做到爱岗敬业； 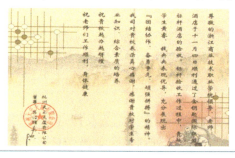

续表

社会主义核心价值观	4. **要素资产**中结合华为芯片受美国制约，被美国商务部列入管制"实体名单"事件，融入爱国情怀； 5. **生产成本核算**中结合全国免费接种新冠疫苗的成本投入，践行社会主义核心价值观的爱国精神； 6. **会计信息质量**要求中结合不要触碰法律底线，原始凭证填制中的会计造假，从实践上对**"不做假账"**的含义有一个明确的认识等，来培养学生遵纪守法、爱岗敬业的品质；  7. **财产清查**结合企业资金个人挪用、国有企业资产流失等，培养维护国家利益、社会利益、集体利益，融入"社会主义核心价值观"的爱国、公正和诚信理念
中华优秀传统文化	1. 将孔子、孟子的**会计观点**融入我国丰富的**传统文化**内容，培养学生民族自豪感，激发专业学习信心； 2. **复式记账**的起源与传播、中国古代"四注清册"记账方法等，激发民族文化自信； 3. 通过学生上大学的总成本带领学生了解会计工作的用途和重要性，**经济越发达，会计越重要，**同时培养学生感恩的道德观念； 4. **要素收入**中结合商家春节、端午节、中秋节等促销活动，融入对中国传统节日的认同，激发民族文化自信。**收入与费用**的划分，结合海底捞大规模扩张后又快速关店，来强调尊重自然规律、和谐共生； 5. **要素资产**中结合**资源有限性**提倡学生节约意识，并在生活中自觉加入光盘行动
会计职业道德	1. **原材料**中结合丰田公司零库存及零库存对物流成本的影响，培养会计敬业精神，同时加深学生**时间管理观念**； 2. 以短视频向学生展示优秀会计人员的工作，**处理票据**业务要细心精确，**独立公正**。要求学生尝试归纳出相应的会计职业道德内容，并体会"诚"的可贵、"准"的重要等； 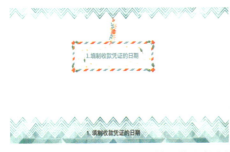  3. **销售收入**中结合应收账款的大量增加，资金断流导致企业进入破产清算，培养学生的资金管理的职业能力； 4. 广告支出形成**销售费用**，虚假广告的出现坑害了消费者，增强学生的会计责任意识； 5. **财务报告编制**时，用**精益求精的工匠精神**来编制会计报表，达到"知行合一"； 6. **登记账簿**中结合工作逻辑的安排，养成细心、责任、担当、坚持准则等良好的职业素养和职业道德

"基础会计"课程以"总论→借贷记账法及其应用→填制和审核会计凭证+登记账簿→财产清查→编制财务报表"等为主线进行专业教学单元的拆分，在此基础上通过课程思政

专题——"**会计论道**",对应将中华文明、社会主义核心价值观、会计职业道德、商科特色、浙商精神渗透融合到每个教学单元,发挥教育"立德树人"作用。将思政单元与专业教学单元相融合,形成一体化的课程单元,通过课程整体设计与单元化精细化实施,实现了本课程"知识传授、技能训练与价值引领"的有机融合,见表2。

表2 "基础会计"课程思政教学目标

项目	知识目标	能力目标	素养目标（会计论道）
初识企业与会计	● 会计概念； ● 会计职能； ● 会计目标； ● 信息质量要求	基于"诚实守信",能掌握会计基本理论	➢ 诚实守信 1. 根植"操守为重,不做假账"理念,培养学生"诚实守信"品格； 2. 践行社会主义核心价值观的法治理念
设置账户体系	● 资金占用形态特征； ● 会计要素； ● 会计等式	利用"和谐共生",能运用会计等式分析经济业务	➢ 和谐共生 1. 培养学生爱护环境、与同学和睦相处的团队合作精神； 2. 培养学生尊重自然规律的意识
确定记账方法	● 借贷记账法的记账规则	在掌握规则意识下,能准确地编制试算平衡表	➢ 遵守规则 1. 培养学生遵守规则； 2. 培养学生的法治观念
核算企业营运过程基本业务	● 账户设置； ● 账务处理	基于"知行合一"原则,能准确地运用借贷记账法进行简单经济业务的处理	➢ 知行合一 1. 树立"知行合一"理念； 2. 培养学生细心、责任、担当、坚持准则等良好的职业素养和职业道德
取得和填制会计凭证	● 原始凭证填制与审核要求； ● 记账凭证填制与审核要求	能实事求是地按照要求来准确填制会计凭证	➢ 实事求是 1. 培养学生诚信从业的品质； 2. 培养学生"实事求是"的品格
设置与登记会计账簿	● 账簿登记要求； ● 对账	能一丝不苟熟练地设置和登记会计账簿,对账结账、错账更正	➢ 一丝不苟 1. 培养学生严谨细心的职业品格； 2. 培养学生爱岗敬业的品格
组织财产清查	● 库存现金清查业务处理； ● 银行存款清查； ● 存货清查业务处理； ● 固定资产清查业务处理	面对账实不符时,能勇于担当地上报和业务处理； 能掌握银行存款余额调节表的编制	➢ 敢于担当 1. 培养学生犯了错误要直面问题,勇于担当的品质； 2. 培养学生爱国、爱社会、爱集体的品质
编制企业财务报表	● 编制财务报表的意义； ● 财务报表编制要求	通过有效的交流沟通合作,能更好地编制资产负债表和利润表	➢ 沟通合作 1. 培养学生沟通合作的能力； 2. 培养学生精益求精的工匠精神
有效组织证账表会计循环工作	● 会计循环	继往开来,能有效地掌握会计循环,更好地服务于会计工作	➢ 继往开来 1. 培养学生吃苦耐劳的职业品质； 2. 懂得继承中华文明,开拓进取,为新时代做出贡献的爱国主义精神

二、教学案例设计

教学案例设计见表3。

表3　应交税费（增值税）单元教学设计

教学内容	应交税费（增值税）	课时	45分钟
教学目的及预期效果	**认知层面** ☆ 了解应交税费（增值税）的业务背景； ☆ 理解应交税费-应交增值税的账户结构； ☆ 掌握应交税费（增值税）一般会计处理。 **重点难点**：增值税一般会计处理的掌握 **行为层面** ☆ 通过学习增值税的计算及会计处理，培养学生解决实际问题的能力； ☆ 通过案例的讨论，巩固和锻炼学生业财融合的业务能力。 **情感层面** ☆ 了解我国近40年经济高速发展和税收法制不断健全的伟大成果，使学生树立崇高的理想信念，正确认识国家的前途命运，正确认识自己的社会责任； ☆ 了解我国减税降费政策，通过比较我国税制改革前后企业税负变化，客观评价我国增值税改革的重要意义，激发学生爱国主义精神； ☆ 了解纳税是每个企业和公民的义务，通过偷税漏税事件的分析，强调爱国自信情怀、社会责任感、不做假账，树立敬畏法律意识		
教学方法	**1. 理实结合，实施教师"引—导—授—助—评"和学生"探—思—悟—用—拓"五步法双联动教学法** 　　课堂教学过程中，全面实施教师"引—导—授—助—评"五步课堂教学法和学生"探-思-悟-用-拓"五步学习法双联动，培养学生深度分析经济业务、有效解决业务核算、团队协作和表达沟通等素养，突出技能特色，强化实践育人，将思政点与映射的知识点完美对接，灵活运用多种教学手段、整合教学资源，潜移默化进行价值引领，贯穿融合课堂教学每一个环节，达到预期的育人目的。 **2. 线上线下融合，推行"三步多元"混合教学模式** 　　通过学生线上学习，教师课堂授课、省教学平台活动和线上作业等三步，充分发挥学生、教师、会计从业人员不同身份作用，形成三步多元混合教学模式，并将课程思政贯穿到每一步骤、每一元素，真正实现全课程全过程育人		
教学策略	教学实施分为课前准备、课中学习和课后巩固，实施教师"引—导—授—助—评"五步课堂教学法和学生"探—思—悟—用—拓"五步学习法双联动。借助线上省教学平台这个大数据工具，课前发布学习任务，分享我国增值税改革历程和减税降费对企业的影响，引发学生思考和感想（中国税收发展对中国经济的影响），课中导入明星偷漏税等案例，以任务驱动为导向引出本项目的教学目的和内容，实现思政元素融入理论知识结合实践业务操作、线上教学结合线下教学、自主探究结合小组协作来共同完成本项目学习任务，解决教学难点和重点。 　　教师五步课堂教学法和学生五步学习法双联动实施如下。 ● 课前准备 1. 引：教师在省学习平台上发布任务，要求学生收集信息，就提出的思考问题进行准备； 2. 探：学生以小组为单位收集、梳理资料，形成小组汇报成果，并对要思考的问题有初步设想。 ● 课中学习 1. 导：教师为主导，导入思政案例引出专业知识点； 2. 思：学生为主体，汇报小组收集的信息成果； 3. 授：教师以思政案例与知识点有机融合，讲解专业内容并突出思政内涵，引发学生思考；		

续表

教学策略	4. 悟：学生认真听讲； 5. 助：教师发布问卷调查； 6. 用：学生积极参与问卷调查； 7. 助：教师将问卷调查结果反馈于学生，强调思政内涵带来的启示； 8. 悟：学生思考分析做出上述判断的理由。 ● 课后巩固 1. 助：教师为学生课后作业和延伸学习提供后续资料和线上辅导； 2. 用：学生完成课后作业后，尝试完成其他税种计算分析。 本次学习任务——应交税费（值税）融入思政元素后的具体教学思路设计见图2 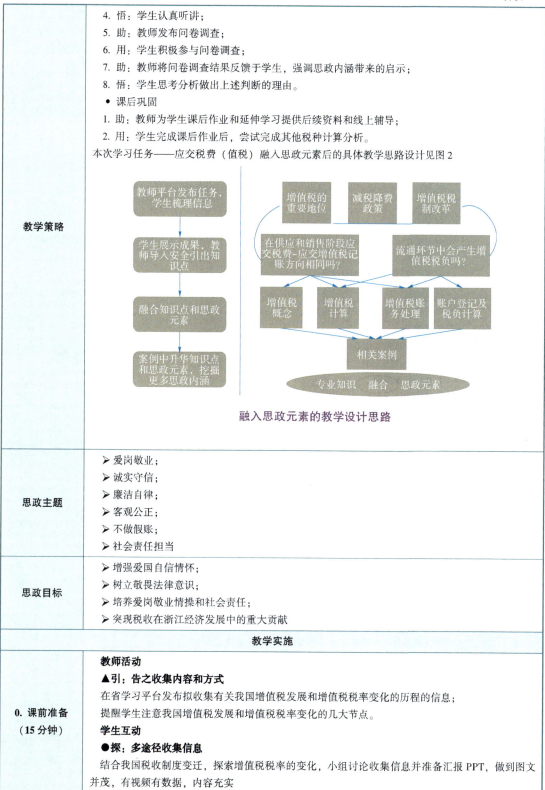 融入思政元素的教学设计思路
思政主题	➢ 爱岗敬业； ➢ 诚实守信； ➢ 廉洁自律； ➢ 客观公正； ➢ 不做假账； ➢ 社会责任担当
思政目标	➢ 增强爱国自信情怀； ➢ 树立敬畏法律意识； ➢ 培养爱岗敬业情操和社会责任； ➢ 突现税收在浙江经济发展中的重大贡献
教学实施	
0. 课前准备 （15分钟）	**教师活动** ▲引：告之收集内容和方式 在省学习平台发布拟收集有关我国增值税发展和增值税税率变化的历程的信息； 提醒学生注意我国增值税发展和增值税税率变化的几大节点。 **学生互动** ●探：多途径收集信息 结合我国税收制度变迁，探索增值税税率的变化，小组讨论收集信息并准备汇报PPT，做到图文并茂，有视频有数据，内容充实

续表

1. 导入新课 （10 分钟）	**教师活动** ▲导：案例导入 案例1：观看视频——"2分钟看中国GDP增长动态"，观察1978—2020年我国GDP曲线的变化。 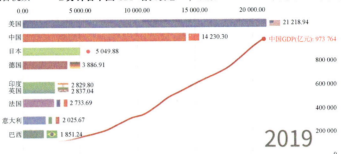 案例2：介绍中国增值税改革史 增值税税率的变化对国家税收制度变迁、国家和百姓财富快速增加的有利影响；减税降费对于减轻企业税费负担，增强国家经济实力从而惠及民众的重要意义。 ▲导：谈谈关于"我国增值税税率变化"的感想 思政内涵：让学生更直观地感受新中国成立以来和改革开放以来我国发生翻天覆地的变化，祖国繁荣昌盛，引导学生树立民族自信、国家自信。 **学生互动** ●思：汇报收集信息 展示收集到的关于"增值税税率的变化"的数据与图片。 ●思：交流感想 增值税率变化对国家、企业、中国老百姓的影响
2. 讲授新课 （20 分钟）	**教师活动** ▲授：增值税一般会计处理 专业解析： ☆ 增值税一般纳税人的介绍； ☆ 增值税涉及业务范围； ☆ 增值税税率； ☆ 增值税进项税额（要抵扣项）； ☆ 增值税业务处理 **供应阶段** 购入固定资产时增值税的业务处理。 借：固定资产 　　应交税费——应交增值税（进项税额） 　贷：银行存款 购入原材料（未验收入库）时增值税的业务处理 借：在途物资 　　应交税费——应交增值税（进项税额） 　贷：银行存款 **销售阶段** 销售产品。 借：应收账款 　贷：主营业务收入 　　　应交税费——应交增值税（销项税额）

续表

2. 讲授新课 （20 分钟）	**思政内涵**：结合明星偷漏税被巨额罚款事件，融入践行"社会主义核心价值观"。通过明星偷漏税反面案例让同学真切感受"偷税抗税违法，纳税协税光荣"，激发同学们的家国情怀和担当意识，让同学们做自觉纳税的遵纪守法好公民。  ▲助：发布问卷调查 结合省学习平台开展问卷调查互动： 我们作为吃瓜群众如何看待明星偷漏税？ 　　（A. 强烈谴责，引以为鉴；B. 无关自我，高高挂起） 如何合理处理明星偷漏税行为？ 　　（A. 巨额罚款或承担刑事责任；B. 不处罚，明星效应） 学生互动 ●悟：认真听讲； ●用：积极参与问卷调查
3. 反馈结果 （5 分钟）	教师活动 ▲助：将问卷调查结果反馈给学生。 可通过问卷调整结果以数据或图片形式进行反馈，并选择至少两组学生进行互动和分析。 学生互动 ●悟：做出上述判断的理由是什么？ 从法治角度，结合法律层面来谈谈企业、公民偷漏税对社会经济发展的危害、对公司发展的不良影响和公民职业生涯的恶性影响。 作为学生，在目前学习和从业中应该如何规避偷漏税行为？
4. 做出点评 （10 分钟）	教师活动 ▲评： 　　（1）明确：法治社会中，法律面前人人平等。 　　（2）举例分享近年来发生的相关案例，提高学生法律意识。 思政内涵：纳税是每个企业、公民责无旁贷的义务，体现企业社会责任感和个人的爱国主义情怀。强调学生迈入社会后，将推动遵法从业作为己任。 　　（3）为何企业和公民会存在偷漏税行为？从另一角度揭开财务造假的神性面纱。 **思政内涵**：2001 年，时任国务院总理朱镕基考察国家会计学院时强调"不做假账"。它是会计从业人员的基本职业道德和行为准则，所有会计人员必须以诚信为本，操守为重，遵循准则，不做假账，保证会计信息的真实、可靠。为何朱镕基总理会提"不做假账"呢？古人云：人无信不可，民无信不立，国无信不威。习近平总书记提出，企业要把守法诚信作为安身立命之本。 学生互动 ●思：认真听讲； ●用：积极参与讨论

续表

5. 课堂小结 （5分钟）	**教师活动** ▲评：课堂内容总结和突出思政中心。 对本次课程内容进行总结，归纳出思政主题：爱国敬业、诚实守信、廉洁自律、客观公正、坚持准则、不做假账、社会责任担当。 **学生互动** ●用：认真记录。 ●拓：应交税费在计算分析其他税种时的处理。
6. 课后巩固	**教师活动** ▲助：为学生课后作业和延伸学习提供后续辅导。 **学生互动** ●用：完成课后作业，同时尝试完成其他税种的计算和分析。
教学评价	（1）本课程采用线下线上混合教学方式教学，业绩评价结合线下线上学习情况采用过程性考核和期末考核相结合的考评方式，平时阶段性考核2次，每次60分钟，采用无纸化机试。 （2）出卷在省教学平台（www.zjooc.cn）"基础会计"课程题库中随机组卷。线上成绩是以省教学平台上视频观看时长、小组汇报、完成测试考试、作业情况及论坛发帖之成绩为计算依据，各项目占比如下。 ①视频观看时长占20%； ②作业占35%； ③小组资料收集汇报占10%； ④阶段性考试占30%； ⑤讨论发帖占3%，其中普通帖一个0.5分，精华帖一个1分； ⑥笔记占2%，其中普通笔记一个0.5分，精华笔记一个1分。 以上成绩构成不包括期末考试成绩，期末考试成绩单独计算。 本课程最终成绩=[线上成绩（不包括期末考试成绩）×90%+出勤与课堂表现×10%]×70%+线上期末考试成绩×30%
教学反思、成效	在课堂教学过程中，全面实施教师"引—导—授—助—评"五步课堂教学法和学生"探—思—悟—用—拓"五步学习法的双联动，通过课前学习平台发布学习任务，学生以小组合作收集信息，分享我国增值税改革历程和减税降费对企业的影响，引发学生思考和感想（中国税收发展对中国经济的影响），提高学生自主学习能动性和创造性、梳理信息的能力。课中导入明星偷漏税等案例，在任务驱动下，引出本项目的教学目的和内容，除了专业知识的讲授，将思政元素完美融合入教学，学生参与度明显提高，能兴致盎然地对与课堂讨论，提出问题。教师教学效果和学生学习效果良好，值得推广

三、特色及创新

1. 课程思政元素融入模式创新

"基础会计"课程以"总论→借贷记账法及其应用→填制和审核会计凭证+登记账簿→财产清查→编制财务报表"等为主线进行专业教学项目的拆分，在此基础上通过课程思政专题——"会计论道"，对应将中华文明、社会主义核心价值观、会计职业道德、商科特色、浙商精神渗透融合到每个教学项目中，发挥教育"立德树人"作用，将思政元素与专业教学项目相融合，形成一体化的课程项目，通过课程整体设计与项目化精细化实施，实现了本课程"知识传授、技能训练与价值引领"的有机融合。

2. 课堂教学模式创新

推动课堂教学模式创新，实施教师"引—导—授—助—评"五步教学法和学生"探—思—悟—用—拓"五步学习法的双联动。把思政元素融入课堂教学过程，将案例、故事、讨论、汇报、新闻等内容以PPT、视频、图片、音频等形式有机结合，提升学生课程学习体验，达到润物无声的育人效果。例如，会计信息质量的"可靠性"，即要求提供会计信息的客观、真实，不能触碰法律底线。通过视频和PPT汇报展示"开虚假增值税发票虚增收入的造假案"，使学生意识到伪造发票、虚增收入等违法行为的严重性，从而帮助学生树立起不做假设的正确思想，从实践上对"不做假账"的含义有一个明确的认识，来培养学生遵纪守法、爱岗敬业的品质，引导学生在今后的工作岗位上做一名合格的会计工作者。

兼修德法身心，服务实体经济

——"证券投资"课程思政教学案例

课程名称：证券投资
教师信息：王丽
授课专业：会计等
课程性质：专业任选课

第一部分：课程基本概况

"证券投资"课程是一门专业选修课，主要面向会计等专业，为浙江省第一批省级课程思政示范课程，课程开设 16 届，近 5 届线下授课人数 1 164 人，在超星平台上共开设 4 期课程，各院校合计访问量超 35 万次。本课程设计充分体现职业性要求，突出应用能力培养，以证券从业人员知识技能为主线，以证券从业人员服务岗位分工为内容，以项目任务为载体，以胜任证券从业人员岗位对证券知识技能需求为目标，构建"项目引领、任务驱动"的课程设计理念与思路。

第二部分：案例描述

一、课程目标及思政元素

（一）课程总体目标

学生通过学习本课程，掌握主要证券投资工具的概念和类型，熟悉证券市场的构成、制度和流程；熟练操作证券行情软件，根据宏观环境、行业现状和上市公司财务数据等资料，分析股市的总体趋势、市场热点和个股走势，选择合理适当的交易策略；通过模拟交易训练和比赛，树立证券投资风险意识；逐步建立敏锐的宏观经济、金融运行观察力、理财意识、风险意识和稳健守法等职业意识（图1）。

图1 四位一体教学目标

（二）课程思政目标

以 2020 年教育部印发的《高等学校课程思政建设指导纲要》中明确的课程思政建设目标要求为指导，凝练**三大类育人目标——价值观、自我认同和品质**，具体分为**八小类育人目标**：理想信念教育、社会主义核心价值观教育、法治教育、中华优秀传统文化教育、职业理想教育、职业道德教育、心理健康教育和劳动教育（图2）。

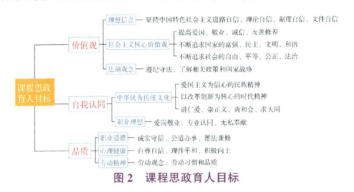

图 2　课程思政育人目标

（三）课程思政元素

通过课程思政四大元素——**服务实体、厚植文化、兼修德法、勤练身心**，达到课程思政的三大目标，并将课程思政的四大元素分别对应五个项目的十大融入点，作为落脚点确保实施效果（图3）。

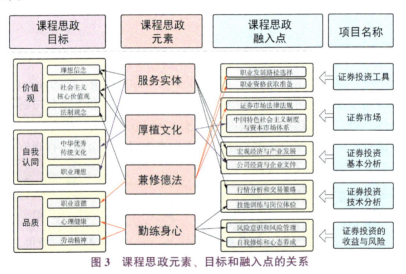

图 3　课程思政元素、目标和融入点的关系

二、教学策略

（一）总体设计思路

本课程采用**"一核、四段、五环"**课程思政教学体系。

1. 课程思政的核心为服务

金融的天职是为实体经济服务,高等教育的基本方针是为人民、为中国共产党治国理政、为中国特色社会主义制度、为社会主义现代化建设服务。

2. 四段推进课程思政建设

课程分为**四个阶段**:**课程认知**、**课堂教学**、**校内实训**、**校外实习**。这四个阶段课程思政建设是循序渐进的。

(1) 课程认知

通过互联网和调研了解国家战略、法律法规、相关政策和职业规则,初步建立专业认同感。

(2) 课堂教学

案例教学:结合大事记、现实背景、市场热点、名人事迹和投资案例,引导学生坚定四个自信、树立价值观、弘扬民族精神和时代精神。

小组合作:分组完成项目,培养创新精神、热爱集体和自信健康的心态。

(3) 校内实训

模拟操作:通过金融数据终端和模拟交易系统的使用,培养解决问题能力和劳动精神。

赛证结合:参加比赛和职业考试,培养创新精神和养成终身学习习惯。

(4) 校外实习

专家讲座:开展讲座和投教活动,理解职业精神和职业规范,树立正确的劳动观念。

岗位实践:到证券公司、资管公司、投资公司、期货公司等机构岗位实践,培养爱岗敬业、诚实守信和职业规范。

3. 双五环落实课程思政

采用"双五环"教学模式,即**教师的"教五环"**(引、导、授、助、评)和学生的**"学五环"**(探、思、悟、用、拓),统筹各项教学资源,将育人元素有机融入每项教学内容中,有效传导到学生的心中、脑中,并转化到行动中。

三、案例实施

案例实施见表1。

表 1 案例实施

教学任务	项目二 证券市场 子项目1 证券市场概述		所属课程	证券投资
课时安排	2课时		教学对象	会计
教学地点	证券实训室、顶岗实习企业		授课形式	教学做一体化
学情分析	知识基础	已学习证券投资基础、经济学原理、基础会计、金融基础等通识基础类课程,但对证券市场的实际现状掌握较少		
	专业技能	具备财务分析的技能,但对如何理性投资没有把握		
	学习特征	对投资股票有兴趣,系统性学习的动力不强;青睐信息化程度高、直观的学习手段;喜欢玩游戏,喜欢在社交圈中展示自己		

续表

教学目标	知识目标	1. 理解证券市场的概念、构成和功能； 2. 掌握中国多层次资本市场的结构
	技能目标	能熟练应用证券模拟交易软件查找相关信息
	素养目标	具备较强的学习能力，具有良好的沟通能力、团队协作能力
	课程思政目标	1. 了解证券市场相关的法律法规和政策； 2. 具备较强的法律意识，具备守法自律的个人品质； 3. 坚定四个自信，建立专业认同感
教学重点	\multicolumn{2}{l	}{1. 证券的概念和分类； 2. 证券市场的概念和功能}
教学难点	\multicolumn{2}{l	}{中国多层次资本市场的构成}
教学方法	\multicolumn{2}{l	}{**1. 任务驱动法**：教师发布课程在线视频学习资料，使学生了解中国证券市场发展的历史，并到投资者教育基地进行学习体验； **2. 合作式教学**：对学生进行PDP性格测试（支配型、表达型、耐心型、精准型、整合型），将学生分组，并选择特定热点行业，后续共同完成投资分析报告，并进行专家、教师、学生三方共评； **3. 案例式教学**：包括证券市场最新行情案例库、课程思政案例库和中国资本市场30年重要事件案例库，帮助学生更好地掌握证券分析技能、理解中国资本市场的发展、建立制度自信和爱国情怀}
教学内容和教学设计	\multicolumn{2}{l	}{（教学流程图）}

教学过程（课前学习）

教学环节	教学内容	活动		设计意图	学习资源
		教师活动	学生活动		
课前组织教学	1. 投资者教育基地岗位学习	**引**：组织基地学习 带领学生到证券公司投资者教育基地课前学习，并总结	**探**：投资者教育 基地实地学习、讨论、汇报	**爱岗敬业** 理解中国证券市场的发展历史 （素养目标）	校外实习基地

续表

教学过程（课前学习）					
教学环节	教学内容	活动		设计意图	学习资源
		教师活动	学生活动		
课前组织教学	2. 个性分组	引：个性分组、小组共同选定行业 对学生进行 PDP 性格测试（支配型、表达型、耐心型、精准型、整合型），将学生分组，确定分工	探：选定个股、合作共享、发挥个人优势 完成测试后分组并进行分工	增强团队沟通和协同能力； 满足学生个性化需求 （素养目标）	学习通
教学随记	1. 通过组织学生到校企合作基地的**调研和学习**，增加了学生对证券投资实际工作的理解，认识到证券业从业人员的专业水平和敬业精神，为同学们树立了职业榜样，同时调研过程中增加了学生**团队合作**的能力； 2. 对学生进行 PDP 性格**测试**，将学生分为支配型、表达型、耐心型、精准型、整合型后，组织学生**分组**，确定分工，以达到因材施教，为**个性化学习**做准备； 3. 课前**观看视频和自编手册**，提升了学生对知识的理解，培养了学生**自主学习**的习惯				

教学过程（课中实施）					
教学环节	教学内容	活动		设计意图	学习资源
		教师活动	学生活动		
导入新课 （10分钟）	1. 岗位学习经验分享	导：总结基地学习 组织学生汇报，点评	思：投资者教育 上台汇报、互动讨论	爱岗敬业 理解价值投资理念，建立职业认同感 （素养目标）	校企合作基地
	2. 课堂分组讨论	导：常见的几种市场各有什么不同？	思：金融市场的概念与分类	引出本门课程的学习范围 （知识目标）	学习通 PBL 上的分组
讲授 （20分钟）	任务1 证券概述	授：证券市场的概念和功能	悟：证券市场的功能演变 向更重视财富管理功能的演变	理解证券的概念、特征和分类 （知识目标）	PPT 课件 网络资源
	任务2 远离非法证券期货陷阱	授：非法手段和案例 **课程思政**	思：如何避免陷阱	远离非法证券期货陷阱 （思政目标）	案例库

续表

教学过程（课中实施）				
教学环节	教学内容	活动		设计意图	学习资源
^	^	教师活动	学生活动	^	^
互动与评析（8分钟）	课堂互动	助：学生们投资过哪些类别的证券？有何心得？	讨论：投资品种的经历；身边亲朋好友有无非法陷阱的案例	遵守法律法规（素养目标）	学习通PBL上的分组
软件操作 7分钟	软件操作	助：示范行情软件的操作 各种证券类型的交易行情如何查询？	用：练习操作软件 学生操作	能熟练应用证券模拟交易软件查找相关信息（技能目标）	同花顺交易行情软件
中场下课休息				
案例教学 10分钟		助：中国证券市场发展史 中国证券市场产生和发展的大事记	思：中国证券市场的发展历程	建立职业认同感和民族自信心（素养目标）	慕课教学平台
讲授 25分钟	任务3 中国多层次资本市场	导：习总书记的讲话 课程思政 为实体经济服务是金融的天职	思：金融的天职 从服务实体角度探寻证券市场的概念	金融的天职是服务实体经济（素养目标）	习总书记的讲话
^	^	授：证券市场构成 主体、中介、工具和交易场所	悟：证券市场构成的逻辑	掌握证券市场的概念、构成和功能（知识目标）	PPT
^	^	授：证券市场的分类	悟：中国多层次资本市场的构成	掌握证券市场的分类（知识目标）	PPT
互动与评析（5分钟）		导：多层次资本市场的功能	思：多层次资本市场建立的必要性	课程思政 建立职业认同感和民族自信心（素养目标）	

续表

中场下课休息					
总结 5分钟	总结课程				
	布置作业				
教学 随记	1. 教学流程：导入新课、讲授与归纳、案例讲解、工具操作、互动与评析、总结和布置作业 2. 通过丰富的学习情境引入、案例、软件操作、组内讨论等互动方式，学生总体学习兴趣浓、注意力集中，课堂氛围较好，达成了本次课程的教学目标				

教学过程（课后拓展）					
教学 环节	教学内容	活动		设计意图	学习 资源
		教师活动	学生活动		
课外 拓展	1. 观看中国证券市场发展史视频	组织学生学习	视频学习提交心得	提升爱岗敬业和职业认同感 （素养目标）	慕课 资源
	2. 参加证券公司专家讲座	助：组织资源、拟定选题	拓：投资者教育	具备投资分析能力 （技能目标）	校企合作单位
	3. 完成职业资格考试题库	评：布置任务、反馈数据 设置题库，收集数据反馈	拓：完成题库	巩固所学知识 （知识目标）	作业 平台
教学 随记	1. 通过课后观看更多案例，了解中国资本市场发展的历史，建立民族自信心和职业认同感； 2. 通过组织校企资源对接，可以让学生更充分接触行业的最新动向； 3. 通过平台题库数据收集，掌握学生学习情况，并重点追踪学习困难学生。				

教学评价	项目	学习活动		评价内容	评价形式
	过程性评价	课前	慕课视频学习	学习时长、学习笔记	教师
			投教基地实地调研	汇报和总结	导师
		课中	案例讨论	讨论投资品种和多层次资本市场	师生
			软件操作	技能操作	师生
		课后	职业资格题库练习	作业平台答题	平台
			专家讲座	考勤和笔记	导师
	综合性评价	证券分析报告		分组和选定方向完成	三方共评

四、教学实施效果

1. 学生投资知识夯实，投资技能提升

经过课程学习，夯实了证券投资分析的判断大势、优选行业、精选个股、交易策略的相

关知识。通过技能的训练、工学结合、模拟情境角色扮演、职业资格考试题库训练之后，期末成绩较为理想，**职业资格证书通过率明显提升**。通过工具运用、行情解读、数据分析、投资决策、模拟实战、实盘操作等技能的示范、训练、交流、展示和引导，学生的专业技能得到明显提升，参加**各项赛事成绩优异**。

2. 学生职业素养提高，价值感增强

职业认同感增强，职业道德和法律意识提高。在进行机构岗位实习、课程思政相关案例学习后，学生的职业认同感越来越强，更多同学未来以投资类岗位为就业意向。在资本市场大事记和大量案例中学习了负面案例，学生的职业道德和法律意识得到了提高。

沟通协同能力增强，心理承受和抗压能力提升。教学依托合作学习小组展开，在组内成员的沟通与配合、组间展示与竞技、小组外出实习调研、模拟炒股大赛和实盘交易等过程中，学生的沟通协同能力明显增强。遇到困难和暴露风险后，经过师生共同努力和调节，学生的心理承受能力和抗压能力得到明显提升。

防范风险能力提升，服务经济理念树立。在模拟盘和实盘交易中遇到风险控制不到位情况时，及时引导学生调整策略。课中通过习总书记讲话和相关案例，课外到机构和投资者教育基地进行实习调研，加深了学生对金融服务实体经济的理解。

3. 学生服务企业，获得良好声誉

学生到证券公司投资者教育基地、资产管理公司、同花顺证券公司营业部、期货公司、财务公司、代理记账公司、数据处理公司等校企合作单位实践后，企业普遍评价较好，学生帮助企业完成了一部分实际业务，解决了实际问题，部分企业甚至给予了学生一定报酬，学校和学生都获得了良好的声誉。

五、教学特色与创新

1. 创新采用了"一核、四段、五环"课程思政教学体系

（1）**课程思政的核心为服务**，金融的天职是为实体经济服务，高等教育的基本方针是为人民、为中国共产党治国理政、为中国特色社会主义制度、为社会主义现代化建设服务。

（2）**四段推进课程思政建设**

课程分为**四个阶段：课程认知、课堂教学、校内实训、校外实习**。这四个阶段的课程思政建设是循序渐进的。

（3）**双五环落实课程思政**

采用"双五环"教学模式，即**教师的"教五环"（引、导、授、助、评）和学生的"学五环"（探、思、悟、用、拓）**，将育人元素有效传导到学生的心中、脑中，并转化到行动中。

2. 建立了"课岗赛证"联动机制

将**教学内容与岗位需求、考证内容、竞赛相融合**，形成全程育人。岗位包括证券公司、期货公司、商业银行、第三方理财机构的理财经理、投资顾问、客户经理等；本课程建立了配套的证券从业资格考试全真模拟题库，供学生练习和提升；竞赛包括：浙江省大学生证券投资竞赛、浙江省大学生投资理财技能竞赛，三年共获奖34项；全国大学生投资理财技能大赛、全国大学生金融精英挑战赛，共获奖15项。

创造价值，培养优秀的成本管理人才

——"成本会计实务"课程思政教学案例

课程名称：成本会计实务
教师信息：于海琳
授课专业：大数据会计等
课程性质：专业核心课

第一部分：课程基本概况

"成本会计实务"是会计专业核心必修课程，主要面向大数据会计专业设置，本课程三校生源开设在大一学年第二学期，普高生源开设在大二学年第一学期，周4课时，总课时为18周64课时。该课程采用线上线下混合式教学模式，在线课程截至2021年年底，已在浙江省精品在线开放课程平台运行9期，在中国大学MOOC平台向全国开放6期，有来自南通科技职业学院等国内不同区域近50所院校近17 000人在线学习。本课程以为我国经济高质量发展培养具有遵纪守法、爱岗敬业、团队协作精神的新时代优秀企业成本管理人才为宗旨，主要讲授企业产品成本核算与管理方法，以及作业成本法等现代成本管理制度的基本原理与计算方法，为学生职业岗位选择和后续发展奠定良好的基础。

第二部分：案例描述

一、课程思政育人目标

本课程教学目标的设定遵循明确工作过程的典型工作任务，以培养学生专业、社会、方法能力，为学生打下终生学习能力，以奠定后续可持续发展基础为原则，确立"成本会计实务"课程总目标为"使学生明确成本会计工作过程的典型的工作任务，掌握成本核算的基本原理和方法，全面培养学生的综合发展能力，使学生具有正确的人生观和价值观，为学生奠定终生学习和可持续发展的基础"，并将总目标分解为三个要达到的具体目标。

1. 知识目标

具有一定的生产技术知识和经营管理知识，明确成本核算对象；掌握各项生产费用的归集与分配方法；掌握成本核算基本方法和辅助方法；掌握成本报表的编制与分析的方法，熟悉现代企业成本管理制度（图1）。

图1 知识目标示例

2. 能力目标

在专业能力方面，要培养学生成本核算与管理的能力；在方法能力方面，要培养学生具有较强的职业判断力和执行力；在社会能力方面，要培养学生的沟通能力和团队协作能力。

3. 素质目标

在理想信念方面，培养学生要具有爱党、爱国、爱社会主义的崇高精神；在价值观方面，培养学生要具有良好的职业情感、认真勤奋的工作态度，树立正确的价值观；在职业品格方面，注重培养学生勤于用脑、诚实守信、遵纪守法、严谨工作的职业道德；在集体主义精神方面，培养学生具有大局观和团结协作的精神。

二、课程思政主要融入点

"成本会计实务"课程思政实施路径如图 2 所示。

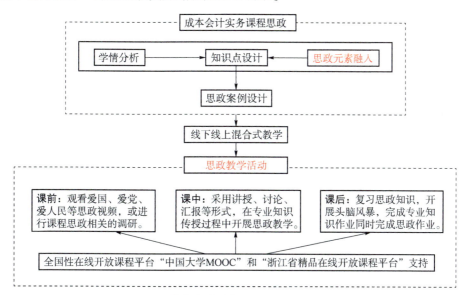

图 2 "成本会计实务"课程思政实施路径

1. 以成本核算与管理知识为融入点，强化制度自信与民族自信

成本可以反映国家和企业经济活动中"投入"和"产出"的关系，是衡量企业生产经营管理水平的一项综合指标，在产品价格不变的情况下，成本下降，利润就可以提高，企业的净资产就随之增加，相对国家来讲，社会的积累就可以扩大，为逐步降低物价和提高人民生活水平创造条件。通过引入国家经济建设成本投入数据的调研与分析的教学环节，从而增强学生励志成为会计专业优秀人才的信心，将个人理想有机融入实现中华民族伟大复兴的中国梦和对中国制度自信和民族自信的坚定信念。

2. 教学内容模块化，实现知识育人、思想育人和立德树人的目标

课程思政分"三个模块"开展教学：模块 1 是**重点**部分，通过成本核算与管理概述的教学和实践，以马克思的价格理论公式引入成本的经济内涵、成本对企业和新时代社会主义市场经济建设的重要性，以及成本会计人员的素质要求，帮助学生确立正确的人生价值观和发展目标；模块 2 是**主体**部分，在费用各要素归集与分配方法和成本报表编制与分析的授课过程中，引入我国社会经济发展的代表性案例，增强学生的制度自信和国家自豪感；模块 3 是**实践**部分，通过成本核算与管理全真实训，提升学生调查研究、发现问题、解决问题的能力，培养学生勤奋工作、团队协作、诚实守信、耐心细致的职业素养。

三、课程思政融入实施案例

课程思政融入实施案例见表1。

表1 课程思政融入实施案例

教学知识点	直接材料费用的归集与分配
课程思政融入	保护资源，爱护环境，绿水青山就是金山银山
课程思政教学分析	本次课程的教学知识点是直接材料费用的归集与分配，这是产品成本构成的主要部分，生产中耗用的原材料是对自然资源的耗费，企业产品生产是价值再创造的过程，资源具有稀缺性，如生产中不注意产品质量管理和能耗的控制及环境保护，就会形成资源的浪费和破坏环境。在本知识点融入"保护资源，爱护环境，绿水青山就是金山银山"的课程思政教学内容，目的是培养学生的社会责任感，将"环保意识与绿色行动"融入学生自身的行为习惯
课程思政育人目标	让学生懂得资源的稀缺性，培养学生良好的环保与绿色行为意识
教学策略	根据"教与学"的认知规律，将整个教学过程分为课前预习、课上教学、课后拓展三个环节。 根据"案例引入→任务驱动→知识传授→全真实训→归纳总结→结果考核→教学反馈等"七步骤的学习规律，建立教学内容传授、模拟操作和结果考核的教学做一体化的线上线下混合教学模式
教学方法	教法：采用线下课堂教学传授知识点，线上课观看微课预习巩固，课前、课后、课中利用在线课程平台、手机课堂的教学资源穿插进行知识测验、答疑、作业、讨论等灵活多样的教学活动。 学法：课前通过在线课程平台观看微课进行预习，课上通过教师讲授，动手模拟操作，利用手机课堂或在线课程平台在线互动，课下利用在线平台完成作业、测验和知识拓展等灵活多样的学习活动

教学资源利用

配套教学辅助资源统计表

文本资源		立体资源	
"十三五"国家规划教材	浙江省新形态教材	浙江省精品在线开放课程	全国性开放课程平台（中国大学MOOC）
课程大纲	PPT演示文稿	生产流程视频素材	手机课堂、小程序
电子教案	法律法规	动漫、图片教学资源	微课
典型例题	教学案例	在线讨论系统	在线测验考试系统
作业试卷	实践资源	在线作业讨论题库	分岗位模拟软件
案例资源	文献资源	会计技术资格考试题	创新创业案例
重点难点	常见问题	前沿动态	中高职衔接

课程思政教学资源		
浙江省第一批课程思政示范课程（2021年7月）	课程思政教学案例库	课程思政教学微课

课程思政教学实施

课前	课中	课后
布置"资源稀缺性"、习近平"绿水青山就是金山银山"理论的研究题目	抽取学生汇报研究成果；教师归纳总结+思政教学	根据授课情况布置研究题目的补充调研及相关理论的教学资源学习

续表

教学评价				
评价方式		考核项目	成绩	说 明
平时考核（60%）	线下（30%）	手机网上签到	5 分	出勤完整
		课堂提问、讨论等	5 分	每人每项至少 1 次，取平均分
		实践操作考核	20 分	同步、全真实训各 10 分
	线上（30%）	视频观看、讨论、测验、作业等	30 分	（1）视频观看（占 40%）； （2）作业成绩（占 15%）； （3）测验成绩（占 15%）； （4）考试成绩（占 20%）； （5）发帖讨论成绩（占 10%）
期末机考（40%）		理论试卷	40 分	教学内容，笔试
总　　分			100 分	

四、特色与创新

本课程在课程思政建设中，采用"重点、主体和实践"模块化教学的方式，将课程思政环节有机地结合于知识传授过程中，紧扣"坚定学生理想信念，教育学生爱党、爱国、爱社会主义、爱人民、爱集体"主线，注重学生专业实践能力的训练和后续发展潜力培养的同时，更注重学生思想品格和职业素养的培养。

本课程的特色有以下几个方面。

1. 发展潜力导向

本课程为"课证融合"课程，按初级会计师职业标准确定知识范围，同时扩展注册会计师等考试范围。课程思政培养学生关心国家的发展、励志成才、为国家多做贡献的人生价值观（图 3）。

图 3　发展潜力导向

2. 岗位能力导向

以成本会计岗位任务划分项目，既有利于在校学生学习，也满足了社会人士学习的需求。课程思政培养学生具有集体意识、团队协作、爱岗敬业的职业素养。

3. 应用能力导向

以真实案例为基础选取内容，在保证必要严谨性的前提下，追求贴近现实和形式活泼。课程思政培养学生的调查能力、发现问题和解决问题的能力。

4. 教学模式导向

实现了线上线下相结合的、多手段的信息化教学模式。课程思政融入信息化教学手段，扩大了课程思政覆盖面，涵盖了其他院校的学生和社会学员。

5. 素质能力导向

帮助学生确立正确的价值观和良好的职业品格。素质能力导向是课程思政的具体实现。

空调电子专业群

空调电子专业群简介

空调电子专业群面向高端装备制造和智能控制技术行业培养高素质人才，包含供热通风与空调工程技术、应用电子技术、电子信息工程技术、建筑智能化工程技术（楼宇智能化方向）、物联网应用技术、计算机网络技术6个专业，是学校唯一的工科专业群。其中，供热通风与空调工程技术专业开设于1978年，是浙江省首批省级重点专业、浙江省优势专业、教育部高等职业教育创新发展行动计划骨干专业；应用电子技术专业为省级特色专业。

空调电子专业群建有一流的实践实训基地，先后被确定为中央财政支持的实训基地、省"十三五"高职示范性实训基地、省高职示范性虚拟仿真实训基地、制冷空调技术产教融合实训基地等。空调电子专业群积极探索产教融合体制机制创新，与海康威视、浙江大华、奥克斯空调、大金空调等知名企业开展深度合作，建立了校外实习（训）基地近百个；建有全国高校唯一的制冷博物馆和国家级冷链物流应用技术协同创新中心，自行研发的制冷系统实训台获全国商业科学技术进步三等奖。

北京奥运会：卷轴上的 LED 技术

——"电路仿真技术"课程思政课教学案例

课程名称：电路仿真技术
教师信息：丘敬云
授课专业：应用电子等
课程性质：专业选修课

第一部分：课程基本概况

"电路仿真技术"是应用电子技术专业的一门实践性很强的技术性应用课程，是一门融合电路分析技术、电路设计能力、软件编程能力于一体的技术类课程。本课程处于本专业课程体系的"职业能力"模块，对培养学生的技术应用能力、动手能力有着重要的意义。其先修课程为"数字电路""模拟电路""单片机应用技术"，后续课程根据教学计划，可以是实操课程，将本课程的知识成果转化为实物形式以加深对课程的理解和掌握。**本课程围绕"四多"，即"多维链接——开拓视野""多种途径——习得方法""多元活动——提升素养""多重联构——体悟思想"**，基于学生立场，适配不同的学习方式，加深思想体悟，让智趣弥漫课堂，为在后续专业课程的学习中成为具备优秀学识和素养的人才奠定基础。

第二部分：案例描述

一、课程目标及思政元素

"电路仿真技术"课程是应用电子技术专业的岗位技能课程，在专业人才培养体系中占据及其重要的地位，同时，**本课程深入贯彻习近平总书记"七一"重要讲话和中共中央政治局会议精神，并扩展"知"，将"知—学—思—践—悟"融入课程教学目标的每个环节**，包括专业知识、职业技能和素养三个方面。具体如图1所示。

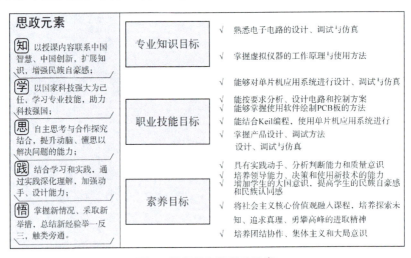

图1 课程目标及思政元素

（1）思政元素之知。以授课内容联系中国智慧、中国创新，既能让学生更加了解中国作为科技大国的领先技术，展现课堂教学与实际生活的关联性，让学生能够实现二者的构建，成为既懂科学又懂生活的学生，进而促进综合素养的形成；又能够让他们在探索的过程中获得知识与实际的感受；同时，了解泱泱大国的技术，也能激发学生以国家科技强大为己任，努力学习专业知识，锻炼专业技能，助力实现科技强国。在教学过程中密切联系实际，充实教学内容，提高教学水平，是本课程有关教学工作者的一项繁重的任务，是实现教学内容和生活实际的有机结合，体现**"多维链接——开拓视野"**内容。

本案例中学习点阵 LED，则联系 2008 年北京奥运会的点阵 LED 应用技术（图2），扩充学生的知识。

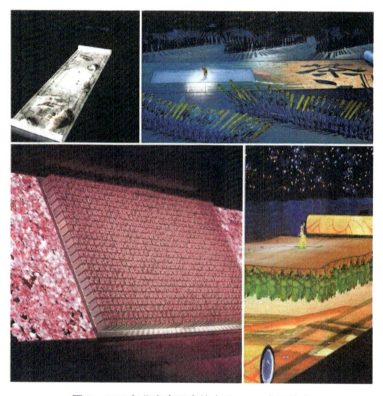

图2　2008 年北京奥运会的点阵 LED 应用技术

（2）思政元素之学。学习是学生的根本，通过课前自主学习、课中独立思考结合团结协作、课后拓展学习，并结合**分组、分岗、分层**教学法，采用仿真设计、实物操作等多种学习方式，培养学生自主学习、终生学习的能力和方法，体现**"多种途径——习得方法"**内容。

（3）思政元素之思。学而不思则罔，在教学过程中，不断抛出问题，引导学生查阅资料、潜心学习、深入思考、积极实践，在学习、思考、实践的过程中加深领悟、做到边实践、边领悟、边探索、边总结，不断地发现和掌握内容的规律。

（4）思政元素之践。实践决定认识，是认识的源泉和动力、目的和归宿，同时也是检验认识正确与否的唯一标准。在教学过程中，也要坚持理论指导和实践探索辩证统一，提供学生动手操作实物的时间和空间，提升学生的动手能力和理解深度，以学促行，体现**"多元活动——提升素养"内容。

(5) 思政元素之悟。拓界而舒展，多联而悟思，在课程活动过程中，引导学生不断发现错误，不断改正，不断领悟，使学生善于掌握新情况、采取新举措，总结新经验，提升学生举一反三，触类旁通的能力，体现"**多重联构——体悟思想**"内容。

认知、学习、思考、实践、感悟是一个**知而学、学而思、思而践、践而悟**的螺旋式上升、循环往复的过程，学、思、践的过程就是加深领悟、探寻规律的过程；学、思、践、悟的全过程，就是一个有所发现、有所创造、有所前进的过程。在学习、思考、实践的过程中加深领悟，做到边实践、边领悟、边探索、边总结，不断地发现和掌握内容的规律，在知、学、思、践、悟中不断提高自身素质和修养，提高履行教师责任的能力。

二、案例分析

案例分析见表1。

表1 基于单片机的 8×8 点阵的 LED 显示（2 学时）

课程名称启发	Proteus 电路仿真技术		总学时	42
授课对象	应电 20056（三校）		授课地点	8#604
教学内容	本教学内容选自应用电子技术专业课程"Proteus 电路仿真技术"，教材选用清华大学出版社出版的《Proteus 教程（第 3 版）——电子线路设计、制版与仿真》（由朱清慧主编）。本任务选自章节 6：MCS-51 单片机接口基础，6.6 节：8×8 点阵 LED 显示。通过本课程的学习，使学生能够使用该软件进行电子电路的设计、调试与仿真，掌握虚拟仪器的工作原理与使用方法，能够使用流程图对单片机应用系统进行设计、调试与仿真，提高学生电子产品设计、调试能力。			
学情分析	已有认知	学生已经学完电路基础、数字电子技术、模拟电子技术、单片机等课程，具备基本的电路分析、电路设计、软件编程等知识和技能		
	前导任务	通过前期课程 Proteus ISIS 原理图设计，数字电子技术实验，汇编源程序的建立与编译等，已基本掌握了编程软件和仿真软件的使用，完成了电子技术设计、单片机控制 LED 彩灯闪烁等任务，具备了基本的 Proteus 电路设计、软件编程和调试等技能		
	学生特点	该班级的学生性格活泼，好奇心强，喜欢动手操作和学习新知，易于接收新鲜和变化的事物；但数电、模电的基础知识处于模糊记得的状态，特别是 c 语言编程能力，两极分化情况较严重。总体来说，分析设计能力弱，动手操作能力较强，编程能力较弱，缺乏综合应用知识的能力		
	班级特点	班风良好，班级凝聚力高，遇到问题时，该班同学能积极的请教其他同学，或者在某些同学遇到困难时，能自发进行团体讨论并提供分析及解决的思路		
教学目标	知识目标	❖ 掌握 TTL 门 74LS245 三态总线转换器的功能和使用方法； ❖ 掌握排阻 RESPACK-8 的原理和应用； ❖ 理解 8×8LED 的内部结构、工作原理和控制要求； ❖ 理解单片机控制 LED 灯的逻辑思想和编程思路		

续表

教学目标	能力目标	❖根据要求，设计单片机控制LED灯静态以及拉幕式左移显示数字的电路，培养学生使用Proteus设计电路并仿真的能力。 ❖完成上一任务的控制系统编程、调试、仿真，培养学生使用流程图完成详细设计并编程调试验证的能力
	素质目标	❖**培养学生大国思想，增强对中国智慧的认知，提高学生的民族自豪感和民族认同感。** ❖培养学生积极思考、勇于探索的求知精神；提高学生分析问题、解决问题的实践能力；增强学生的合作意识和协作共赢的能力
教学分析	教学重点	◆74LS245、RESPACK-8、8×8 LED元器件的控制、使用和排障方法。 ◆拉幕式显示数字系统的硬件设计、软件编程、系统仿真调试
	教学难点	◆通过功能表理解数字芯片的工作方式和控制方法。 ◆拉幕式显示数字系统的硬件设计、软件编程
教学资源	设备资源	◆实训平台的多媒体教学系统、电脑、编程和仿真软件
	信息化资源	◆在线课程平台用于资料发布、学生自主学习、线上讨论互动等。 ◆案例图片、视频、产品资料等用于课程导入。 ◆编程软件和仿真软件分别用于软件编程和仿真
教学方法		➢线上教学、任务驱动：在开放平台上传学习资料、线上课程视频等，并发布任务：①观看线上课程视频；②上网搜索：2008年北京奥运会中，有哪些地方用到了LED显示？有无启发？有何感想？**提高学生对中国技术的知识面，提高自主学习的能力，以及搜集整理网络资料的能力。** ➢现场演示教学：通过课堂上展示LED实物，并结合多媒体课件的LED内部结构，提出问题：LED应如何接入电源可以点亮？如何判断LED的行线和列线？分发实物、分组验证。引发学生思考，激发学生求知欲，同时实际动手也提高学生学习兴趣，以及提高学生自主探究、动手操作的能力。 ➢自主探究与小组合作结合：学生自主学习并理解元器件工作原理和控制方式，通过流程图探索电路设计的逻辑思路；另外，根据学生个体差异，秉承以优带弱的原则，划分学习小组，使学生能各自发挥特长，取长补短，形成"班级传帮带"，培养学生合作探究的能力，培养学生的人文素养，培养学生的合作意识。 ➢课前线上自学、课中线下实做结合：依托浙江省高等学校在线开放共享平台，发布课前自学任务，激发主动的探究兴趣和欲望，营造积极的探究情境和氛围，留足独立思考自主探究的空间和时间，提高学生自主探究学习的实效性
教学策略		➢设计思路：**以学生为主体，以教师为主导，以大国智慧导入为前提，结合线上学习和线下教学，结合实践操作和软件仿真，结合自助探究和小组合作，结合课前预习、课中学习、课后拓展的方式**完成本次教学。利用大国智慧导入引起学生兴趣，在通过实物演示和操作加强学生的初步理解和自主思考，再通过教师引导分析原理、设计思想、软件编程、电路仿真、电路排故，层层递进，解决教学重难点。整体设计思路如下所示。

续表

| 教学策略 | 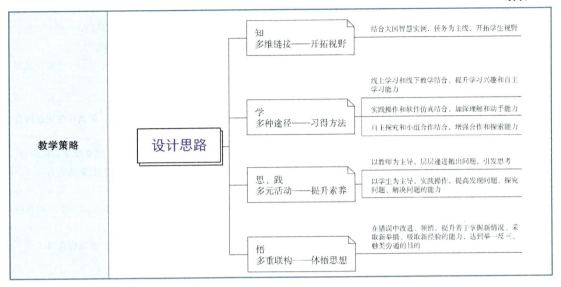 |

三、教学实施

教学实施见表2。

表2　教学实施

（一）课前启发：线上自学、发布任务		
教学环节	教学内容及教学活动	思政融入
线上自学 发布任务	（一）教师通过在线开放平台上传学习资料、线上课程视频等。 （二）教师发布任务。 1）自主学习线上课程视频。 2）秉承以优带弱的原则，6人一组划分学习小组，以组为单位，上网搜索：2008年北京奥运会中，有哪些地方用到了LED显示？这些产品都用了什么品牌？有无启发？有何感想？ （三）学生登录在线平台，接受任务并完成。 1）自主学习线上课程视频，熟悉课程内容； 2）检索相关资料，以组为单位汇总资料，制作PPT并上传至平台	1. 通过自主学习课程视频，提高学生主动探索新知识、自主吸收新知识的能力； 2. 通过检索网络资源，了解2008年北京奥运会的LED使用情况，从实例中感受目前我国精美壮观的LED显示技术，提高学生的民族自豪感和认同感
（二）课中实施：激发兴趣、突破重点、化解难点、掌握技能		
教学环节	教学内容及教学活动	思政融入
案例导入 实物演示 激发兴趣 （25分钟）	（一）案例导入 1）挑选具有代表性的3个小组分享资料PPT，发表感想。 2）老师点评学生的分享，引导学生思考，激发学生兴趣。 3）老师导入2008年北京奥运会5分钟剪辑视频，内容包括开场卷轴视频片段、奥运LED 5环、LED光源表演者放飞白鸽视频片段、奥运直播LED显示屏视频片段等，用详细的数据说明其中所蕴含的技术内涵，让学生明白什么是科技创新、中国智慧。	1. 2008年北京奥运会的近20万颗点阵LED尖端显示技术，以"科技之屏"，彰显**中国智慧与中国力量**，体现"知"。

续表

案例导入 实物演示 激发兴趣 （25分钟）	4）提问：这些使用场景中的LED都具备哪些特点？ 提示：亮度高、色彩多样、耐压、防水、集成面积大 5）提问：怎么样才能调整LED的亮度、色彩？集成面积大会对电路带来什么影响？ 提示：电流的大小影响LED的亮度；LED管的类型影响色彩；集成面积大要求电路驱动能力强。 （二）实物展示 展示8×8 LED实物，结合多媒体课件上的LED内部结构，引发同学思考，并使用实物实际操作、验证问题。 1）如何确认8×8 LED的行线和列线？ 提示：假设行线和列线，并接入电源和地验证。 2）电流如何影响LED的亮度？ 提示：调节行线电源的大小，观察LED的亮度，得出电流越大灯越亮的结论。 3）如何提高单片机点亮8×8 LED灯的驱动能力？ 提示：根据数电的知识，可以使用三态总线转换器提高驱动能力。 （三）导入任务 学生在实物操作中了解了LED的基本原理和特点。教师请学生根据LED的显示原理，下达分层任务。 **分层任务** 	难度级别	任务要求	完成要求	得分
---	---	---	---
任务1：基础	理解原理，使用单片机、排阻、74LS245设计电路，控制8×8 LED静态显示数字	独立完成	60～70
任务2：提升	理解原理，设计电路并编程，控制8×8 LED拉幕式左移显示数字0～9	小组合作	70～85
任务3：拓展	理解原理，设计电路并编程，控制4块8×8 LED组成的方形显示屏，完成拉幕式左移显示数字0～9	小组合作	85～100		2. 培养学生的**爱国热情**，以及**民族认同感和自豪感**。 3. 激发学生学习课程内容的高度兴趣，**助力实现科技强国**。 4. 不断抛出问题，增强学生思考问题、积极探索、精益求精的能力，**体现"思"与"践"**
任务分析 知识讲解 （20分钟）	（一）教师讲解任务要求，并使用多媒体课件向学生讲授。 1）使用单片机P0口时，需接入排阻。教师讲解排阻的内部结构和工作原理、电路接入方法。 2）为提高驱动能力，8×8 LED列线需接入三态总线转换器74LS245。教师讲授展示74LS245的内部结构图及逻辑功能表，引导学生探究74LS245的功能及实现原理。	1. 带领学生边实践、边领悟、边探索、边总结，不断地发现和掌握内容的规律，**体现"学"**。

	LOGIC AND CONNECTION DIAGRAMS DIP (TOP VIEW)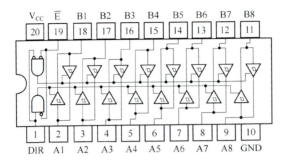

TRUTH TABLE

INPUTS		OUTPUT
$\overline{E}$	DIR	
L	L	Bus B Data to Bus A
L	H	Bus A Data to Bus B
H	X	Isolation

H=HIGH Voltage Level
L=LOW Voltage Level
X=Immaterial | |
| **任务分析
知识讲解
（20分钟）** | 3）使用多媒体课件介绍 8×8 LED 送数时序，以及如何利用人眼的"余晖效应"控制刷新频率，达到显示数字的效果。同时，介绍 LED 点阵消隐方法和产生原理，然后使用流程图，分解编程逻辑。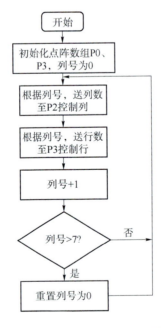 | 2. 带领学生总结提炼，培养学生终身学习的能力，**体现"悟"** |

续表

任务分析 知识讲解 （20分钟）	4）使用多媒体课件介绍 8×8 LED 送数左移的规律，通过动画演示分解编程逻辑思想 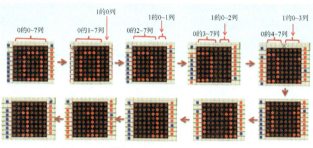 unsigned char rows[10][8]={…}	
学生做 任务实施 （45分钟）	**自己做** （一）任务 1：理解原理，使用单片机、排阻、74LS245 设计电路，控制 8×8 LED 静态显示数字。 1. 学生弄清排阻及 74LS245 芯片的工作原理、接线方法，使用 Proteus 仿真工具，接入 89C51 单片机，使用 P0 口输出列控制信号至 74LS245 以提高输出驱动，并接入 RESPACK-8 排阻作为上拉电阻。 2. 学生使用 Keil 工具，按照流程图编程思想，完成 P0、P3 口的数据控制输出，编译 ".HEX" 文件，并加载至 Proteus 进行仿真验证。 3. 学生编程或设计电路出现问题，教师指导并引导学生自行分析故障原因，并解决问题。 4. 教师根据学生情况，对学生的知识技能、动手能力进行综合的评价。 5. 教师给出参考程序。 **小组做** （二）任务 2：理解原理，设计电路并编程，控制 8×8 LED 拉幕式左移显示数字 0~9。 1. 参与学生小组讨论，引导学生合作并分析以下问题。 （1）LED 显示的左移功能，在编码程序上，对取数组有什么样的规律？ （2）在显示至临界数字时，应怎么处理？ 2. 学生编程、调试无误后，使用仿真工具搭建硬件设计电路，并将 ".HEX" 文件加载至单片机进行仿真验证。 3. 教师指导，发现问题并及时纠正，除了对学生的知识技能、动手能力进行评价外，还对学生合作共赢意识、团体能力进行综合评价。 （三）任务 3：理解原理，设计电路并编程，控制 4 块 8×8 LED 组成的方形显示屏，完成拉幕式左移显示数字 0~9。 1. 总结提炼涉及的知识点和技能点，分析任务要求，提供基本思路。 2. 根据学生完成情况，提供部分关键性流程图和示例代码。 3. 教师对学生的"德、智、绩"进行综合评价	1. 培养学生迎难而上、开拓进取、勇于探索、勇于创新的精神。 2. 团结协作，增加学生的团结意识、合作共赢意识

续表

（三）课后拓展、知识迁移		
课后强化 任务进阶	1. 课后进一步完善设计，拓展 8×8 点阵 LED 的功能，思考当多片 LED 组合形成显示大屏时的实现方法，思考不同形式的编程方法，巩固学习成果，实现知识迁移，强化技能。 2. 课后继续完善拓展任务 3	勇于探索新知，不畏困难，迎难而上
（四）教学效果		
课前：通过线上开放平台进行课程自学，并通过查阅资料完成分配的任务，培养了学生独立自学、自主探究的能力； 课中：通过"**导—问—析—践—悟**"等教学活动，引领学生突破重点，化解难点，独立完成基础任务；小组合作完成提升任务和拓展任务，提高了学生团结合作的意识和合作解决问题的能力，同时也美化了班级的学习氛围。 课后：继续拓展学习，在巩固知识的同时，实现了能力培养和价值引领的教学目标		
（五）特色及创新		
1. 以 2008 北京奥运会的 LED 应用为题，引出本课程内容，使课程内容与爱国主义精神、民族自豪感、对我国的技术创新和现实状况及未来发展的高度认同、工匠精神、进取精神等融为一体。 2. 采用"学生分组、任务分层"的教学模式，同时在教学过程中，结合"**导—问—析—践—悟**"等教学活动，层层递进地传授新知，引导学生自主探究，培养学生的创新意识，使教师成为真正意义上的学生引导者，而不是领导者。		

德技兼修双轨道，培养新时代空调工匠

——"空气调节技术"课程思政案例

课程名称：空气调节技术
教师信息：焦丹
授课专业：供热通风与空调工程技术
课程性质：专业核心课

第一部分：课程基本概况

"空气调节技术"是供热通风与空调工程技术专业的一门专业核心课程，在专业人才培养体系中占据及其重要地位，是课程思政进专业课堂的"排头兵"与"主力军"，也是校级思政示范课程，校第三批在线开放课程，作为制冷与冷藏技术专业国家级教学资源库中子项目。"空气调节技术"为国家级核心课程、国家级精品课程。

本课程是在多年教学改革的基础上，通过对空调工程技术专业相关职业工作岗位进行充分调研和分析，借鉴先进的课程开发理念和基于工作过程的课程开发理论，着力培养"中小型中央空调系统设计"这一核心职业能力而进行重点建设与实施的教、学、做一体化课程。本课程主要培养学生掌握空调系统设计所需的基本理论知识与思路方法，树立正确的设计理念，养成良好的设计习惯；主要训练学生中小型中央空调系统的基本设计原理与方法，熟练使用设计工具。将大国工匠中精益求精的精神、大国重器中的制冷空调技术等与本课程相关的思政元素引入理论教学的过程，将显性教育和隐性教育结合，把课程教学重点，从传授专业知识转向价值塑造、知识传授和能力培养的紧密融合，实现课程的育人功能。"空气调节技术"课程线上教学资源平台如图1所示。

图1 "空气调节技术"课程线上教学资源平台

第二部分：案例描述

1. 教学目标

着眼于学生知识、技能和素养的提升，确定教学目标。本课程是所有空调专业学生必须掌握的专业基础和基本技能，也是1+X证书的敲门砖。现阶段，以制冷空调产业转型升级对高端技术技能型人才需求为导向，与行业知名空调企业合作，引入企业导师指导、培训，与课堂内容相结合，着眼学生知识、技能和素养三方面能力的提升，确立教学目标。在知识目标方面，要求学生了解和掌握空调系统工作原理，冷、湿负荷计算机管道水力计算等。在技能目标方面，培养学生合理选型主机设备、配置管道及进行图纸绘制等的能力。在素养目标方面将职业仪式感、操作规范和要点等贯穿学习始终，引导学生树立职业荣誉感，增强节能减排的意识，培养德才兼备的现代工匠。"空气调节技术"课程育人目标如图2所示。

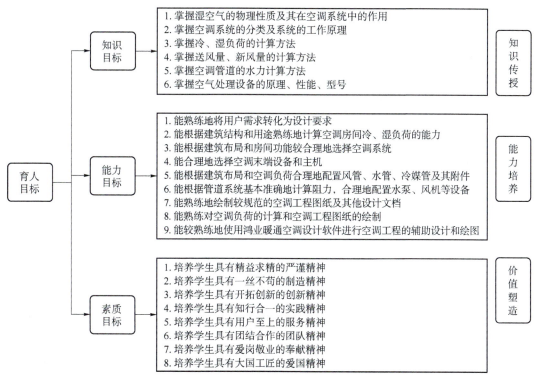

图2 "空气调节技术"课程育人目标

2. 课程思政的内容

我国自古就有尊崇和弘扬工匠精神的传统。《诗经》中的"如切如磋，如琢如磨"，反映的就是古代工匠在雕琢器物时执着专注的工作态度。"庖丁解牛""巧夺天工""匠心独运""技近乎道"……经过千年岁月洗礼，这种精益求精的精神品质早已融入中华民族的文化血液。

围绕课程思政目标，结合工学结合的特色目标，基于"小型中央空调系统设计师"岗位工作过程，在设计、安装及维修全过程融入思政教育，以新时代空调工匠精神培养作为课程思政主线，同时将制冷空调行业中绿色低碳，节能环保，"碳达峰、碳中和"等最新行业新技术、新产品、新工艺等加入其中，将敬业精神、职业规范、创新精神等课程思政目标及内容贯穿于人才培养方案、课程标准、课堂教材、课堂现场教学及综合评价等环节，并拓展到课外创新实践第二课堂，在产教融合中覆盖教学的全过程。

本课程坚持德技并修、育训结合，把德育融入课堂教学、技能培养、实习实训等环节，促进思政课程与课程思政有机衔接，提高思想政治教育的实效性，探索丰富的，以"精益求精的严谨精神、一丝不苟的制造精神，开拓创新的创新精神，知行合一的实践精神，用户至上的服务精神，团结合作的团队精神，爱岗敬业的奉献精神，大国工匠的爱国精神"为基础，将新时代空调工匠精神要素作为"空气调节技术"课程的"特色要素"（图3）。

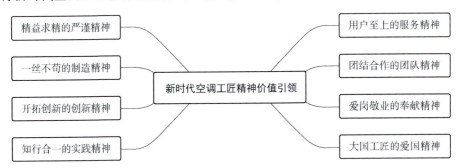

图3　新时代空调工匠精神价值引领思政育人要素

为此，根据课程内容，挖掘课程各个知识点蕴含的思政元素，制定出"空气调节技术"课程思政元素地图（图4），创新课堂教学形式，改革课堂教学方法与手段，找准思政内容与专业知识的契合点，形成思政课程与课程思政的同向同行，解决"思政"与"专业"有机融合的难题。

2.1　课程思政设计思路

以团队成员所在的制冷空调专业为例，将理论教学与实践实训互通，打破传统模式，采用"项目引领—任务驱动"的理实一体化模式，对接国家专业教学标准和行业职业节能鉴定标准，培养学生的核心技能。

课程设计思路：学习成果和能力是课程教学目标所在，学习任务确立后，教师应结合工作实际设计工作任务，将知识点和技能点安置在工作任务中，使学生更有效地学习，如制冷维修中出现的各类制冷系统故障、电气系统故障及综合故障，有什么现象，通过现象再结合问题逐步引导，让学生自己在解决问题的过程中寻找答案，设计的教学模式见表1。

空调电子专业群

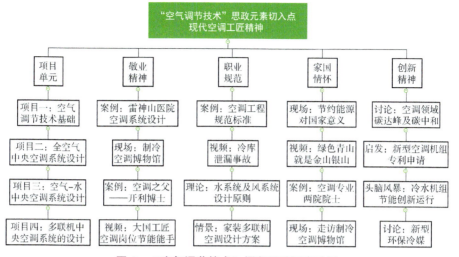

图4 "空气调节技术"课程思政元素地图

表1 教学与思政元素的融合

序号	教学内容概述		课程思政育人目标	教学方法
1	项目一：空气调节基础	项目1.1"湿空气的状态参数及室内、外计算条件"	培养学生具备正确的唯物辩证世界观、科学发展观；人与自然和谐共生的生态文明思想	视频学习 现场教学 理论讲授 案例分析
2		项目1.2"空调房间的冷、湿负荷计算"	培养学生具备较强的学习能力，对出现的新知识、新软件、新规范能够进行自我学习	理论讲授 分析启示 现场实操
3		项目1.3"送风状态及送风量、新风量的确定原则"	培养学生具有耐心细致的工作态度，具有科学发展观，绿色发展自信	小组讨论 案例教学 分析比较
4		项目1.4"各种空气热湿处理过程"	精益求精的工匠精神、创新可持续发展等绿色发展理念；责任意识和创新意识	翻转课堂 合作讨论 小组研讨
5	项目二：全空气中央空调系统设计	项目2.1"定风量、变风量式空调系统原理"	培养学生在空调工程设计中严格执行国家相关标准、规范要求	混合教学 小组讨论 案例教学
6		项目2.2"空调房间气流组织及风口空气流动规律"	通过计算不断改进和精益求精，强化设计人员严谨求实，具有工匠精神	现场教学 案例教学 理论讲授
7		项目2.3"空气处理设备原理与型式"	具有耐心细致的工作态度、精益求精的工匠精神	学生实践 翻转课堂 案例教学
8		项目2.4"空调系统消声、隔振的原理与方法"	具有诚实守信、严谨认真的工作态度	视频学习 理论讲授 案例分析

续表

序号	教学内容概述		课程思政育人目标	教学方法
9	项目三：空气—水中央空调系统的设计	项目3.1 "风机盘管加新风系统原理"	具有健康的体魄和积极的心态	理论讲解 案例分析 合作讨论
10		项目3.2 "同程式和异程式水系统的概念及特点"	通过不同形式水系统的设计培养学生具备一定创新思维，能创新性地完成工作	启发学习 合作讨论 案例教学
11		项目3.3 "水系统水力计算计主机选型"	强化设计人员严谨求实，具有工匠精神，具备沟通能力，能与设备厂家进行沟通，与其他专业进行协调，培养团队精神	学生实践 翻转课堂 案例教学 课外调研
12	项目四：多联机系统的设计	项目4.1 "多联机空调系统的原理"	具备较强的法律、规范意识，在空调工程设计中严格执行国家相关标准、规范的要求	案例教学 合作讨论 小组研讨
13		项目4.2 "多联机空调系统的特点，熟悉多联机空调系统的配管及设计"	强化设计人员严谨求实，具有工匠精神；具备一定的领导及管理能力，能够带领团队完成工作	翻转课堂 混合教学 小组讨论 案例启发

2.2 课程思政教学策略

2.2.1 以工匠精神为先导，达成人才培养目标

教学紧贴行业实际需求，与企业合作，引入企业工匠导师，特别是一些已经成为企业骨干的本专业校友到校指导、培训，与专业课堂内容相结合，把握行业动态发展脉搏，培养学校行业岗位所需的实用技能，并接受企业的考核评价。如介绍中央空调设计要点和规范时，远程连线企业工匠导师或者播放企业工匠导师操作视频，使学生身临其境，有职业的仪式感。

2.2.2 思政理念贯穿始终，全过程融入教学过程

基于"小型中央空调系统设计师"岗位工作过程，在设计、安装及维修全过程融入思政教育，在安装过程中培养精益求精的工匠精神，培养生命攸关的质量意识，全程渗透，全面融入社会主义核心价值观。以课堂纪律（到课率、坐姿、穿着、手机使用等）引入行业规范作业，严格遵守操作流程，通过不规范操作导致的血泪案例，使"安全"就是"规范"的理念深入学生思想；避免高学历，低规范的不良现象。

2.2.3 以思政教育提升素质，让学生成为课堂的主人

在课堂上，分析课程相对应工作岗位，将师生关系转变为监督和项目实施负责人的角色状态，将教学中的某个项目任务结合实际工作岗位的真实工作任务，如三室两厅一卫案例项目的多联机空调系统设计、三层办公或宾馆项目风机盘管空调系统设计项目，学生按照项目任务来分析任务中的重点与要求并完成，以模拟真实的工作环境下工作步骤、个人沟通方式

方法、任务的基本理念，培养学生的任务分析思维能力、岗位职责、职业素养精神，形成学生出题，学生解题，学生评价，学生总结的教学模式，让学生真真成为课堂的主人。

2.3 课程思政教学方法及教学模式

以团队成员所在的制冷空调专业为例，使理论教学与实践实训互通，打破传统模式，采用"项目引领—任务驱动"的理实一体化模式，对接国家专业教学标准和行业职业节能鉴定标准，培养学生的核心技能。

课程设计思路：学习成果和能力是课程教学目标所在，学习任务确立后，教师应结合工作实际设计工作任务，将知识点和技能点安置在工作任务中，使学生更有效地学习，通过现象再结合问题引导逐步让学生自己在解决问题的过程中寻找答案。设计的教学模式如图5所示。

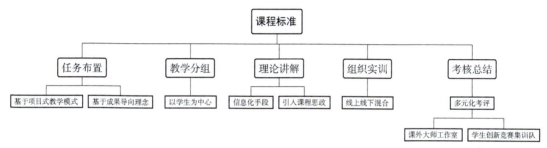

图5 "空气调节技术"课程教学模式

按照"课程思政元素地图"，创新课堂教学形式，改革课堂教学方法与手段，找准"思政内容"与专业知识的契合点，解决"思政"与"专业"有机融合的难题。通过"一课多法"（如案例教学法、现场教学法、讨论教学法、启发式教学法、线上线下混合、翻转课堂等多种教学方法）和"一课多元"（如人物、政治、历史、技术等多种元素），以"渗透""植入""嵌入"等方式，把专业课讲出"思政味"，达到在价值传播中凝聚知识底蕴，在知识传授中融入价值塑造与引领的目的，实现知识传授与价值引领的同频共振（图6）。

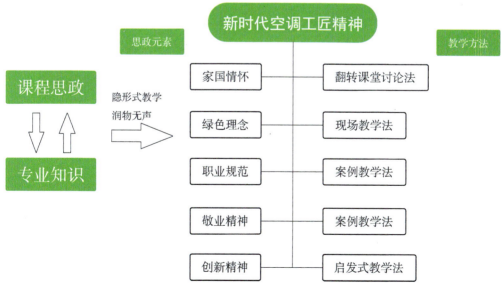

图6 "空气调节技术"课程教学方法与思政元素融合

2.4 课堂教学实施

对比传统教学方法将教学策略及课程设计重新优化，采用课前、课中、课后导学及课外延伸的"四阶段"模式，实施课堂教学（图7）。

课前：通过教学平台发布任务，引导学生完成课前预习，根据学生反馈情况，选择教学策略。

课中：导入真实的中央空调设计案例，创设情境展开教学，开展基于认知过程的任务实施，运用信息化平台进行任务考核评价，顺利实现教学目标。课中穿插劳动保护、工匠精神、团队合作等的课程思政元素，润物细无声。

课后：针对不同教学任务展开拓展，引导学生课后自主学习技能强化实现知识迁移。

课外拓展：组建学生创新竞赛集训队，对标大学生创新大赛和世界技能大赛，以工匠精神、素技并重为结合点，通过知识技能、关键技术操作、职业标准、岗位规范等训练，将整个课程设计延伸到课外，使学生外练技能、内修素养，最终达到"铸魂补钙"的目的。还鼓励学生积极参加各类科普教育、社区服务等各类公益活动。

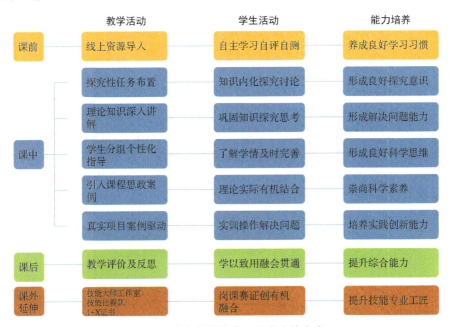

图7 "空气调节技术"课堂实施方案

2.5 多元化考核方式助力课程思政

专业课思政以素质教育为目标，不仅重视专业知识和能力的提高，还要关注学生的价值观。教师通过潜移默化方式全程育人，学生也要知行合一，通过实践将社会主义核心内化吸收。在教学设计中，使专业知识传授、专业能力培养、价值观塑造三位一体，通过交互练习、生生互评、师生互评等多元化评价手段，进行立体评价，全程育人（图8）。

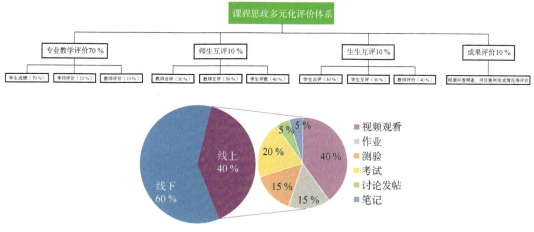

图 8　课程思政的多元考核评价

3. 育人元素实施案例

3.1　实例 1

在项目 1.1 "湿空气的状态参数及室内、外计算条件"的教学中,通过带领学生参观学校制冷博物馆,积极践行"高校博物馆文化育人"的理念,将学校制冷博物馆作为教学载体,丰富学生的专业文化知识,提高个人素养,增强学生的民族荣誉感。同时,在参观学校制冷博物馆时布置相应的任务,使学生带有目的性进行参观,在增强参观效果的同时,培养学生自主学习能力和创新教育(图 9)。

图 9　高校博物馆文化育人

3.2　实例 2

在项目 2.2 "空调房间气流组织及风口空气流动规律"的教学中,通过案例教学法("嵌入"实例)、讨论教学法等方式向学生讲授雷神山医院通风空调系统设计实例,由于疫情时期临时医院的设计和建造周期只有 6~10 天,且存在设备及产品供货不足、施工人员短缺等问题,因此,如何因地制宜做好新型冠状病毒肺炎临时医院的设计,有效控制污染源,防止病毒扩散引起交叉感染,改善室内环境,避免废气排放影响建筑物周围环境是暖通空调设计师需要认真思考的问题。在建设雷神山医院的过程中，勘察设计、施工人员体现了中国速度与中国质量，时刻不忘祖国，舍小家为大家的家国情怀（图10、图11）。

图10 雷神山医院鸟瞰图

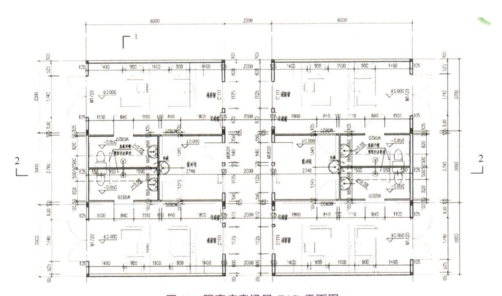

图11 隔离病房通风 CAD 平面图

3.3 实例3

在项目4.2"多联机空调系统的特点，熟悉多联机空调系统的配管及设计"的教学中，采用课堂互动形式、学生角色扮演及项目案例法设计"三室两厅两卫"的多联机中央空调系统。本次课程的教学设计结合高职定位和学生的实际情况，将专业教学资源库课程平台、校内实训室、校企合作实训室、企业体验馆等多种资源融入课程教学，采用虚实结合、理实一体创的教学模式，以案例驱动，融入行业规范，再结合线上线下多元评价体系，以小型中央空调系统设计师的具体工作任务为标准，处处体现了空调工匠精神，实现教学目标（图12）。

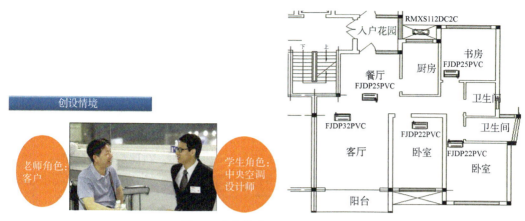

图 12　角色扮演及案例教学案例

4. 教学成效

本课程通过动画、网络课程、制冷博物馆实物展示、光电模型和实训基地以及其他多种生动翔实的教学手段，更生动、直观、高效地帮助学生掌握了教学重点和教学难点。经过一段时间的教学实践探索，学生的学习积极性显著提升，学习效率也大幅度增强。

4.1　理论知识掌握扎实

通过课前线上自主预习的良好准备、课中突出重难点讲授实施、课后新技术的拓展学习，学生的专业理论基础明显加固。为了让学生把基本理论知识理解得更透彻，在教学过程中，教师将单元的知识整理成知识脉络图，学生学习后，根据自己的掌握情况和理解再画出该单元的思维结构图。另外，为了增强学生学习的兴趣，同时加强记忆，常将流程、设备编成顺口溜，如"四大件""水管让风管"等。

4.2　创新启发与团队合作，创新能力不断提升

在教学内容上紧扣工程实际，以案例作载体，展示典型性工程应用场景，生动地传授制冷技术。课堂上强调以学生为主体的思想，学生与老师积极互动交流，学生在课程教学中由被动接受转化为主动参与。在学习技术的同时，实现学生创新思维的培养。课外充分利用先进的信息和网络技术，利用学习通平台、微信群、QQ 群等组织学生进行答疑、交流、讨论，并随时指导学生积极参与和制冷空调课程相关的比赛活动。经过多年的教学实践，学生的创新成果取得了可喜的成绩。

（1）大学生科技竞赛的优异成绩。在已经参加的共 8 届中国制冷空调行业大学生科技竞赛中，获得综合一等奖 2 次、综合二等奖 3 次、实践技能单项一等奖 6 次。

（2）取得国家专利授权的成果。自 2012 年以来在我们老师的指导下，有学生参与设计的专利有 15 件，其中发明专利 2 件、实用新型专利 13 件；以学生为第一发明人的专利有 7 件，其中发明专利 1 件、实用新型专利 6 件。我们学生参加比赛的创新设计项目和专利设计基本上都来自实践教学中的工程实际问题。

4.3 职业素质得到提升

通过线上自主学习，能主动地、积极地探索制冷空调前沿新知识、新技术，学生自我学习能力得到提高；经过实践环节和实际案例分析，具备环保节能管理意识与技能，逐渐养成安全文明的工作习惯，优良的职业道德。

沟通表达力得到改善。根据学生的课堂表现，制冷循环、设备认知过程中相互纠错、相互指导等环节促进学生之间的沟通，学生沟通的积极性，有效性增加。

结合制冷空调设备维修中级工和高级工等岗位及职业标准，在课程学习结束后，可以达到岗位要求的相关基础知识目标。团队合作可以融入情商元素，活跃课堂氛围，锻炼团队协作能力等（图13）。

图13 拓展第二课堂学生参加技能竞赛图

4.4 思政育人于无声

课程思政内化进课堂教学中成果喜人，"大思政"课堂理念深入人心。通过课程学习，学生更具家国情怀，大局意识、危机意识；学生在团队合作、组长带头负责、安全操作时，切切实实地感受到专业应具有诚实守信、认真踏实、细致周到、精益求精的工匠精神（图14）。

图 14　课外学生参加制冷专业科普活动

5. 特色与创新

5.1 "双师双地三平台"支持教学，学校与基地全程对接打造接地气课堂

依托三平台（"冷链物流应用技术协同创新中心""中国制冷博物馆"及"制冷空调与智能控制实训基地"）的建设，对接中央空调行业标准，深化校企合作，将教学带到校外基地，选取相应工作任务开展实践教学，企业导师和校内老师同上一堂课。通过企业生产过程和教学过程，企业导师与校内教师、企业技师与学生、企业文化和校园文化多方面融通，实现了学生技能与岗位要求无缝对接。

5.2 多样化教学改革激发学生学习热情，实现思政内化

将特色案例教学、线上线下混合式教学模式等引入课堂，采用画龙点睛式、专题嵌入式、隐性渗透式等手段将思政元素融入课堂，充分提升课堂教学的生动性、充分发挥课堂的专业及德育育人功能。将传统的"理论灌输"模式转变为"师生互动、生生互动"模式，力求做到生动多样，浑然一体（图15）。

学习平台

制冷博物馆　　　　　　光电模型

体感游戏　　　　　　　教学动画

图 15　多种教学手段丰富课堂

5.3　思政外延第二、三课堂，培养课外创新能力

课外学生通过参与教师工作室、技能大师工作室，进行企业化管理等，将课程思政外延到工作室，通过企业化管理，严格考核与评价制度，培养学生求真务实的精神，实行全程化项目导师制度及新型现代学徒制，通过面的普及和点的强化，达到实践教学与技术技能型岗位需求无缝对接，并培养学生踏实严谨、吃苦耐劳、追求卓越的精神，鼓励学生努力成为心系社会并有时代担当的空调工匠。

敬佑生命，守护健康：
疫苗冷链监测系统模拟量采集
——"无线传感网络技术"课程思政教学案例

课程名称：无线传感网络技术
教师信息：余有芳
授课专业：物联网应用技术等
课程性质：专业核心课

第一部分：课程基本概况

"无线传感网络技术"是物联网应用技术专业的专业核心课程，是专业课程体系中培育学习能力、职业能力、**工匠精神和劳动素养**的"排头兵"与"主力军"，主要面向物联网系统设备安装与调试、物联网系统运行管理与维护岗位，为行业企业培养物联网感知层设备配置调试、物联网系统设计及维护方面的高素质技术技能人才。课程组结合物联网产业岗位需求，对接传感网应用开发"1+X"职业技能等级证书考试大纲，参考职业院校技能大赛高职组"物联网技术应用"赛项考核内容和评分标准，将课程内容重构为5个项目，设计层层递进的工作任务，并将**劳动教育、工匠精神、职业道德**等思政元素贯穿始终，实现"岗课赛证"融通育人。"无线传感网络技术"课程内容重构如图1所示。

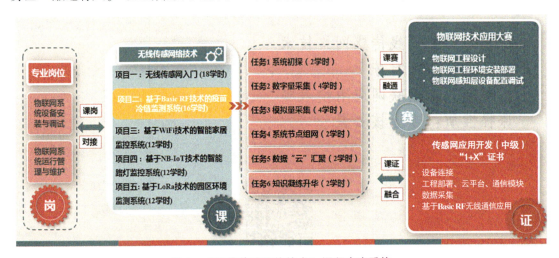

图1 "无线传感网络技术"课程内容重构

第二部分：案例描述

一、课程目标及思政元素

本课程旨在提高学生的无线传感网络基本知识、应用能力和职业素养，学生通过学习本课程，能够掌握ZigBee、Basic RF 无线通信、WIFI 数据通信、NB-IOT 联网通信、LoRa 通信等技术的应用，提升无线传感网络的方案设计、节点选型、网络组建等能力，促进数字化创新与发展能力，**树立正确的信息社会价值观、使命感和责任感，具备精益求精的大国工匠精神、勇于探索的创新精神、善于解决问题的实践能力**，为学生职业能力培养、职业素养养成、终身学习和服务社会奠定基础。"无线传感网络技术"课程教学目标和思政育人元素如图 2 所示。

项目	知识目标	能力目标	素质目标	思政育人元素
项目一：无线传感网入门	1.掌握无线传感网基本理论，了解ZibBee等典型无线通信网络技术及其应用领域；2.掌握CC2530单片机相关资源及其配置和编程方法。	1.能正确安装和使用IAR、Flash Programmer等软件；2.能使用CC2530单片机的I/O、定时器、中断、串口等组件完成简单任务的编程与调试。	1.坚定社会主义道路自信，培养学生对课程、专业、职业的认同感，激发爱国主义情怀，增强民族自豪感；2.敬佑生命、守护健康，培养学生的家国情怀、使命担当和社会责任感；3.引导学生淡泊名利、返璞归真，学习大国工匠吃苦耐劳、精益求精的优秀品质；4.培养开拓进取、勇于探索的创新精神，善于分析、解决问题的实践能力，不畏困难、迎难而上的进取精神；5.培养严谨求实、一丝不苟、持续专注、守正创新的品格，树立诚实守信、认真负责的职业道德观；6.了解操作行规及实训室管理规定、操作规程，建章立制守规矩，培养规则意识、安全意识；7.掌握软件编程规范、项目文件管理方法，具有良好的职业道德、规范意识和求真务实的工作作风；8.养成沟通、讨论的习惯，具备爱岗敬业、诚信友善、团队协作的基本素质和组织协调能力，有集体主义和大局意识；9.具有安全操作、节约资源、保护环境意识。	道路自信 大国担当 民族自豪感 专业认同感 爱国主义 家国情怀 使命担当 社会责任感 工匠精神 科学精神 进取精神 创新精神 爱岗敬业 规范意识 责任担当 职业情怀 团结协作 诚信友善 集体主义 大局意识 法制意识 安全意识 保密意识
项目二：基于BasicRF技术的疫苗冷链监测系统	1.掌握温湿度、光敏等传感器的工作原理、选型及硬件连接；2.了解BasicRF Layer工作机制和软件结构，掌握常用函数；3.掌握基于无线射频通信技术的点对点和点对多点开发；4.掌握物联网云平台的使用、网关的配置。	1.能搭建开发环境，能用ZigBee模块搭建温湿度、光照等信号采集系统，会调用相关函数编写程序实现传感器的数据采集；2.能操作串口进行数据通信，能运用无线射频通信技术实现点对点、点对多点通信，能实现多个传感器节点的组网与数据汇聚。		
项目三：基于WiFi技术的智能家居监控系统	1.了解Wi-Fi技术，掌握ESP8266Wi-Fi工作模式、通信模块AT指令；2.掌握TCP连接方法和数据传输。	1.能根据Wi-Fi AT指令手册掌握串口通信技术，能理解soft-AP、Station、soft-AP+Station工作模式并验证热点功能；2.了解AT指令集，能运用Wi-Fi进行无线数据传输。		
项目四：基于NB-IoT技术的智能路灯监控系统	1.了解NB-IoT，掌握了解NB-IoT模块组网通信AT指令；2.掌握NB-IoT数据传输方法；3.掌握Flash Programmer代码烧写工具的使用。	1.能在物联网云平台上创建NB-IoT项目并进行数据显示；2.能编程实现NB-IoT网络的数据传输。		
项目五：基于LoRa技术的园区环境监测系统	1.了解LoRa技术的基本知识，了解通信协议的用途；2.掌握LoRa模块的SPI配置方法和简单LoRa模块数据对传方法；3.掌握LoRa通信协议使用方法。	1.能配置LoRa的各项参数，实现通信距离和传输速率的调整；2.能按照LoRa通信协议进行读配置参数指令的分析和开发。		

图 2 "无线传感网络技术"课程教学目标和思政育人元素

二、设计思路

依托在线课程平台实现线上线下理实一体融合，"**三段、六环、四步**"教学策略贯穿始终，达成三维教学目标。**课前"探"**，利用"互联网+信息化平台"发布教学任务（植入课程思政元素），学生线上自主学习，储备知识。**课中"导—析—践—评"**，充分发挥课堂育人主阵地作用，循序渐进地引导学生开展项目训练，将知识传授、能力提升、价值塑造结合起来，并以多维度进行学习效果评价。**"导"**，引入创设情境，激发学习兴趣；**"析"**，明确任务要求，分析重难点；**"践"**，教学团队合力实施任务，化解难点，突破重点；**"评"**，点评深化，巩固加深。**课后"拓"**，进行技能拓展与提升，实现新形态新技术新知识的凝练升华。充分利用信息化手段，将视频教学、虚拟仿真、云分享等先进手段融入课堂，在教学过程中合理植入**工匠精神、科学精神、创新思维、团队协作、安全规范、家国情怀、使命担当**等课程思政元素，实现全程育人。教学策略如图 3 所示。

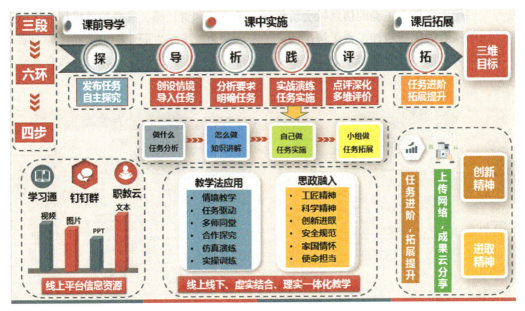

图 3　教学策略

1. 基于素质提升，构建"虚实融合"岗位体验式职业情境

为了达成素质目标，以新冠疫苗等热点作为切入点，创设情境，以课中课外、线上线下、虚实融合的形式组织教学，采用情境教学法、任务驱动法、示范教学法、多师同堂指导等**教学方法**，将学生按照企业岗位进行分组，通过查阅资料、自主学习、合作探究、仿真演练、角色扮演、实操训练等**学习方法**，以"岗位体验"导学、以职业情境串学，打造沉浸式职业情境体验，使学生**养成沟通、合作、讨论的习惯，激发专业自豪感和科技报告的家国情怀与使命担当，培养学生的创新意识、安全意识、大局意识、进取精神、工匠精神和科学精神**。

2. 基于能力培养，打造"互联网+"时代教学信息平台

为达成知识能力目标，课程平台上提供植入思政元素的丰富优质教学资源供学生课前课后学习，课中灵活应用多媒体、编程及仿真软件、图片视频、思维导图、动画等信息化技术手段，利用传感器、ZigBee 模块、NewLab 实训平台、冷链车等实训设备，通过教师规范操作、有效示教，提高学生基于实际工作任务**分析问题、解决问题的能力，培育学生的职业素养**。

三、实施案例

实施案例见表 1。

表 1　实施案例

教学基本情况			
教学任务	模拟量采集——疫苗冷链监测系统的光照信号采集	所属课程	无线传感网络技术
授课对象	物联网应用技术专业，大二年级学生	授课时数	4 课时（180 分钟）

续表

授课地点	物联网行业应用实训室	授课形式	线上线下混合式教学 理实一体化教学

内容分析	本实施案例选自课程项目二任务3"模拟量采集",共4课时。教学内容立足于教材,但不局限于教材,对接传感网应用开发(中级)"1+X"考证内容、"物联网技术应用"技能大赛考核内容,围绕疫苗冷链监测系统的光照信号如何采集、显示、发送的问题展开,提高学生的学习兴趣,学以致用,激发学生的专业自豪感、科技报国的家国情怀、使命担当和社会责任感
	
	基于Basic RF技术的疫苗冷链监测系统(16学时)
	- 任务1 系统初探(2学时)
	- 任务2 数字量采集(4学时)
	- 任务3 模拟量采集(4学时)
	  - 子任务1 光敏传感器认知(0.5学时)
	  - 子任务2 光照信号采集(2学时)
	  - 子任务3 点对点无线通信(1.5学时)
	- 任务4 系统节点组网(2学时)
	- 任务5 数据"云"汇聚(2学时)
	- 任务6 知识凝练升华(2学时)
	
	传感网应用开发(中级)"1+X"考证:传感器、传感网设备安装、连接;模拟量数据采集、串口通信、AD转换;基于Basic RF的点对点通信
	职业素养:编码能力、规范意识、代码整齐简洁、布线整洁美观、工位卫生、工具摆放
	
	物联网技术应用大赛:传感器、无线传感网安装配置、故障诊断;ZigBee模块开发调试
	职业素养:职业规范、团队协作、组织管理、工作计划、团队风貌
	
	本任务教学内容
	前述任务已完成了疫苗冷链运输中的温湿度检测,本任务利用光敏传感器模块和ZigBee模块组成光照模拟量采集系统,用CC2530单片机编写程序实现疫苗冷链监测系统中光照信号的采集与串口显示,并实现温湿度采集、光照信号采集两个节点之间点对点无线通信,为后续任务组网、汇聚和上传到云平台做准备。本任务要求学生学习并掌握光敏传感器的工作原理、模拟量信号的采集与编程方法、点对点无线通信的原理与实现方法,提高CC2530编程应用能力及正确认识问题、分析问题和解决问题的能力,培养学生一丝不苟、精益求精的大国工匠精神

学情分析	知识技能基础	已掌握温湿度传感器原理,完成数字量温湿度传感器的数据采集和串口显示任务,具备系统硬件搭建、项目创建及配置、温湿度采集编程、系统仿真调试等基本技能		
	认知实践能力	对数字量采集系统有一定的理解分析能力,喜欢通过仿真和实验获得新知;认为硬件搭建、项目创建配置比较容易,自行设计方案、独自编程比较困难,对复杂的程序难以理解,调试中的排故能力有待提升		
	学习特点	思维活跃,对实践类的项目积极性较高,喜欢小组讨论式学习;对时事热点不太关心,但好奇心强,信息化接收能力强,乐于接受挑战,偏爱直观、多元的学习方式		

续表

教学目标	知识目标	1. 掌握光照模块工作原理，熟悉引脚含义； 2. 熟悉 CC2530 ADC 工作模式，掌握 ADC 函数； 3. 理解发送与接收地址、网络 ID、通信信道等概念，了解无线通信协议，掌握无线发送和接收函数
	能力目标	1. 能搭建光照等模拟量采集电路； 2. 能操作 A-D 转换器进行模-数转换，设计并调试程序实现光敏传感器数据采集； 3. 能用两个 ZigBee 模块实现点对点无线通信
	素质目标	1. 培养学生良好的编程习惯、工程素养和职业素养； 2. 用专业知识解决实际问题，激发学生科技报告的家国情怀、使命担当和社会责任感； 3. 在系统设计、软件编程、调试过程中培养学生工匠精神、科学精神和创新意识
教学重难点	重点	1. 光照传感器数据采集程序设计； 2. 点对点无线通信的实现
	难点	点对点无线通信程序设计
教学方法		1. **教法**：情境教学、任务驱动、讲授、示范教学、多师同堂指导； 2. **学法**：线上自学、合作探究、实操训练、总结汇报
教学策略		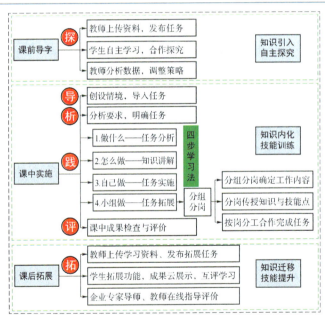 **本任务教学策略** 本任务依托在线课程平台开展线上线下混合教学，采用"课前导学、课中实施、课后拓展"**三段式教学模式**，按照"探—导—析—践—评—拓"**六个教学环节**开展教学，其中"**践**"环节采用**四步学习法**（"做什么、怎么做、自己做、小组做"），带领学生在做中教、做中学，有效解决教学重点、化解教学难点，培养学生的职业素养、责任意识、大局意识、创新意识、安全意识、工匠精神和科学精神

续表

教学实施				
(一) 课前导学：知识引入，自主探究				
教学环节	教学内容	教学活动		设计意图/资源手段
		教师活动	学生活动	
探 发布任务 自主探究	1. 观看视频资料，了解疫苗冷链运输监测系统现状，了解其中的科技创新和亟须解决的问题； 2. 自主探究除温湿度数据外，疫苗冷链运输过程中还有哪些重要参数需要监测，如何选用传感器； 3. 搜索一些典型的疫苗冷链运输监测系统解决方案，完成平台布置的任务	**1. 整合课程平台资源，发布学习任务：** 1) 谈观看视频后的启发与感想； 2) 搜索一些典型的疫苗冷链运输监测系统解决方案； 3) 分组汇总整理资料，制作PPT课上分享。 **2. 审阅评估信息，调整教学策略：**匹配分组，突破重点，化解难点	**登录平台接受任务，自主探究：** 1) 观看视频资源，检索资料，了解疫苗冷链监测系统现状，回答问题，重点了解光照传感器； 2) 分组分岗合作探究完成课前任务； 分岗表 | 对应岗位	岗位职责	岗位要求
---	---	---
项目导师	项目计划和组织实施	基础扎实、组织协调能力强
硬件工程师	传感器选型、硬件搭建	硬件基础好，熟悉硬件接口
软件工程师	控制程序编写与调试	软件基础好，熟悉编程软件	 3) 小组汇总资料，制作课件，上传课程平台	1. 培养学生检索、筛选资料的能力及探究新知识、解决新问题的能力； 2. 根据学生提交的作业和资料调整确定教学策略提； 3. 线上自主学习、小组合作探究，培养学生团队协作精神、集体主义意识、责任意识和大局意识
(二) 课中实施：知识内化，技能训练				
教学环节 （用时）	教学内容	教学活动		设计意图/资源手段
		教师活动	学生活动	
导 创设情境 导入任务 (8分钟)	1. 挑选2~3个有代表性的小组分享资料和感想； 2. 探讨疫苗冷链运输监测系统中的科技创新和亟须解决的问题； 3. 解读新冠疫苗冷链运输监测系统组成，引出本模块需完成的任务与目标：光照数据采集与显示、点对点无线通信	1. 点评学生的分享，引导学生思考，激发学生兴趣； 2. 解读疫苗冷链运输监测系统典型解决方案，重点关注其中的物联网技术、传感器技术； 3. 带领学生分析总体设计方案，导入本模块需完成的任务	1. 小组汇报评比，交流讨论，分享学习成果； 2. 聆听教师解读疫苗冷链运输监测系统典型解决方案，感受其中的科技力量； 3. 领取任务"光照数据采集、传送与显示"，进入学习情境	1. 小组汇报分享，提高学生资料归纳整理能力、表达能力，培养学生的职业素养； 2. 典型案例和视频导入，设置任务情境，明确学习任务，激发学习兴趣，增强专业自信、行业自信

续表

析 分析要求 明确任务 （7分钟）	分析任务要求，明确任务内容： 1. 搭建光照信号采集系统硬件； 2. 修改程序，配置工程，编译、下载光照传感器数据采集程序； 3. 调试程序，用串口助手观察采集的光照数据； 4. 点对点无线通信及数据显示	1. 讲解分析任务要求，示范程序下载、调试的过程，展示本任务实现的效果； 2. 分解任务，讲解各子任务的要求、实现功能、评分标准等 	1. 认真听讲，明确任务要求； 2. 观看教师示范操作，学习程序下载、串口调试、无线通信的方法和过程，思考如何出色完成本次任务	1. 通过讲授、实物展示、操作示范等方式帮助学生明白任务要求； 2. 解析任务时鼓励学生不畏困难、迎难而上、开拓进取、勇于探索、积极创新； 3. 制定要求及评分标准时，充分考虑**产业岗位、1+X 技能考证、物联网大赛**的要求和评分标准，**"岗课赛证"融通育人**，有创新设计方案，给予奖励，鼓励创新

任务分解表

序号	任务名称	任务要求	难度级别	得分	备注
子任务1	光照传感器认知	熟悉光敏传感器原理，搭建光照采集系统硬件	基础、易	≤30	独自完成
子任务2	光照信号采集	编写程序，实物软硬件联调，采集的光照信号通过串口在PC机上显示	基础、一般	30~75	独自完成
子任务3	点对点无线通信	将采集的光照信号无线发送到另一个ZigBee模块并在PC机显示	提升、较难	75~90	小组合作
任务拓展	其他创新功能	理解原理、软硬件设计，仿真演示	拓展、难	>90	小组合作

践 任务实施 实战演练 （150分钟）	子任务1 光敏传感器认知（20分钟） 1. **做什么——任务分析（2分钟）** 分析本任务要求。 2. **怎么做——知识讲解（10分钟）** 讲解光敏传感器工作原理、引脚功能及与平台的连接。 3. **自己做——任务实施（8分钟）** 认识光照传感器模块引脚，搭建硬件平台	1. 分析任务要求； 2. 讲解光敏传感器工作原理、引导学生分组讨论本任务中光照信号监测要求，如何选用合适的光敏传感器； 3. 带领学生认识光照度传感器模块，示范如何搭建光照信号采集系统硬件平台； 4. 巡回指导，子任务评分	1. 认真听讲，明确任务要求； 2. 聆听教师讲授，掌握光敏传感器工作原理，讨论并选择光照信号传感器，查阅相关资料弄清其与ZigBee模块的连接； 3. 观看教师示范操作，动手规范搭建光照信号采集系统硬件平台	1. 启发式、引导式、讨论式教学，引导学生查阅资料，主动探究光敏传感器相关知识； 2. 在传感器选型过程中注重强化学生工程伦理教育，硬件搭建过程中**按照工作岗位、"1+X"考证、物联网大赛的标准**强调操作规范，养成规范、严谨、正确的实验习惯

续表

	➢ **对接岗位**。物联网系统集成岗位：传感器的分类选择、安装使用。 ➢ **"1+X"考证**。**设备连接**：对各类传感器、识别设备、无线传感网等物联网设备进行安装、连接；职业素养：布线整洁美观、工位卫生、工具摆放。 ➢ **物联网大赛**。物联网工程环境安装部署：对各类传感器进行安装、配置；**物联网感知层设备配置**：对感知层传感器、嵌入式设备等进行安装配置；职业素养：职业规范、团队协作、组织管理、工作计划、团队风貌			
践 任务实施 实战演练 （150分钟）	**子任务2 光照信号采集**（80分钟） 1. 做什么——**任务分析**（2分钟） 明确本任务要求。 2. 怎么做——**知识讲解**（28分钟） 1）分析 CC2530 ADC 模块的特征、工作模式、主要寄存器的设置(8分钟）； 2）分析光照等模拟量数据采集函数修改方法，重点解析 ADC 函数、光照数据采集读取函数、中断函数等程序设计方法和思路(20分钟）。 3. 自己做——**任务实施**（50分钟） 1）搭建 BasicRF 开发环境，创建工程并添加相关文件，修改程序，配置工程，实现光照模拟信号的采集（25分钟）； 2）编写修改串口发送接收程序，实现串口显示功能(10分钟）； 3）编译下载程序，软硬件联调，记录数据及出现的问题(15分钟)	1. 展示本任务实现效果，分析任务要求；  2. 讲解 CC2530 ADC 模块的特征、工作模式、主要寄存器设置； 3. 讲解程序设计过程，重点分析 ADC 函数、光照数据采集函数等程序设计，突破重点，化解难点； 4. **企业导师和教师**巡回指导，发现问题及时纠正，根据任务完成情况评分； 5. 带领学生总结本任务主要知识点和技能点，分析实践过程中存在问题的原因，引导学生思考解决的办法，巩固重点，解决难点； 6. 通过提问的方式引出子任务3和拓展任务，引发学生思考	1. 认真听讲，学习 ADC 模块的工作模式、寄存器设置和编程； 2. 学习光照等模拟量数据采集函数修改方法，掌握 ADC 函数、光照数据采集读取函数； 3. 接受任务，分组讨论、研究 ADC 函数、光照数据采集程序、串口收发程序等程序的设计方法步骤； 4. 独立搭建 BasicRF 开发环境，创建工程并添加相关文件，按任务要求设计、修改程序； 5. 配置工程，编译下载程序，调试程序实现光照信号采集的功能，在实验记录单上记录实验数据和出现的问题，并将数据、程序、调试视频、实验报告等上传到课程平台	1. 根据**工作岗位需求**，参考"**1+X**"考证、物联网大赛考核内容讲授知识和技能点，采用启发式、引导式、讨论式教学，不断抛出问题，引导学生潜心学习、深入思考，主动探究程序编写、系统调试的方法，突破重点、化解难点的同时培养学生编程习惯和工程素养； 2. 分组讨论培养学生的团队意识、合作意识； 3. 学生独立完成本任务的编程、实物联调，**突破教学重点**，提高学生独立探究的能力，培养严谨务实、精益求精的工匠精神； 4. 有创新设计方案，给予奖励，鼓励创新，培养创新意识

续表

	➤对接岗位。**物联网系统集成**岗位：感知节点设备的安装与使用；**物联网应用开发**岗位：感知层数据采集及控制。 ➤**1+X 考证。数据采集**：模拟量传感器数据采集；**基于 Basic RF 的无线通信应用**：串口通信、中断、AD 转换控制；职业素养：编码能力、规范意识、代码整齐简洁、工位卫生、工具摆放。 ➤对无线传感网设备 ZigBee 的开发和调试，实现要求的功能；职业素养：职业规范、团队协作、团队风貌			
践 任务实施 实战演练 （150 分钟）	子任务 3 点对点无线通信（50 分钟） 1. **做什么——任务分析（2 分钟）** 明确本任务要求。 2. **怎么做——知识讲解（12 分钟）** 1）分析点对点无线通信的本质，讲解本机地址、发送地址、网络 ID、通信信道等概念； 2）重点分析无线发送和接收函数。 3. **小组做——任务实施（36 分钟）** 1）各小组按照项目经理、硬件工程师、软件工程师分岗，明确岗位职责，学生根据自身特长及兴趣选择岗位，分工合作完成任务(2 分钟)； 2）各小组讨论解决方案，分工合作进行系统硬件搭建、设计修改相关程序(22 分钟)； 3）编译下载程序，软硬件联调，记录实验数据、出现的问题及解决办法(12 分钟)	1. 展示本任务实现效果，分析任务要求；  2. 讲解点对点无线通信的本质及本机地址、发送地址、网络 ID、通信信道等概念，重点分析无线发送和接收函数。**突破重点，化解难点；** 3. 明确各岗位的任务与目标，协助学生分岗； 4. 不同组的相同岗位合在一起授课指导； 5. **企业导师和教师**巡回指导，发现问题及时纠正，根据完成情况进行评分； 6. 带领学生总结本任务主要知识点和技能点，**企业导师和教师分别分析指出**实践过程中出现问题的原因，引导学生思考解决的办法，**巩固重点，解决难点**	1. 认真听讲，明确任务要求，理解点对点通信的本质，理解本机地址、发送地址、网络 ID、通信信道等概念，掌握无线发送和接收函数； 2. 根据自己的专业特长、技能水平、兴趣爱好选择合适的岗位； 3. 小组探讨本任务解决方案，分工合作完成系统硬件搭建、程序设计修改等工作，配置工程，编译下载程序； 4. 小组成员合作完成软硬件联调，实现两个 ZigBee 模块之间点对点无线通信的功能，记录实验数据和出现的问题，课后将数据、程序、调试视频、实验报告等上传到课程平台； 5. 小组自评互评	1. **结合工作岗位需求，对接"1+X"考证和物联网大赛**的考核内容 ZigBee 开发调试讲授点对点无线通信相关知识，采用启发式、讨论式教学，学生以小组合作方式探究程序编写、系统调试，突破重点、化解难点的同时继续培养学生的编程习惯、工程素养以及安全意识； 2. 根据特长自主择岗，提高了学生学习积极性； 3. 团队协作模式培养了学生的沟通能力、团队合作精神； 4. 从地址冲突中让学生明白通信要事先沟通并遵守约定，要有契约精神，在调试过程中培养学生严谨认真、一丝不苟、精益求精的工匠精神
	➤**对接岗位**：**物联网系统集成**岗位：无线传感网的使用；**物联网应用开发**岗位：程序设计、程序调试。 ➤**1+X 考证。数据采集**：模拟量传感器数据；**基于 Basic RF 的无线通信应用**：基于 Basic RF 的点对点通信功能开发与应用；职业素养：编码能力、规范意识、代码整齐简洁、布线整洁美观、工位卫生、工具摆放。 ➤**物联网大赛**：**物联网感知层设备配置**：对无线传感网设备 ZigBee 的开发和调试，实现要求的功能；职业素养：职业规范、团队协作、组织管理、工作计划、团队风貌			

续表

评点评深化多维评价（15分钟）	1. 小组成果展示、PPT汇报。 2. 点评优化各小组任务达成情况。 3. 课中成绩评价。评价方式为**学生自评、小组互评、教师评价和企业导师评价**，评价内容包括：**职业素养**，评价学习态度、操作规范、团队合作、大局意识；**课堂活动**，评价课堂参与、小组活动、成果汇报等；**课中任务达成**，评价设计方案、功能实现情况、创新情况等	1. 观看学生成果汇报展示，对各小组任务完成情况进行点评，指出优缺点，提出改进优化意见； 2. **教师和企业导师**从职业素养、课堂活动、任务达成三方面对学生学习成果进行综合评价； 3. 根据评价反馈情况，改进完善以后的课堂教学策略，做到教学相长	1. 小组成果汇报展示。 2. 成果评价： 1）**学生自评**：学生根据自己课堂表现、知识理解程度、任务完成情况自评； 2）**组内互评**：各小组根据任务实施过程中成员表现、贡献率等情况进行互评； 3）**小组互评**：各小组对其他小组的方案、任务完成及创新情况进行评价，提出不足和建议	采用**评价主体多元化**（学生、小组、教师、企业导师）、**评价内容多维化**（职业素养、课堂活动、课程任务达成）、**评价方式多样化**（自评、互评、教师评价、企业导师评价），真实、客观地对学生进行德、勤、能、绩方面的综合评价

（三）课后拓展：知识迁移，技能提升

拓任务进阶拓展提升	1. 课后进一步完善设计，在当前任务的基础上增加新的功能，培养学生的创新精神，同时巩固学习成果，实现知识迁移，技能提升； 2. 在实现温湿度、光照数据采集的基础上，思考疫苗冷链运输监测系统还需要进行哪些参数的采集与监控，如尝试采集振动、压力等信号，并思考如何进行组网与上传云平台，引出本项目下一个任务模块的教学任务； 3. 各组将自己的成果视频、项目报告、项目特色说明等资料上传到在线课程平台，教师、同学和企业专家进行评价，对优秀作品在教学平台进行技术分享	1. 通过项目成果云分享增强学生信心，激发了学习兴趣和热情； 2. 拓展提升鼓励学生创新，培养学生勇于探索的创新精神、善于解决问题的实践能力、不畏困难的进取精神

教学评价与反思

本任务采用学生自评、小组互评、教师评价、企业导师及专家评价相结合，**专业知识评价和职业素养评价**相结合，结果评价和过程评价相结合，线上评价与线下评价相结合的"**四结合**"评价方式，全面综合考核评价学生"**德、勤、能、绩**"，具体评价指标见下表

评教学评价	评价组成	评价要素	评价标准	评价主体
	课前（20%）	线上自学、自测题10%	学习通系统评分标准	学习通
		PPT汇报10%	工作任务评价标准	教师
	课中（65%）	职业素养20%（学习态度、课堂活动、团队协作）	考勤、课堂参与、小组活动、成果汇报	教师/学生
		光照数据采集25%	工作任务评价标准/技能等级标准	教师/学生/企业导师
		点对点无线通信20%		
	课后（15%）	拓展任务完成情况、资料归纳整理情况15%	工作任务评价标准/技能等级标准	教师/学生/企业专家

续表

	教学效果	1. 以疫苗冷链系统中的光照等模拟量信号如何采集、如何将采集到的信号无线发送出去引起学生思考，激发了学生的学习兴趣，课堂气氛更活跃。学生独自完成光照信号采集、小组合作实现点对点无线通信，为后续任务节点组网和数据上云打下了坚实的基础，增强了学习效果，达成了知识目标。 2. 课前通过自主学习、资料搜索整理、PPT制作等培养了学生自主学习能力；课中以小组为单位进行探究式学习，学生分工合作完成独立任务和小组任务，培养了学生分析问题和解决问题的能力；课后进行任务拓展和创新，培养了学生的创新意识，课程平台数据反映学生不仅课内外学习参与度明显提高，学习效率也明显提升，有效突破重点、化解难点，达成了本任务的能力目标。 3. 在教学各个环节全程融入思政育人元素，把价值观培育和塑造"基因式"融入课程，达成了本任务价值引领的素质目标
教学反思	特色创新	1. 本任务**教学内容**结合物联网系统集成、物联网应用开发岗位需求，对接传感网应用开发（中级）**"1+X"考证**及**物联网大赛**中的考核内容，实现了**"岗课赛证"融通育人**。 2. 任课教师、企业导师、课堂助教组成**"三导师制"**同堂教学，充分利用信息化资源，借助现代教学技术与手段打造虚实结合、理实一体化课堂，采用**"三段、六环、四步"教学策略组织教学**，在做中教、做中学，使学生的知识得到内化和迁移，技能得到训练和提升。 3. 将"智能制造"能工巧匠所应具备的敬业、精益、专注、创新等工匠精神内涵，以疫苗冷链监测系统为有效载体，深刻根植于"工匠精神"基因，充分挖掘课程思政元素，将价值观培育和塑造"基因式"地融入各环节，实现思政元素"无痕引入—深度融合—根植基因—价值认同"，着重增强学生的家国情怀、创新意识、大局意识和科学精神
	反思改进	存在不足：学生在操作规范方面仍需加强，比如硬件搭建时带电插拔、忘记佩戴防静电手套、接线时疏忽大意导致错误等；在软件设计方面，学生能按照提供的代码修改程序，但对很多程序代码不理解，自主编程能力、主观能动性、创新能力有待进一步提高。 改进措施：进一步强化学生**工程伦理教育**，通过教师示教培养学生规范操作的习惯、良好的编程习惯及工程素养，以**一票否决制**等评价措施，切实**树立操作规范重于泰山和安全无小事的理念**；在程序设计方面，进一步完善课程资源中的软件编程题库，进一步发挥团队合力，改进教学方法，从兴趣激发入手，逐步练习，促进逻辑思维迸发，克服学生对编程的畏惧心理

无线组网，护"苗"担当：
疫苗冷链监测系统的信号组网

——"无线传感网络技术"课程思政教学案例

课程名称：无线传感网络技术
教师信息：沈孙园
授课专业：物联网应用技术、应用电子技术等
课程性质：专业核心课

第一部分：课程基本概况

"无线传感网络技术"是物联网应用技术专业的专业核心课程，是专业课程体系中培育学习能力、职业能力、工匠精神和劳动素养的"排头兵"与"主力军"，主要面向物联网系统设备安装与调试、物联网系统运行管理与维护岗位，为行业企业培养物联网感知层设备配置调试、物联网系统设计及维护方面的高素质技术技能人才。本课程面向物联网应用技术、应用电子技术等多个专业，线下总授课人数超900人。目前，"无线传感网络技术"课程组在超星平台上共完成4期课程开设。本课程结合物联网产业岗位需求，对接传感网应用开发"1+X"职业技能等级证书考试大纲，参考职业院校技能大赛高职组"物联网技术应用"赛项考核内容和评分标准，将课程内容重构为5个项目，设计层层递进的工作任务，并将劳动教育、工匠精神、职业道德等思政元素贯穿始终，实现"岗课赛证"融通育人。"无线传感网络技术"课程教学内容如图1所示。

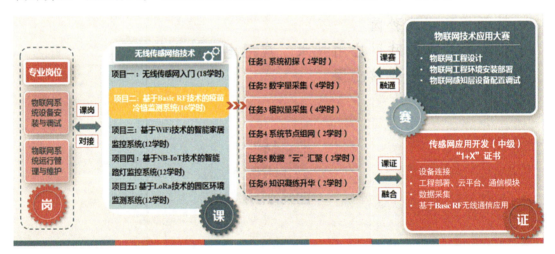

图1 "无线传感网络技术"课程教学内容

第二部分：案例描述

案例描述见表1。

表1 案例描述

一、单元教学目标及思政策略				
单元教学目标		价值塑造	知识传授	能力培养
		素质目标	知识目标	能力目标
		➤ 掌握软件编程规范、项目文件管理方法，养成沟通、讨论的习惯，培养学生团结协作、诚信友善、爱岗敬业和大局意识； ➤ 利用专业知识解决疫苗冷链运输中信号监测问题，激发学生的专业自豪感、科技报国的家国情怀、使命担当和社会责任感，体会大国担当和社会主义优越性； ➤ 在设计、编程、调试过程中培养学生安全低识、信息素养、工匠精神、创新思维、科学精神	➤ 掌握温湿度、光敏等传感器的工作原理、选型及硬件连接； ➤ 了解BasicRF Layer工作机制和软件结构，掌握ADC、中断函数，理解串口读写函数，熟悉无线发送和接收函数； ➤ 掌握基于无线射频通信技术的点对点和点对多点通信开发； ➤ 掌握物联网云平台的使用、网关的配置	➤ 能搭建开发环境，能使用仿真器调试下载； ➤ 能用ZigBee模块搭建温湿度、光照等信号采集系统，能进行参数设置和调试，会调用相关函数编写程序实现传感器的数据采集； ➤ 能操作串口进行数据通信，能运用无线射频通信技术实现点对点、点对多点通信，能实现多个传感器节点的组网与数据汇聚
思政策略	挖掘学科历史：学科发展史中的科学精神、创新思维； 产业发展前沿：移动通信、大华云、阿里云、北斗卫星，增强专业自信； 关注社会热点：中美贸易摩擦、新冠疫情，激发使命感和爱国精神； 重大工程事故：爱岗敬业、工程伦理； 教育理念方法：本土情怀、全球视野； 库伯体验式学习：《实践论》，知识的获取源于对经验的升华和理论化			

续表

思政策略	在教学过程中，结合授课内容，挖掘学科历史，探讨产业发展前沿，引导学生关注社会热点，阐述重大工程事故，不断灌输本土情怀和全球视野相结合的教育理念，引导学生体验式学习、深入思考、积极实践、认真领悟，主动探究新知识、解决新问题，**培养学生的**创新意识、合作意识、安全意识、大局意识、进取精神、工匠精神和爱国精神		
二、教学基本情况			
教学任务	无线组网，护"苗"担当：疫苗冷链监测系统的信号组网	所属课程	无线传感网络技术
授课对象	物联网应用技术专业，大二年级学生	授课时数	2课时（90分钟）
授课地点	物联网行业应用实验室	授课形式	线上线下混合式教学 理实一体化教学
内容分析	本任务选自"无线传感网络技术"课程项目3"BasicRF的无线通信应用"（"1+X"考证教材的学习单元5"基于BasicRF的无线通信应用"），任务4"系统节点组网"，共2课时。教学内容立足于教材，但不局限于教材，围绕"**1+X**"**考证内容**、"**物联网技术应用**"**技能大赛**竞赛规程，并问题引导实际系统需求，激发学生求知欲及学习热情，从"让我学"变成"我要学" 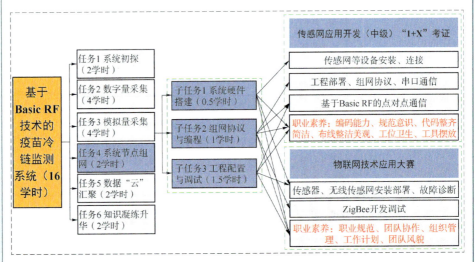 **本任务教学内容** 前述任务已完成了疫苗冷链监测系统中的温湿度、光照数据采集和点对点无线通信，本任务利用温湿度采集与发射模块、光照采集与发射模块及数据汇聚模块实现基于BasicRF的点对多点的组网，用CC2530单片机编写程序实现疫苗冷链监测中的温湿度信号、光照信号的采集，并将采集数据通过自定义协议无线传输到汇聚节点，为后续数据上云做准备。通过本模块的学习，学生学习并掌握组网原理、硬件搭建、自定义协议编程、工程配置与调试等内容，提高CC2530编程应用能力及分析问题和解决问题的能力，培养学生严谨求实、精益求精的大国工匠精神		

续表

学情分析	知识技能基础	在前一个任务中学生已经完成了光照的数据采集、串口显示及点对点无线通信任务，已具备模拟量信号采集、点对点通信、参数设置、工程配置和仿真调试等基本技能	（柱状图：不同分数段人数分布，分别对应光照传感器原理、光照采集硬件搭建、光照采集编程、点对点通信编程）
	认知实践能力	对前面任务的完成结果能直观感受，对后面任务的兴趣更加浓厚，更想去体验式学习；认为项目总体设计难，独自编程有困难，但部分同学已经形成了一些编程想法，出现问题时也会主动研究、探讨	（条形图：认知倾向——实践探究、直观观察；实践能力——编程比较难、整体设计困难）
	学习特点	思维活跃，喜欢动手，部分同学已经对编程产生了兴趣，通过前面任务积累了一定的成就感，组员之间互助的画面更加多样，而且学生对于疫苗接种的情况也更加关心	（折线图：学习特点——喜欢团队协作84%、喜欢沟通表达94%、喜欢实践类项目90%、关心疫苗接种情况70%、喜欢编程带来的成就感40%）
教学目标	知识目标	1. 掌握组网系统硬件的组成及接线图的绘制； 2. 掌握点对多点通信的发送与接收地址、网络ID、通信信道等的设置，理解自定义通信协议的作用，掌握程序的编写； 3. 掌握多个节点工程配置与调试的方法	
	能力目标	1. 能搭建多个节点进行组网； 2. 能根据自定义通信协议，编程并调试实现数据的发送与汇聚； 3. 能用3个ZigBee模块实现点对多点无线通信	
	素质目标	1. 体验式学习培养学生的工程思维和学习成就感； 2. 在电路搭建、软件编程、配置及调试过程中培养学生严谨求实、精益求精的大国工匠精神	

续表

教学 重难点	重点	1. 自定义通信协议的理解与编程	视频，演示部分编程，学生举一反三，企业导师一起巡回指导
		2. 点对多点无线通信的实现	讲解，PPT，实操
	难点	根据自定义协议进行点对多点无线通信程序设计	演示部分编程，学生举一反三，企业导师一起巡回指导
教学方法		1. **教法**：任务驱动、讲授、示范教学、体验式教学、企业导师同堂指导； 2. **学法**：自主查阅、合作探究、仿真演练、实操训练、分析总结	
教学策略		本任务依托在线课程平台开展线上线下混合教学，采用"课前导学、课中实施、课后拓展"**三段式教学模式**，按照"探—导—析—践—评—拓"六个**教学环节**开展教学，其中**"践"**环节采用**三步学习法**"做什么——任务分析，怎么做——知识讲解，小组做——任务实施"带领学生在做中教、做中学，企业导师随堂指导，有效解决教学重点、化解教学难点，培养学生的创新意识、合作意识、安全意识、工匠精神和科学精神

探 课前导学：教师上传资料，发布任务；学生自主学习，合作探究；教师分析数据，调整策略 → 知识引入 自主探究

导 创设情境，导入任务
析 分析要求，明确任务
践 课中实施：1. 做什么——任务分析；2. 怎么做——知识讲解；3. 小组做——任务拓展（三步学习法）→ 分组分岗 → 分组分岗确定工作内容；分岗传授知识与技能点；按岗分工合作完成任务
评 课中成果检查与评价
→ 知识内化 技能训练

拓 课后拓展：教师上传学习资料、发布拓展任务；学生拓展功能，成果云展示，互评学习；企业专家导师、教师在线指导评价 → 知识迁移 技能提升

本任务教学策略 | |
| 教学资源 | | 1. **教材**。**主要教材**：职业教育物联网应用技术专业系列教材《无线传感网络技术与应用项目化教程》（杨琳芳主编，机械工业出版社）；**辅助教材**："1+X"职业技能等级证书配套教材《传感网应用开发》（中级）（陈继欣主编，机械工业出版社）；**自编活页教材**。
2. **设备资源**。NewLab实训平台、ZigBee模块、仿真器、光照传感器、温湿度传感器、创新实战套件、数据线、电源线、多媒体教学系统、电脑等。 | |

续表

教学资源	   NewLab 实训平台创新实战套件实验板与仿真器    ZigBee+温湿度传感器模块　　ZigBee+光照传感器模块　　ZigBee 黑板 3. **信息化资源**。无线传感网络技术在线课程平台、图片、视频、案例库、CC2530_lib 软件包、sensor_drv 软件包、网站资料、编程与仿真软件等

三、教学实施

（一）课前导学：知识引入，自主探究

<table>
<tr><th rowspan="2">教学环节</th><th rowspan="2">教学内容</th><th colspan="2">教学活动</th><th rowspan="2">设计意图/
资源手段</th></tr>
<tr><th>教师活动</th><th>学生活动</th></tr>
<tr>
<td>发布任务
自主探究
（探）</td>
<td>1. 思考：为什么要对采集的温湿度和光照信号组网？
2. 了解：组网有哪些方式？
3. 看视频探究：怎么组网？</td>
<td>1. **利用学习通发布学习任务。**
1）预习思考题；
2）搜索一些典型的疫苗冷链监测系统组网方案；
3）观看组网视频，分组汇总整理资料，制作 PPT 课上分享。
2. **审阅预习完成情况，调整教学策略：**匹配分组，课前准备，突破重点，化解难点</td>
<td>**登录平台接受任务，自主探究，小组合作。** 1）自主检索资料，完成各预习作业； 2）根据实现功能分组分岗合作探究完成课前任务； | 岗位	岗位职责	岗位要求
项目导师	项目计划和组织实施	基础扎实、组织协调能力强
硬件工程师	传感器选型、硬件搭建	硬件基础好，熟悉硬件接口
软件工程师	控制程序编写与调试	软件基础好，熟悉编程软件 | 3）小组汇总资料，制作课件，上传至学习通平台</td>
<td>1. 通过检索整理资料，培养学生信息检索能力及主动探究新知识、解决新问题的能力；
2. 根据学生提交的作业和资料调整教学策略；
3. 线上自主学习、小组合作探究，培养团队协作精神、集体主义意识、担当意识</td>
</tr>
</table>

续表

（二）课中实施：知识内化，技能训练

教学环节（用时）	教学内容	教学活动		设计意图/资源手段
		教师活动	学生活动	
创设情境导入任务（导）（5分钟）	1. 挑选1~2个有代表性的小组分享资料和感想； 2. 回顾疫苗冷链监测系统组成，引入本模块需完成任务与目标：完成基于自定义协议的信号采集及发送、汇聚节点信号接收及串口显示	1. 点评学生的分享，引导学生思考，激发学生兴趣； 2. 回顾并提问疫苗冷链监测系统典型解决方案，关注我们已解决的部分，引出本模块需完成的任务	1. 小组汇报评比，交流讨论，分享学习成果； 2. 学生复习并回答疫苗冷链监测系统典型解决方案； 3. 领取任务"系统节点组网"，进入学习情境	1. 小组汇报分享，提高学生资料归纳整理能力、表达能力，培养学生的职业素养； 2. 通过复习和提问导入，让学生温故知新，明确学习任务，激发学习兴趣，培养专业认同感、自豪感、使命感
分析要求明确任务（析）（5分钟）	**分析任务要求，明确任务内容。** 1. 搭建系统硬件； 2. 根据协议修改采集节点程序； 3. 新建汇聚节点程序，根据协议修改程序； 4. 配置工程、调试程序，串口显示	1. 讲解分析任务要求，展示本任务实现的效果； 2. 对任务进行分解，讲解各子任务的要求、实现功能、评分标准等	1. 认真听讲，明确任务要求； 2. 观看教师展示结果，思考如何出色地完成本次任务	1. 通过讲授、实物展示等方式帮助学生明白任务要求； 2. 解析任务时鼓励学生不畏困难、迎难而上，勇于挑战自己踮一下脚就能够得到的任务； 3. 制定各子任务要求及评分标准时，充分考虑**产业岗位**、**"1+X"技能考证**、**物联网大赛**中的要求和评分标准，**"岗课赛证"融通育人**，有创新设计方案，给予奖励，鼓励创新

任务分解表

序号	任务名称	任务要求	难度级别	得分	备注
A	系统硬件搭建	熟悉硬件系统的组成，搭建组网系统硬件	基础、易	≤30	小组合作
B	组网协议与编程	掌握组网协议的定义及其作用，在温湿度及光照节点程序中根据协议添加程序，完成汇聚节点的程序编写	基础、较难	30~75	小组合作
C	工程配置与高度	将汇聚节点接收的数据通过串口在PC机显示	提升、较难	75~90	小组合作
D	其他创新功能	理解原理、软硬件设计，仿真演示	拓展、难	>90	小组合作

续表

任务实施实战演练（践）（80分钟）	子任务1 系统硬件搭建（15分钟） 1. **做什么——任务分析（2分钟）** 明确本任务要求。 2. **怎么做——知识讲解（8分钟）** 分析系统组成及接线，讲解搭建系统的注意事项。 3. **小组做——任务实施（5分钟）** 各小组按照项目要求分工，岗位是硬件工程师，明确岗位职责，合作完成硬件平台搭建任务	1. 分析任务要求，展示本任务实现效果；  2. 讲解系统接线，引导学生画出系统接线图； 3. 引导学生准备所需要的器件，讲授搭建系统硬件平台注意事项； 4. 教师强调岗位职责，明确小组分工，下发任务，巡回指导，有问题及时处理； 5. **按照任务完成度、操作规范度及组员参与度三度进行课中评价**	1. 认真听讲，观察实现效果，明确任务要求； 2. 聆听教师讲授，掌握系统的组成，讨论并画出系统的硬件接线图； 3. 选择器件，查阅相关资料弄清各个模块的连接； 4. 各小组成员确定岗位职责，明确自己的分工，小组讨论，动手规范搭建组网系统硬件平台，有问题提问； 5. 小组成员自评、互评	1. 实物引导式、讨论式教学，引导学生查阅资料，主动探究系统硬件组成及接线相关知识； 2. 在硬件搭建过程中**按照工作岗位、"1+X"考证、物联网大赛的标准**强调操作规范，养成规范、严谨、正确的实验习惯； 3. 全程强调断电接线； 4. 学生自己参与"三度评价"，更容易调动其主人翁精神
	➢**对接岗位。物联网系统集成**岗位：无线传感网的使用。 ➢**"1+X"考证。设备连接：**对各类传感器、无线传感网等物联网设备进行安装、连接；职业素养：规范意识、布线整洁美观、工位卫生、工具摆放。 ➢**物联网大赛。物联网工程环境安装部署：**对各类传感器进行安装、配置；物联网感知层设备配置：对感知层传感器、嵌入式设备等进行安装配置；职业素养：职业规范、团队协作、组织管理、工作计划、团队风貌			
	子任务2 组网协议与编程（40分钟） 1. **做什么——任务分析（2分钟）** 明确本任务要求。 2. **怎么做——知识讲解（15分钟）** 1）自定义协议的定义及作用(5分钟)； 2）自定义协议的程序设计方法和思路(10分钟)。 3. **小组做——任务实施（23分钟）**	1. 分析任务要求； 2. 通过快递包裹单案例讲解自定义通信协议的定义及作用； 3. 讲解程序设计过程，重点分析自定义协议的程序设计，并演示部分编程，让学生举一反三，**突破重点，化解难点**	1. 认真听讲，明确任务要求； 2. 观看快递包裹单案例，学习自定义协议的概念、作用； 3. 认真聆听老师的讲解，认真观看老师的**示范操作**，并**拍照记录**其中的重点	1. 结合物联网系统集成、物联网应用开发工作岗位需求，对接"1+X"传感网应用开发（中级）考核内容中的基于BasicRF的点对点通信以及物联网大赛考核内容中的ZigBee开发调试，采用案例视频引

续表

	1）按照项目要求分工，岗位是软件工程师，明确岗位职责(**3分钟**)； 2）讨论解决方案，分工合作进行三个模块编程(**20分钟**)	4. 教师强调岗位职责，明确小组分工，下发任务，**企业导师和教师**巡回指导，发现问题及时纠正； 5. 教师和企业导师从不同角度对完成任务的同学按照"**三度**"要求评分	4. 各小组成员确定岗位职责，明确自己的分工，各小组成员一起探讨本任务解决方案，分工完成在温湿度、光照采集节点中添加自定义协议及发送程序、创建并完成汇聚节点的编程，有问题及时提问； 5. 小组自评、互评	导式及部分编程演示，引导学生举一反三，突破重点、化解难点的同时，培养学生编程习惯和工程素养； 2. 分组讨论，分工完成本任务的编程——**突破教学重点**，培养学生的**团队意识**、**合作意识**； 3. 每个子任务都有评价，强调平时学习的重要性
任务实施实战演练（践）（80分钟）	➢**对接岗位**。**物联网系统集成岗位**：无线传感网的使用；**物联网应用开发**岗位：程序设计。 ➢**"1+X"考证**。**基于 Basic RF 的无线通信应用**：基于 Basic RF 的点对点通信功能开发与应用；职业素养：编码能力、规范意识、代码整齐简洁。 ➢**物联网大赛**。**物联网感知层设备配置**：对无线传感网设备 ZigBee 进行开发和调试，实现要求的功能；职业素养：职业规范、团队协作、组织管理			
	子任务3 工程配置与调试（25分钟） **1. 做什么——任务分析（2分钟）** 明确本任务要求。 **2. 怎么做——知识讲解（3分钟）** 1）分析工程配置要点，讲解调试注意事项； 2）重点讲解程序调试步骤。 **3. 小组做——任务实施（15分钟）** 1）各小组按上个任务分工，岗位是调试工程师，明确岗位职责（**1分钟**）；	1. 讲解任务要求； 2. 讲解工程配置要点及程序调试注意事项，重点讲解程序调试步骤**突破重点，化解难点**； 3. 教师强调岗位职责，明确小组分工，下发任务，教师和企业导师巡回指导，发现问题及时纠正； 4. 对完成任务的小组**按照"三度"要求评分**	1. 聆听老师讲解，明确任务要求； 2. 认真聆听，理解配置要点，掌握调试步骤； 3. 各小组成员确定岗位职责，明确自己的分工，分工合作完成软件配置、下载及软硬件联调，实现冷链监测数据的组包汇聚，在实验记录单上记录相关实验数据和出现的问题	1. 结合物联网系统集成、物联网应用开发工作岗位需求，对接"1+X"传感网应用开发（中级）考核内容中的基于 Basic RF 的点对点通信以及物联网大赛考核内容中的 ZigBee 开发调试，讲授工程配置与调试相关知识，采用启发式教学，学生以小组合作方式探究系统

续表

任务实施实战演练（践）（80分钟）	2）配置程序、编译下载，软硬件联调，记录相关实验数据**(14分钟)**。 4. **任务总结、点评(5分钟)**	5. 教师和企业导师从不同角度带领学生总结本任务主要知识点和技能点，**分析指出**实践过程中出现问题的原因，引导学生思考解决的办法，**巩固重点，解决难点**	4. 小组成员自评、互评； 5. 学生和企业导师、教师一起总结易错点和难点，并记录，避免重复出错	调试，**企业导师参与指导**，快速解决学生的常见问题，突破重点，在化解难点的同时培养学生的调试习惯和工程素养 2. 学会总结，并记录，好记性不如烂笔头，好的方法才能事半功倍
	➢ 对接岗位。**物联网系统集成**岗位：无线传感网的使用；**物联网应用开发**岗位：程序调试。 ➢ "1+X"考证。**基于Basic RF的无线通信应用**：基于Basic RF的点对点通信功能开发与应用；职业素养：规范意识、工位卫生、工具摆放。 ➢ 物联网大赛。**物联网感知层设备配置**：对无线传感网设备ZigBee进行开发和调试，实现要求的功能；职业素养：职业规范、团队协作、组织管理、工作计划、团队风貌			

（三）课后拓展：知识迁移，技能提升

任务进阶拓展提升（拓）	1. 把课中硬件搭建实物、数据记录拍照上传至学习通平台。 2. 完成课后习题：在实现温湿度、光照数据组网汇聚的基础上，思考：我们还可以做什么？当光照过强时我们应该怎么办？鼓励创新。 3. 怎样才能随时随地监测疫苗环境数据？引出本项目的下一个任务模块的教学任务，完成相应预习题。 4. 组间互评，教师、同学和企业专家进行评价，对优秀作品在教学平台进行技术分享	1. 提交资料形成良好的总结习惯； 2. 鼓励学生创新，培养学生勇于探索的创新精神。 3. 组间互评，一则激发责任心，二则明白三人行必有我师的道理，鼓励相互学习，取长补短

四、教学评价与反思

教学评价（评）	本任务采用**学生自评、小组互评、教师评价、企业导师及专家评价**相结合，**专业知识技能评价和人**文职业素养评价相结合，线上评价与线下评价相结合的**"三结合"**的评价方式，全面综合考核评价学生**"德、勤、能、绩"**，具体评价指标见下表

续表

	评价组成	评价要素	评价标准	评价主体
教学评价（评）	课前（20%）	线上自学、自测题（10%）	学习通系统评分标准	学习通
		PPT汇报（10%）	工作任务评价标准	教师
	课中（65%）	职业素养（学习态度、课堂活动、团队协作）（20%）	考勤、课堂参与、小组活动、成果汇报	教师/学生
		组网系统硬件接线图绘制及硬件搭建（15%）	工作任务评价标准/技能等级标准	教师/学生/企业导师
		三个节点编程调试（30%）		
	课后（15%）	拓展任务完成情况、资料归纳整理情况（15%）	工作任务评价标准/技能等级标准	教师/学生/企业专家
教学反思	教学效果	1. 通过复习、实物图和资料的结合，学生采取小组探究形式掌握系统硬件接线图，通过视频引导的方式明白自定义协议的定义、作用及其编程方法达到知识目标； 2. 通过讲解部分程序让学生举一反三，程序虽然难但是自己的成果，部分同学多次成功后积累了一定的成就感，也更愿意去帮助别人，形成正反馈，并且企业导师同堂指导，突破重点、难点，达到能力和素质目标； 3. 在教学各个环节全程融入思政育人元素，把价值观培育和塑造"基因式"地融入课程，达成了本任务价值引领的素质目标		
	特色创新	1. 本任务中采用任务完成度、操作规范度及组员参与度即"三度"的课中评价，让学生有责任感、存在感、参与感； 2. 企业导师和任课教师同堂教学，促进校企合作，企业与学生联系更加紧密，学生对岗位要求更加熟悉； 3. 从学生的成就感出发，采用部分讲解，学生自己体验式学习，培养专业自信		
	反思改进	存在不足：分组分岗教学时部分学生存在对自己岗位内容比较熟悉，而对组员岗位内容不熟的情况。 改进措施：今后对于功能相同的岗位，让项目导师督促课后轮岗，对于功能不同的岗位采用课间轮岗，让学生掌握每个岗位的要求		

艺术设计专业群

艺术设计专业群简介

艺术设计专业群坚持产教融合、校企合作，培养德智体美劳全面发展，适应行业企业需求，具备面向企业一线的高素质技术技能人才，包括环境艺术设计、艺术设计（产品设计）、视觉传达设计、展示艺术设计、数字媒体艺术设计、动漫设计六个专业，是从平面到空间，从静态到互动，从传统到科技，有序融合的生态型专业群。

艺术设计专业群以"工作室制"工学结合教学，形成了"创意与技能并重"的建设特色与品牌，具有广泛良好的社会声誉和认可度。艺术设计专业群设有"美术馆""摄影棚""室内设计工作室""图形信息工作室""三维特效工作室""视频前期工作室""视频后期工作室""智慧教室"等一流的艺术设计实训工作室，与40多家行业企业开展校企合作教学。

艺术设计专业群主动服务国家战略，在农产品包装、短视频推广、文创产品开发、乡村建筑、环境整治改造、乡村新经济、网红经济等领域发挥专业社会服务能力，取得了优秀的成绩。为浙江省输送了大批高素质艺术设计从业人员，培养了国家传统手工艺著名品牌"自然造物"创始人张书雁、东正装饰创始人钟涛熠、铭典传播创始人方浩等一大批艺术设计行业翘楚。

红色文化薪火相传，红色研学智慧展陈空间设计

——"会展空间设计"课程思政教学案例

课程名称：会展空间设计
教师信息：杜鹃
授课专业：展示艺术设计专业
课程性质：专业必修课

第一部分：课程基本概况

课程基本概况见表1。

表1 课程基本概况

课程名称	会展空间设计	课程性质	专业核心课
总学分	4.5分	总学时	80学时
授课对象	展示艺术设计专业大二学生	学生人数	85人
授课地点	艺术楼405智慧展陈工作室、艺术楼406商业空间工作室	授课形式	理论讲解/模型制作 多媒体空间设计实训
参考教材	课程教材需要与时俱进，不断更新。根据新时代现有的会展空间中所使用的材料、样式、特点，不断完善自编教材，可以在相关展示空间设计书籍中配合选用。 1.《展示设计》（中国轻工业出版社）； 2.《会展空间设计》		
课程性质	本课程通过对会展空间设计的概念、会展设计的风格流派、会展设计的基本原理及人机工程学在会展设计应用、会展照明设计、会展色彩设计、会展道具设计、会展专题设计等知识的讲授，采用理论与实践相结合的教学方法，使学生对于会展空间设计的基本理论、设计方法、设计程序等有系统的了解，培养学生独立完成会展空间设计的能力		

一、课程目标

"会展空间设计"是展示设计专业的专业核心课程之一。"会展空间设计"课程需要让学生认知学习规律，以展览、会议、节庆等会展活动中的空间场景设计为学习领域，通过展会空间设计中常用的活动项目的仿真，使高等职业院校艺术设计专业学生了解会展设计的流程及各个主要环节的工作内容和要求，让学生能初步具备布置会场的基本能力，培养学生与人沟通、交往及表达的能力，培养学生团队合作的能力，为学生发展艺术设计专业各专门化方向的职业能力奠定基础。

1. 知识目标

通过本课程学习，使学生需掌握会展空间及展台设计相关知识、会展灯光照明知识、会展空间及展台设计方法步骤、会展施工设计等主要内容。

本课程的第一~第三章概述会展空间一般设计要点和方法流程；第四~第七章重点提炼出"标准展位与变形设计""特装展位设计""会议场景设计""节庆活动场景设计"四个依次平行递进包容的典型教学项目（教学情境），分头展开教学实训，并将相关知识、技能、素质教学目标融入实训教学，贯穿体现为完整的会展空间设计工作体系。

2. 能力目标

本课程目标以专业对应的会展设计职业岗位工作要求为依据，参照会展设计职业资格标准制定。本课程内容按照职业岗位工作过程所需职业能力选取，理论知识围绕职业能力的掌握来组织，打破学科系统性，强调以够用为度。根据职业岗位完成工作任务应具有的职业素养和职业品质，提出对学生的职业道德、职业态度和意志品质要求，具有很强的职业性。

3. 素质目标

具有认真负责的工作态度、严谨细致和理论联系实际的工作作风；具有主动学习新知识的意识；具有刻苦钻研新技术的精神。

教学评价见表2。

表2 教学评价

评价内容	评价标准	评价类型	占比/%	评价方式	评价主体
实地调研	调研选点、内容及结论	完成效果	20	理论	教师
设计方案	方案完成度及效果	完成效果	80	实践	教师

二、思政元素

1. 红色研学智慧展陈空间设计本身就是红色革命传统文化的传承

红色革命展厅设计是中国共产党历史文化的集中呈现，坚定道路自信、理论自信、制度自信、文化自信这四个自信。运用新颖的会展空间设计从容讲述中国共产党发展史，将中国共产党改革振兴强国的理念融入课程，使学生更加深层次地理解，只有中国共产党的领导才能振兴中华民族文化，只有中国共产党的领导才能把中国带向繁荣和富强，激发学生的民族自豪感、自信心和责任感。

2. 浙江嘉兴南湖是"红船精神"发源地的地理优势，红色展厅考察调研更加便捷

习近平总书记在《弘扬"红船精神"走在时代前列》中将红船精神的内涵高度提炼为开天辟地、敢为人先的首创精神，坚定理想百折不挠的奋斗精神，立党为公忠诚为民的奉献精神。浙江是革命红船起航地，在全国上下深入开展党史教育之际，希望通过展厅宣传的方式来弘扬红船精神，传承红船基因，迸发红船新力量，把红船精神扎根在参观者的心中，唤起新中国人民肩膀上的责任感与使命感。

3. 红色研学智慧展陈空间设计与建党100周年党史学习相结合参与各类专业比赛

当前的红色展厅存在着宣教模式陈旧，参观浏览形式单一，展示形式枯燥和青少年对党史学习重视不够这四点问题。党史学习是一个动态的过程，永远处在进行时，结合时代的热点又会产生出一些新的学习思路和心得体会。在展区将党史学习与时代的热点相结合，激发学生自主学习的欲望，借此把党史学习推向一个新的高度。

三、教学策略

教学策略见表3。

表3 教学策略

序号	教学内容	知识重点	课程思政融入点	授课方式
1	会展空间设计概述	要求学生了解： 1. 会展设计的基本概念； 2. 会展空间设计的历史与发展； 3. 会展空间设计的分类； 4. 会展空间设计的风格	通过老师的讲解，将课程主题方向的展厅设计内容发布给学生，学生自主搜索整理资料，培养学生信息检索能力及主动探究新知识、解决新问题的能力	理论讲授、课堂讨论、课堂笔记、课堂讨论
2	会展空间设计基本原理	要求学生了解： 1. 会展空间设计的前期策划与展览的计划安排； 2. 会展空间设计思维的整体性、多元性及特殊性。 要求学生掌握： 1. 整个会展空间设计的基本程序； 2. 会展空间设计运用思维规律的手段和方法	老师带领学生参观红色研学展厅空间，让学生更加深入地体验实际展厅的展陈效果，直观地感受真实的展厅空间设计需求	外出考查参观展览会及商业区，制作外出考察调研汇报文件
3	红色研学智慧展陈展厅专题项目设计	1. 要求学生针对红色研学主题展厅进行综合会展空间设计； 2. 要求学生重点掌握现代会展空间设计相应的功能需求、规模大小、设计特点； 3. 使学生基本掌握现代会展空间设计的基本内容，综合完成红色主题的展厅空间设计	阶段一。 要求学生进行红色研学专题会展空间设计，实施建议： 1. 草图与构思推敲各类草图小组合作； 2. 培养团队协作精神、集体主义意识、大局意识	学生组成2~5人的小组团队，由老师以组为单位，针对绘制的项目CAD方案制图进行讲解
			阶段二。 1. 针对红色研学革命会展空间主题，深入细化与完善效果图/平面图/立面图/施工详图/模型； 2. 根据中国共产党党史理论学习以及会展空间设计理论的基本要求，对虚拟红色研学展示空间进行设计	学生小组团队进行项目方案模型制作与汇报展示，老师点评
			阶段三。 1. 提交多媒体演示，设计文案和方案，整合与演示完整演示片； 2. 根据理论课要求，对实际展示空间进行设计	学生小组对修改完成的项目方案进行结课汇报，老师点评并打分

第二部分：案例描述

1. 会展空间设计概述

会展空间设计概述见表4。

表4 会展空间设计概述

序号	教学内容	知识重点	课程思政融入点	授课方式
1	会展空间设计概述	要求学生了解： 1. 会展设计的基本概念； 2. 会展空间设计的历史与发展； 3. 会展空间设计的分类； 4. 会展空间设计的风格	通过老师的讲解，将课程主题方向的展厅设计内容发布给学生，学生自主搜索整理资料，培养学生信息检索能力及主动探究新知识、解决新问题的能力	理论讲授、课堂讨论，课堂笔记、课堂讨论

课程进程简述如图1、图2所示。评分说明如图3所示。

图1 课程进程简述（1）

思政融入点：团结开拓的合作能力。

在课程开始阶段明确分组，发布分组任务，让学生网上自主收集资料发挥团队合作的能力，确认课程进度和时间安排的每项节点，明白课程评分的基本要求。

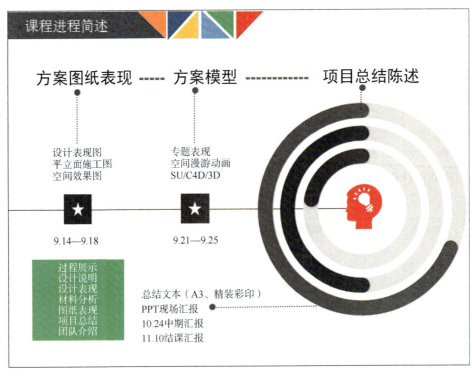

图 2　课程进程简述（2）

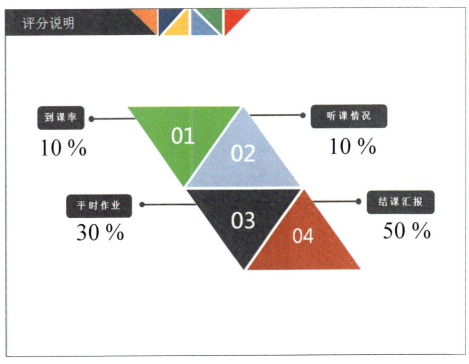

图 3　评分说明

2. 会展空间设计基本原理

会展空间设计基本原理见表5。

表5 会展空间设计基本原理

序号	教学内容	知识重点	课程思政融入点	授课方式
2	会展空间设计基本原理	要求学生了解： 1. 会展空间设计的前期策划与展览的计划安排； 2. 会展空间设计思维的整体性、多元性及特殊性。 要求学生掌握： 1. 整个会展空间设计的基本程序； 2. 会展空间设计中运用思维规律的手段和方法	老师带领学生参观红色研学展厅空间，让学生更加深入地体验实际展厅的展陈效果，直观地感受真实的展厅空间设计需求	外出考查参观展览会及商业区，制作外出考察调研汇报文件

思政融入点：整合资源的考察能力。

课程过程初期，带领学生进行实地空间调研——参观考察各种红色主题展厅空间（如杭州铁路博物馆、知青纪念馆、浙江展览馆党史展等），感受真实展厅中的设计需求（图4）。

学生根据实际展厅的考察调研整理资料进行分析汇总，制作调研报告。

图4 参观考察展厅空间

图 4　参观考察展厅空间（续）

3. 红色研学智慧展陈展厅专题设计

红色研学智慧展陈展厅专题设计见表6。

表 6　红色研学智慧展陈展厅专题设计

序号	教学内容	知识重点	课程思政融入点	授课方式
3	红色研学智慧陈展展厅专题设计	1. 要求学生针对红色研学主题展厅进行综合会展空间设计； 2. 要求学生重点掌握现代会展空间设计相应的功能需求、规模大小、设计特点； 3. 使学生基本掌握现代会展空间设计的基本内容，综合完成红色主题的展厅空间设计	阶段一。 要求学生进行红色研学专题会展空间设计，实施建议： 1. 构思推敲各类草图，小组合作； 2. 培养团队协作精神、集体主义意识、大局意识	学生组成2~5人的小组团队，由老师以组为单位，针对绘制的项目CAD方案制图进行讲解
			阶段二。 1. 针对红色研学革命会展空间主题，深入细化与完善效果图/平面图/立面图/施工详图/模型； 2. 根据中国共产党党史理论学习以及会展空间设计理论的基本要求，对虚拟红色研学展示空间进行设计	学生小组团队进行项目方案模型制作与汇报展示，老师点评
			阶段三。 1. 提交多媒体演示，设计文案和方案，整合与演示完整演示片； 2. 根据理论课要求，对实际展示空间进行设计	学生小组对修改完成的项目方案进行结课汇报，老师点评并打分

思政融入点：红色研学智慧展陈展厅专题设计。
阶段一：针对红色研学领域展示空间设计在课程中讲解中国共产党的党史精神（图5）

图5　讲解党史精神

阶段二：针对红色研学革命会展空间主题，深入细化与完善展示空间方案

本课程的教学采用文字图文教材、PPT课件、视频教材和网络教材等多种媒体教学资源为一体的配套教材，以文字图文教材为中心，以多媒体教学课件为辅，共同完成教学任务，达成教学目标。注重实验实训指导和实验实训标准的开发和应用。

在此阶段，课程中会设有一个引导作业，让每位学生对限定主题空间进行灵感元素的提取，从而使学生对空间有感性认识，再进行展会空间拆分和重构，完成一套快题设计方案。

（1）从灵感板中获取设计元素（图6）

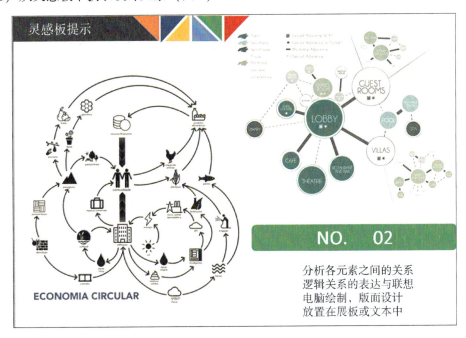

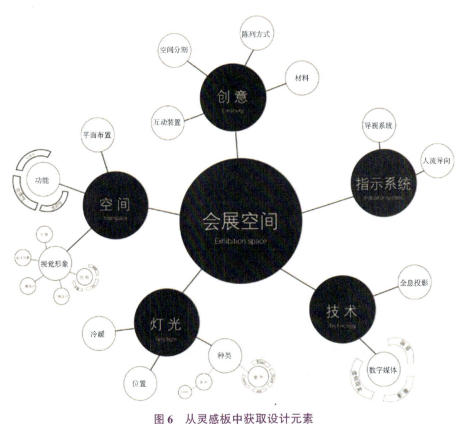

图6 从灵感板中获取设计元素

（2）运用设计元素对展会空间进行重组解构（图7）。

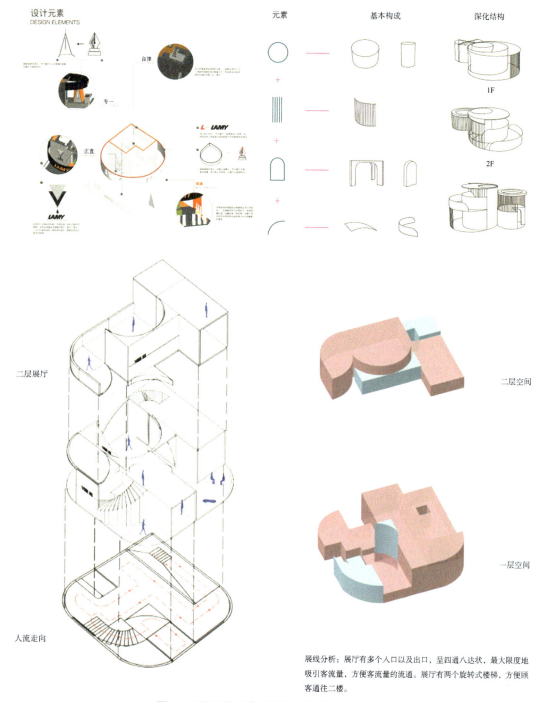

图7　运用设计元素对展会空间进行重组解构

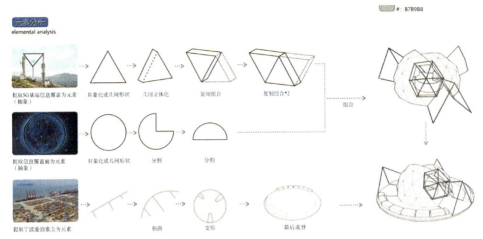

图7 运用设计元素对展会空间进行重组解构（续）

阶段三：针对红色研学革命会展空间主题，继续深入细化与完善展示空间方案

（1）绘制会展空间设计方案的CAD图纸（图8）。

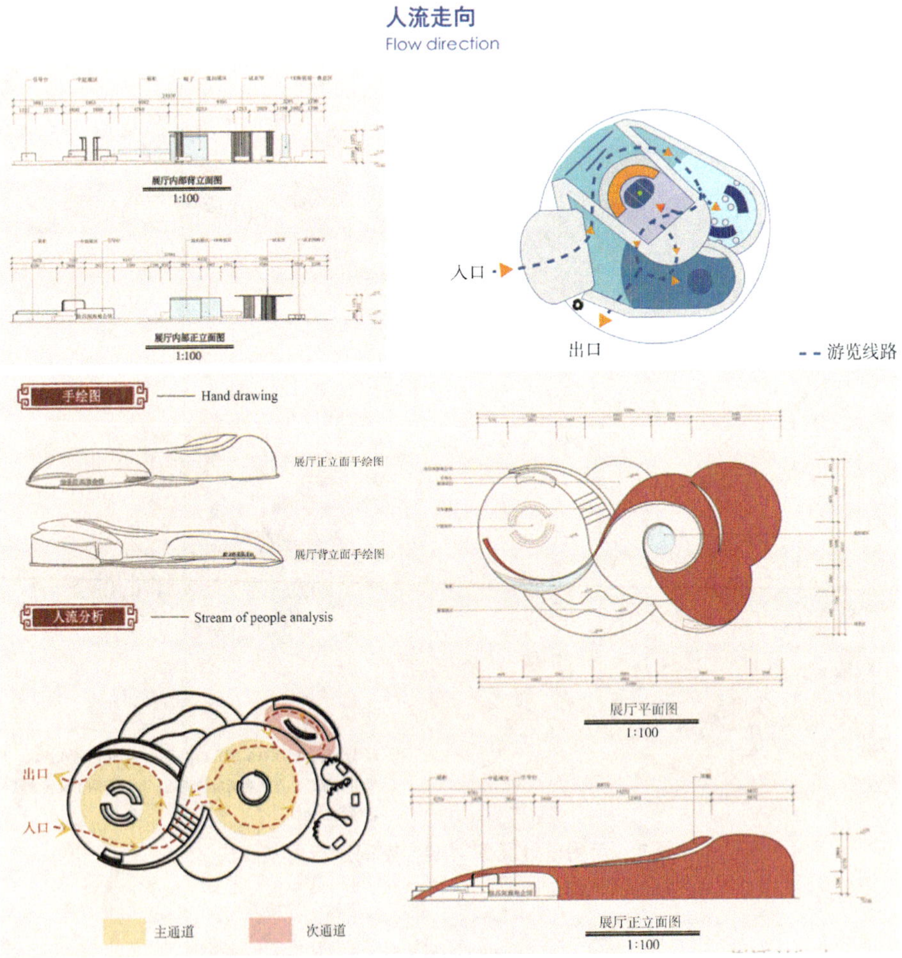

图8 绘制会展空间设计方案的CAD图纸

CAD图
CAD drawings

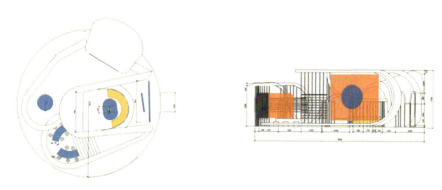

图8 绘制会展空间设计方案的CAD图纸（续）

（2）绘制会展空间设计方案渲染效果图（图9）。

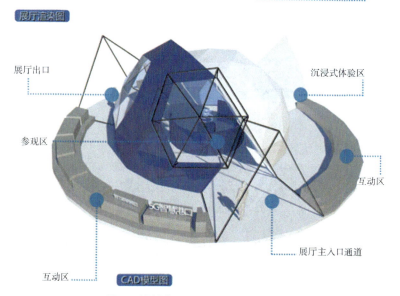

图9 绘制会展空间设计方案渲染效果图

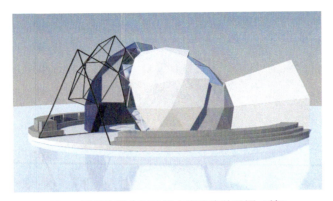

图9 绘制会展空间设计方案渲染效果图（续）

（3）制作会展空间视频漫游以及展板（图10）。

图10 制作会展空间视频漫游以及展板

（4）制作会展空间设计方案模型（图11）。

图11 制作会展空间设计方案模型

四、教学效果

通过课初下发主题任务，查阅资料，学生以小组为单位进行探究学习；课中引导学生挖掘主题任务中的设计元素，寻找设计的突破点，设计方案；课后培养学生自主完成设计方案效果的学习能力。通过"课前下达主题任务、课中完成设计方案、课后参与竞赛"三阶段完成该门课程。

学生课程制作作业展示如下。

（1）红色研学展厅分析展板如图12所示。

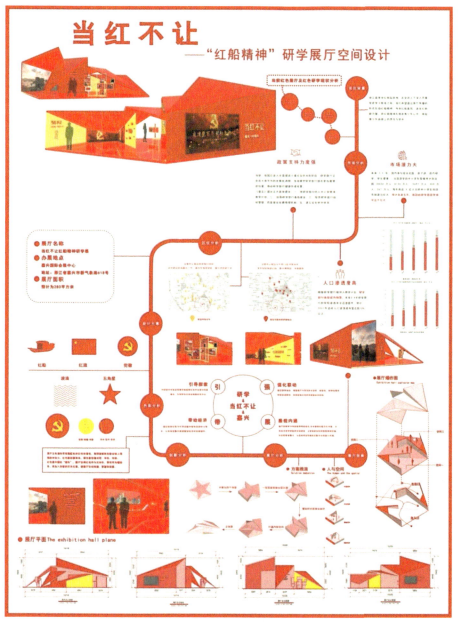

图12　红色研学展厅分析展板

（2）红色研学展厅分析文本如图 13 所示。

图 13　红色研学展厅分析文本

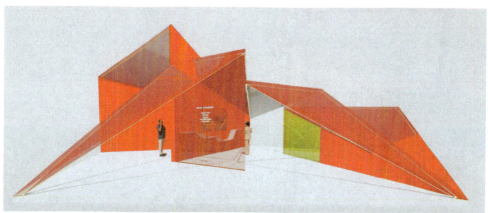

图13 红色研学展厅分析文本(续)

(3) 红色研学展厅视频漫游动画如图 14 所示。

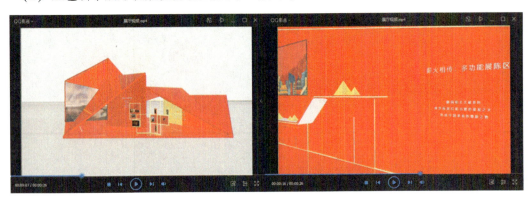

图 14　红色研学展厅视频漫游动画

(4) 红色研学展厅设计结课汇报如图 15 所示。

图 15　红色研学展厅设计结课汇报

五、特色创新

特色创新如图 16 所示。

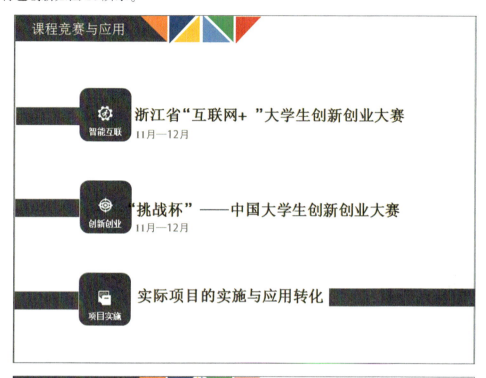

图 16　特色创新

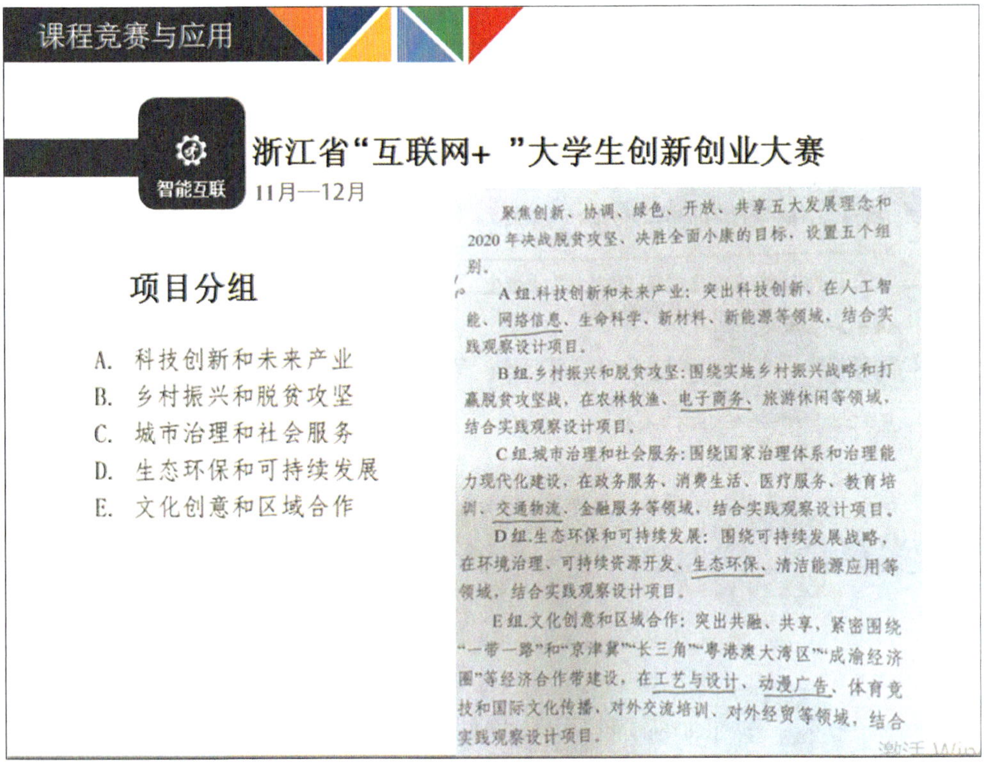
课程竞赛与应用
智能互联
浙江省“互联网+ ”大学生创新创业大赛
11月—12月
项目分组
A. 科技创新和未来产业
B. 乡村振兴和脱贫攻坚
C. 城市治理和社会服务
D. 生态环保和可持续发展
E. 文化创意和区域合作
聚焦创新、协调、绿色、开放、共享五大发展理念和2020年决战脱贫攻坚、决胜全面小康的目标，设置五个组别。
A组.科技创新和未来产业：突出科技创新，在人工智能、网络信息、生命科学、新材料、新能源等领域，结合实践观察设计项目。
B组.乡村振兴和脱贫攻坚：围绕实施乡村振兴战略和打赢脱贫攻坚战，在农林牧渔、电子商务、旅游休闲等领域，结合实践观察设计项目。
C组.城市治理和社会服务：围绕国家治理体系和治理能力现代化建设，在政务服务、消费生活、医疗服务、教育培训、交通物流、金融服务等领域，结合实践观察设计项目。
D组.生态环保和可持续发展：围绕可持续发展战略，在环境治理、可持续资源开发、生态环保、清洁能源应用等领域，结合实践观察设计项目。
E组.文化创意和区域合作：突出共融、共享，紧密围绕“一带一路”和“京津冀”“长三角”“粤港澳大湾区”“成渝经济圈”等经济合作带建设，在工艺与设计、动漫广告、体育竞技和国际文化传播、对外交流培训、对外经贸等领域，结合实践观察设计项目。

课程竞赛与应用
项目实施
实际项目的实施与应用转化
外观设计专利证书

图16　特色创新（续）

"百年复兴梦"大型主题墙绘项目
——"跟岗实习（毕业设计）"课程思政教学案例

课程名称：跟岗实习（毕业设计）
教师信息：陈文娟
授课专业：展示艺术设计、视觉传播艺术设计等
课程性质：实训与顶岗实习

第一部分：课程基本概况

"跟岗实习（毕业设计）"是展示艺术设计专业的一门实训与顶岗实习课程，是本专业学生在校的最后一门专业考核课程。本课程是对学生顶岗实习前的一次专业实践检验。本课程直接影响到学生的毕业设计制作水平以及学生毕业后的岗位对接能力。

本课程共计140课时，5学分。本课程以实践教学为主，由毕业设计指导教师出选题，学生自主选择设计，教师辅导完成。本课程通常会与部分实体项目或校企合作项目结合，设置了实地考察（测绘）调研，草创方案设计，软件制图、方案深化修正，方案实施、实体制作，方案展呈、展示设计等几个教学环节（图1）。

图1 "跟岗实习（毕业设计）"课程概况

第二部分：案例描述

一、教学目标

"跟岗实习（毕业设计）"课程旨在提高学生的岗位基础实践和专业综合能力，全面考核毕业生经三年专业学习应具备的美学审美、软件技术绘图、创意设计、项目手册制作、项目实体制作的实践能力以及展厅展示设计等综合能力。本课程培养和训练学生即将走入工作岗位所必须具备的职业敬岗精神与团队协作能力。本课程总课时为140课时，实训时间历时最长，也是人才培养方案中排在毕业前夕最后环节的最重要的实训课程，包含专业知识、职业技能和素质培养三方面目标（图2）。

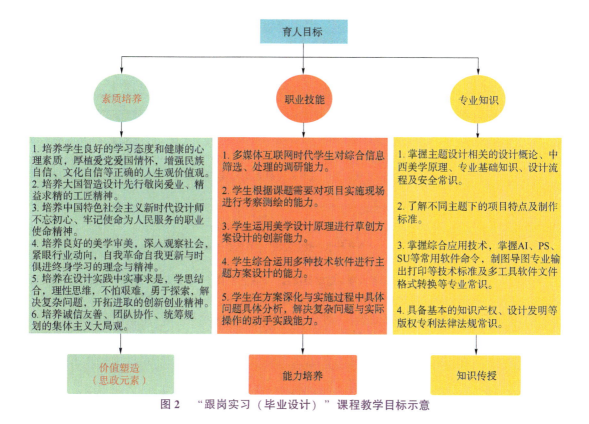

图 2 "跟岗实习（毕业设计）"课程教学目标示意

二、教学策略与思政元素

本案例以"百年复兴梦"大型主题墙绘毕业设计课题实体项目为思政实施案例。该课题结合了马克思主义实践美学原理、校园美育文化建设、劳动实践教育与党史教育的红色传承大型主题墙绘毕业设计课题实体项目（图3，表1）。

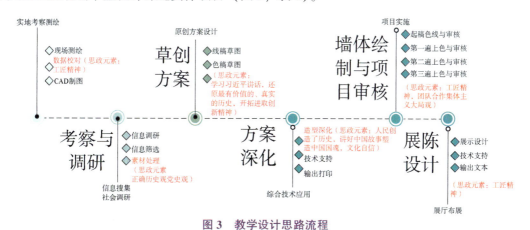

图 3 教学设计思路流程

表1 教学基本情况

课题任务	"百年复兴梦"大型主题墙绘实体项目	课程名称	跟岗实习（毕业设计）
总学分	5	总课时	140课时
先修课程	"综合设计软件""项目设计"等	授课形式	项目审查与实训指导
课题项目背景 （思政元素）			为了贯彻习近平总书记留给浙江的宝贵思想理论财富，大力弘扬红船精神、浙江精神，不断提高思想文化传播能力，讲好浙江故事，画出中国国魂，创作出无愧于时代无愧于人民的美术作品。在建党100周年之际，为更好地学习和继承中华儿女为建设新中国百年征程，实现中华民族复兴大业前仆后继的伟大精神，践行马克思主义实践美学原理，结合校园美育文化建设，培养新一代德才兼备爱党爱国的新时代艺术设计人才
课题项目 指导思想 （思政元素）			"不忘初心、牢记使命" "百年传承、爱党爱国""百名学子画百年复兴梦"
课题项目内容 （思政元素）			"百年复兴梦"78米长大型主题墙绘项目，是由艺术设计学院发起的"美育"进校园，结合劳动实践教育与党史教育的红色传承大型主题墙绘项目。该墙绘内容截取中国近现代史至建党100周年不同时期的一些重要历史事件与典型人物，以扁平艺术与动画风格的人物造型特写与群像事件组合的方式，绘制在1.7米高的校园围墙上，由38个隔断墙体组成一个78米长的统一画面
教学目标	知识目标 （思政元素）		➢正确的中国近现代史及中国共产党党史知识； ➢了解墙绘发展脉络与历史风格，了解红色主题墙绘项目的运作流程、材料特性与项目特点； ➢掌握AI、PS、SU制图导图常用命令，导图输出等技术标准，掌握数位板手绘软件应用基本常识； ➢具备基本的知识产权、设计发明等版权专利法律法规常识
教学目标	能力目标		➢搜集中国近现代史及中国共产党党史信息图片史实资料，甄别筛选有用及可用素材信息的调研能力； ➢根据课题需要对墙绘现场考察测绘的能力及CAD软件制图能力； ➢学生能够综合运用美学原理草创墙绘设计方案的创新能力； ➢学生在方案深化修正过程中能够综合运用多种软件技术能力； ➢学生在墙绘项目实施过程中的手绘能力，在项目实践中解决复杂问题的能力； ➢学生服从统筹规划，团队协同的合作能力
教学目标	素质目标 （思政元素）		➢培养学生正确的人生观、价值观、中国近现代史及中国共产党党史观，做新时代德才兼备爱党爱国的艺术设计人才； ➢培养大国智造、设计先行，敬岗爱业、坚韧不拔、精益求精、迎难而上的工匠精神； ➢培养中国特色社会主义新时代设计师不忘初心、牢记使命为人民服务的职业使命精神； ➢发挥主观能动性，在墙绘绘制过程中不畏艰难，敢于攀登，具体问题具体分析解决复杂问题以及开拓进取的创新创业精神； ➢培养良好的艺术审美力、不断自我革命与时俱进的终身学习的理念和精神； ➢培养诚信友善、团队合作的集体主义大局观

续表

序号	教学环节	教学内容	教学策略	教学方法	思政元素	课时
1	实地考察测绘制图	1. 现场测绘； 2. 数据校对； 3. CAD 制图	1. 分小组进行测绘； 2. 各小组数据核对； 3. 统一数据； 4. CAD 图纸绘制	小组合作法；讨论法	敬岗爱业精益求精工匠精神	4
2	信息搜集社会调研	1. 有用信息筛选； 2. 历史照片素材搜集； 3. 素材整理与抠图	1. 教师引入几个信息搜集关键点，如解放战争时期的军服颜色、抗美援朝时期的军服颜色等； 2. 小组分工：搜集信息； 3. 团队协作：整合信息； 4. 小组讨论：筛选有用信息与素材图片； 5. 素材照片技术：软件处理备用	案例法；讲授法；小组合作法；讨论法；实训法	树立正确的历史观党史观；做新时代德才兼备、爱党爱国的艺术设计人才；团队合作的集体主义大局观	8
3	原创方案设计	1. 线稿草图绘制； 2. 色稿草图绘制	1. 课前布置以小组为单位的墙绘风格调研作业； 2. 课上以小组为单位演示汇报自己组欲借鉴的墙绘风格及设计方向； 3. 教师点评案例推荐引入"抗疫长图数字绘画"等经典案例，把握总体设计方向； 4. 分组绘制草图； 5. 在规定时间内各小组提交方案草图	预习法；讨论法；案例法；实训法；小组合作法	学习毛泽东的延安文艺座谈会讲话；艺术文艺是为人民服务的艺术；学习习近平总书记讲话"文学家艺术家不可能完全还原历史的真实，但有责任告诉人们真实的历史，告诉人们历史中最有价值的东西。"开拓进取的创新创业精神；培养良好的艺术审美力，不断自我革命与时俱进终身学习的理念和精神；以美术形象塑造好中华儿女不屈不挠的、艰苦奋进的伟大精神，讲好中国故事，塑造中国国魂	10
4	方案深化	1. 线稿深化绘制； 2. 色稿深化绘制	1. 各小组比稿方案草图； 2. 教师点评提供修改意见； 3. 元素整合方案修正； 4. 分工合作方案完善	讨论法；指导法；实训法；小组合作法	敬岗爱业、精益求精的工匠精神；以美术形象塑造好中华儿女不屈不挠的、艰苦奋进的伟大精神，讲好中国故事，塑造中国国魂；建立文化自信，复兴百年传承	10

续表

序号	教学环节	教学内容	教学策略	教学方法	思政元素	课时
5	墙体绘制与项目审核	1. 起稿勾线与审核； 2. 第一遍上色与审核； 3. 第二遍上色与审核； 4. 第三遍上色与审核	1. 绘制人员动员大会； 2. 教师详细介绍讲解主题墙绘项目特点及绘制流程； 3. 以周为单位进行分阶段绘制与项目审核（第一周勾线，第二周第一遍上色，第三周第二遍上色，第四周第三遍上色）； 4. 教师给出各阶段修改意见； 5. 绘制修正与完善； 6. 团队合作统筹部署	指导法； 实训法； 小组合作法	敬岗爱业、精益求精的工匠精神； 做新时代德才兼备、爱党爱国的艺术设计人才； 团队合作的集体主义大局观； 发挥主观能动性，在墙绘绘制过程中，不畏艰难，敢于攀登，具体问题具体分析，解决复杂问题的精神	80
6	展陈设计	展示设计； 技术支持； 文本输出； 展示布展	1. 小组讨论决定展示设计意向； 2. 分工合作排版制作； 3. 教师提供案例借鉴及修改意见； 4. 展示方案修正完善； 5. 文本输出打印； 6. 展厅布展	讨论法； 小组合作法； 案例法； 实训法	敬岗爱业、精益求精的工匠精神； 培养良好的艺术审美力，不断自我革命，与时俱进，终身学习的理念和精神	28

三、特色创新

1. 顶岗实习与美育进校园实体项目结合

"百年复兴梦"大型主题墙绘项目是与"美育进校园"实体项目结合的"跟岗实习（毕业设计）"课程，以项目实施任务流程为导向，以学生自主创作为主体，充分发挥学生的独立原创力，以教师实训指导与项目审核为指导方向，确保项目如期稳步进行的专业实训实践课程。该课程很好地锻炼了学生的专业综合能力并提高了学生的设计师爱岗敬业的职业责任感与使命感。

2. 紧密结合爱党爱国、党史教育等思政元素

该大型红色主题墙绘项目的课程设置从始至终紧密贴合了"爱党爱国""美育进校园""党史教育""百年传承""复兴中国梦""讲好中国故事""劳动教育实践"等思政元素。

3. 与劳动教育实践课程相结合

由于78米长实体墙绘项目体量过于庞大，本课程还结合了大二学生的劳动教育实践课，调动了艺术设计学院最大范围群体学生的创作力量，在马克思主义实践美学原理的指导下，进行了一场轰轰烈烈的"百名学子绘百年复兴梦"的劳动实践活动，同时它也是持续时间最长、最大范围的一次党史学习活动。

四、教学成果

"百年复兴梦"大型主题墙绘项目，从草创之初就得到了艺术设计学院以及学校领导的高度重视与鼎力支持，经过缜密的筹备与精心的创作环节，终于在金秋十月正式启动进入绘制阶段，经艺术设计学院官方公众号、浙江商业职业技术学院官方公众号及钱江新闻线上小时报的大力宣传与推广，得到了全校师生和校外社会人群广泛热切的关注，点击率达上千人次，起到了很好的爱党爱国正能量的社会宣传作用。通过美育进校园的项目实施打造了良好的校园文化，也是对中国共产党建党100周年、我校建校110周年的献礼。该毕业设计主题墙绘课题已经被学校推荐到浙江省文化旅游厅的创作项目进行评选。

在墙绘的绘制阶段，百名学子一同绘制的宏大场景，引得无数师生驻足观看，虽然在绘制的过程中要经历风吹雨打，也有许多困难到不想再坚持的时刻，但是同学们都顽强地坚持到最后，并在这次绘制过程中充分地感受到了什么是团队合作精神、设计师职业使命与责任，什么是顽强拼搏的精神。这次思政课程使同学们不管是身体还是心灵都真真正正地向党靠拢，向"百年复兴梦"中的无数个中华儿女不屈不挠的奋斗精神靠拢。该毕业设计主题墙绘也大大改善了该校园区域周边，美化了校园环境，这是使学生们非常有成就感的一件事情。相信所有参与此次毕业设计思政课程的学生们都会经受心灵的洗礼，向成为新时代德才兼备、爱党爱国的艺术设计人才的目标奋勇前进。

建党 100 周年创意海报

——"海报设计"课程思政教学案例

课程名称：海报设计
教师信息：羊力超
授课专业：视觉传达设计
课程性质：专业必修课

第一部分： 课程基本概述

（一）课程概述

"海报设计"是平面设计专业的一门重要的专业课，它具有较强的创新思维要求和很强的实践性。

"海报设计"课程总共 64 课时，是培养平面艺术设计专业学生创新思维能力、版面编排能力、图形创意能力的一门综合性的专业课程。本课程要求学生通过学习了解海报设计的基本功能，掌握海报设计的构成要素，并将所学的专业基础知识较全面地得以发挥。

（二）教学目标

[知识目标]

（1）通过本课程的学习，学生们将了解海报设计的基本概念、分类以及如何鉴赏海报设计。

（2）通过本课程的学习，学生们将学会用视觉语言来表达特定的抽象概念。

（3）本课程的学习将激发学生们创新思维能力、审美能力和动手能力。

[能力目标]

（1）本课程的能力目标是要通过软件（Illustrator、Photoshop）的学习，掌握海报设计的基础知识以及设计方法。

（2）通过"理论—实训—设计"的教学模式进行作品分析、小稿习作讲解、头脑风暴、实际案例操作来掌握海报设计的整个流程。

（3）培养学生们的创造思维、艺术个性、沟通能力、团队意识以及创新能力。

[素质目标]

（1）具备一定的专业审美意识和创新意识。

（2）具有团队协作的职业精神和工作方法。

（3）具备一定的沟通能力，能准确讲解、表达出海报的创意。

第二部分：案例描述

一、课程内容和要求

课程内容和要求见表1。

表1 课程内容和要求

序号	项目	知识内容与要求	技能内容与要求	建议课时
1	海报设计概述及基础知识	海报设计的起源、现代海报的发展	多媒体教学，使学生了解海报设计的概念和基础知识、海报设计的原则、海报设计的构成要素	2
2	海报设计的分类，海报设计的特征、海报设计的功能	海报设计的原则、海报设计的构成要素、海报设计在媒介中的应用情况	基本了解海报设计的分类、海报设计的特征，海报设计的功能，进行优秀海报设计作品赏析	2
3	海报设计的调研报告（PPT汇报）	海报设计的资料搜集分析、具有卓越创意的海报的作品赏析	学生课后自己进行资料搜集制作成PPT调研报告并汇报	4
4	海报设计实训项目：1. 优秀作品赏析；2. 实际项目实训	优秀海报作品赏析；实训项目：商业性海报或政治类、公益类海报设计	实训项目：商业性、政治类或公益类海报设计 1. 分组讨论； 2. 要求每位同学5个创意小稿； 3. 小稿通过后制作正稿； 4. 最后定稿以A4打印稿（4张一系列）呈现	56

本案例选取"海报设计"课程的实训项目作为育人元素实施案例。该课利用56课时，通过海报作品欣赏、案例分析、分小组讨论和设计等多种形式组织教学，让学生掌握海报中的图形、文字和颜色的设计，同时了解建党100周年的光辉历史及伟大成就，通过海报的形式庆祝建党100周年。

二、思政育人目标

（一）树立爱国心。通过让学生了解建党的历史和伟大成就，激发学生爱党爱国的使命感。

（二）铸就中国心。使学生了解民族文化，培育爱国情怀，提升文化自信。

（三）建立创新心。培养学生在设计中始终保持创新精神。

三、思政育人案例设计思路

(一) 思政元素嵌入

思政元素嵌入见表2。

表 2 思政元素嵌入

思政元素	教学环节及内容	设计意图
中国心 了解民族文化	1. 课堂导入 学生观赏国内外海报案例和海报设计风格,小组讨论分享其中最喜欢的海报风格并简要说明理由	在课堂上欣赏国内外有名的海报,帮助学生感知海报中不同的艺术表现手法
爱国心 精益求精	2. 知识学习 在"海报设计"课程中结合建党100周年设计相关主题海报,让学生了解党的历史和伟大成就,分析优秀的海报案例,学习优秀的版式风格和表现技巧	探究海报设计的特点,培养学生的爱国心;帮助学生以建党100周年这个主题设计不同风格的海报
创新心 保持创造力	3. 实操巩固 结合海报的特点及设计原则,挖掘党的文化内涵,学生以小组合作的形式为建党100周年设计主题海报	结合建党100周年LOGO,设计庆党100周年主题海报;引导学生深度了解党史,打开思维,用多角度的创新思路去勾画海报

四、思政模式实施过程

(一) 课堂导入

通过观赏国内外海报案例和海报设计风格,讲解海报的分类和特征,让学生尝试建党100周年主题海报中创新的设计手法。

1. 海报的分类

海报分为社会公共海报(非营利性)、政治海报、公益海报、活动海报、商业海报(营利性)、文化娱乐海报、艺术海报(图1)。

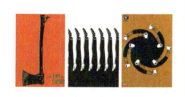 

图 1 海报的分类

2. 海报的特征

海报具有大尺寸的画面、强烈的视觉冲击、卓越的创意。

3. 海报的功能

海报可以传播信息，引起兴趣（刺激购买欲望、诱导观众接受理念），是兼具设计性和绘画性的广告媒体（图2）。

图2　海报的功能

（二）知识学习

在"海报设计"课程中结合庆祝建党100周年设计相关主题海报，让学生了解党的历史和伟大成就（图3、图4）。

图3　主题海报（1）

图4　主题海报（2）

（三）实操巩固

结合海报的特点及设计原则，挖掘党的文化内涵，学生以小组合作的形式为建党100周年设计主题海报。结合建党100周年LOGO，设计庆祝建党100周年主题海报，引导学生深度了解党史，打开思维，用多角度的创新思路去勾画海报（图5）。

图 5　主题海报（3）

五、教学成效

（1）思政育人目标贯穿始终。本课程融入思政教育，在学专业课的同时，培育学生的爱国情怀。

（2）课堂参与度高，学生积极性强。课堂内外自主学习、小组合作、实操训练等多种学习形式，极大提升了学生的课堂参与度与学习积极性。

六、特色创新

1. 课堂教学模式创新

创新课堂教学模式，综合运用线下和线上课堂，依托钉钉云课堂，时时上传课程和作业分享，让学生在线上也可以进行很好的互动，充分发挥混合式教学优势。

创新课堂管理模式，学生通过钉钉在线平台观看教学视频，同时教师发布作业，增强了教师和学生之间互动机会，通过组织小组合作、小组竞争实现互助互促，强化学生内驱学习动力；教师总体把控，分析学生学习情况，有针对性地进行个性化指导。

2. 教学设计内涵丰富

教学内容有新意。从技能能力、职业技能、价值素养三个维度实现知识与思政元素的深度融合。

课堂活动有创意。在海报课程中融入庆祝建党100周年党员活动，让政治海报和公益海报更贴近生活，同时课堂讲授和实践相结合，强化"学中做，做中学"，使学生在真正认知、参与、互动中有效提升学习效果。

课堂学习有寓意。本课程借助庆祝建党100周年融入思政教育，使学生了解党的发展和成就，培育其爱国情怀。

千年宋韵　家国情怀

——"项目设计"课程思政教学案例

课程名称：项目设计
教师信息：姜含之
授课专业：动漫设计等
课程性质：专业核心课程

第一部分：课程基本概况

"项目设计"是动漫设计专业的一门专业选修课，课程安排在第五学期，是本专业学生利用系统知识对本专业两年学习的综合梳理和检验，是非常重要的专业课程之一，为学生以后在设计领域的发展指引方向。

本课程主要通过既定主题设计，检验学生对综合设计能力，动漫产品前、中、后期设计与制作能力的掌握程度。设计方向可以考虑 IP 系列产品设计，作品形式可以是卡通角色设计、动画片设计、漫画设计、动漫衍生品设计等。

第二部分：案例描述

一、课程目标

"项目设计"是通过既定主题 IP 设计的方式对学生综合设计能力的一次检验，目的在于让学生通过对主题的理解能熟练运用设计思维方式和设计方法，能用专业理性的思维来分析问题，用创新和拓展的思维解决问题，使学生熟练掌握综合设计能力。

（一）知识目标

通过本课程的学习，掌握既定主题设计的内容和内涵，巩固综合设计能力，深入开发动漫创意能力。

（二）能力目标

培养学生具备分析主题的能力、IP 形象设定与系列产品设计的能力、综合设计能力以及和统筹管理的能力。

（三）素质目标

以"家国情怀"为核心，厚植学生爱国爱党情感，培养学生良好的学习的态度和健康的心理素质，培养理性的设计思维、良好的创新精神与团队协作精神，实现三全育人目标。

二、教学基本情况

教学基本情况见表 1。

表 1 教学基本情况

教学项目	
教学内容	宋韵传统 IP 动漫重塑之核心形象设计——李清照
教学内容	(1) IP 创意知识讲解，对主题进行剖析，了解项目需求（2 课时）； (2) 查阅资料（文献、图片、视频等），了解艺术元素、人物与时代背景（课内 2 课时、课外）； (3) 参观国画展，并进行拍摄与临摹，提取宋韵文化的特征元素（课外）； (4) 进行学习汇报、小组讨论与头脑风暴，甄选出可用于 IP 核心形象的符号元素（4 课时）； (5) 整理与呈现 IP 身体认知与角色行为符号系统，进行全系列 IP 形象的设计与迭代（8 课时）
学情分析	**学生基础** 学生已经经过两年的专业学习，完成了动画制作的全部工作环节，已经能完成一些阶段性的项目任务，但没有经过综合性的项目制作。有角色设计与动作表演的基础，但对于 IP 设计还十分陌生。专业兴趣十分多样，对宋韵文化充满兴趣，且思路开阔，创新意识强。图形解构与图像呈现能力较强，但文字表达能力较弱 **前导课程** 造型基础、角色设定、运动规律、定格动画等
教学目标	**知识目标** (1) 了解 IP 核心形象的创意过程； (2) 了解宋韵文化中的人物妆发、服饰等元素特征；两宋时期的时代背影、历史进程及临安古城的风土人情； (3) 掌握 IP 创意中身体认知、角色表演符号的呈现方式； (4) 理解 IP 核心形象的立像、立调、立意等环节的要点 **能力目标** (1) 通过项目需求分析、背景知识学习，培养学生分析问题、查阅资料自主学习的能力； (2) 通过对宋韵文化中相关元素的提取，培养学生解构图形、从文字提取出造型元素等视觉设计能力； (3) 通过对 IP 符号系统的整理与呈现，培养学生重构图形、呈现视觉元素、情景设定与角色表演的能力； (4) 通过对 IP 形象的多次迭代，培养学生收集反馈意见、甄别要点、调整设计的能力 **素质目标** (1) 培养学生文化自信、厚植家国情怀； (2) 培养学生勇于探索的创新精神、精益求精的工匠精神； (3) 培养学生善于分析问题解决问题的实践能力
教学分析	**教学重点** (1) IP 核心形象创意流程； (2) 宋韵文化元素的提炼与甄别； (3) 角色形象的解构与重构 **教学难点** (1) IP 符号系统的整理与呈现； (2) IP 形象的迭代； (3) 宋韵元素的准确表达

三、设计思路

设计思路见表2。

表2 设计思路

思政元素	教学内容与方法	融入方法
知史懂史 树立文化自信	主题剖析与背景学习（对主题进行剖析，进行背景学习）；将项目教学法与参观法相结合；查阅典籍古画、参观相关展览、观看视频图片	引导学生从"一人、一城、一时代"这三个切入点进行宋韵文化的学习，在学习过程中理解传统文化的博大精深、历史变迁与大宋风骨，激起学生们的文化自信与爱国热情
对照立像 感知家国情怀	将宋韵元素分为视听符号、历史故事、精神内涵等层面与IP形象创作的环节对应，完成立像不同人生时期的李清照IP形象性格特征的归纳和表达； 情景教学法、小组合作法；头脑风暴、小组讨论	感知李清照"欲将血泪寄山河"的爱国主义情怀、"死亦为鬼雄"的刚毅品格、为保护文化典籍不惜冒生命危险赤子之心等精神境界。李清照虽为女子，一样拥有大宋风骨的崇高品质
持续创新 培养工匠精神	在服饰妆容、造型风格、图案隐喻等方面呈现宋韵传统IP的身体认知符号的表象功能与系统结构； 任务驱动法、情景教学法； 在动作、语言、表情等方面形成IP的行为符号，系统对IP形象进行多次迭代，不断改良	不断磨炼学生的意志，引导学生持续创新，培养学生精益求精的工匠精神

四、教学方法

通过IP核心形象的立像、立调、立意等创意过程，利用任务驱动法、项目教学法、情景教学法、小组合作法等教学方法，带领学生一步步走近宋韵文化，在学习过程中竖立文化自信，感知家国情怀，培养工匠精神。

教学流程如图1所示。

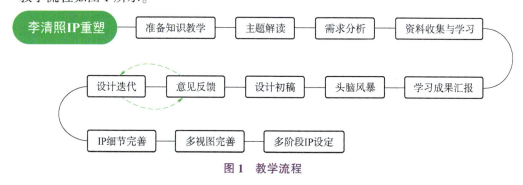

图1 教学流程

五、实施方案

实施方案见表3。

表3 实施方案

项目前期		
教学环节	教学内容及活动	思政融入
准备知识教学 （30分钟）	一、IP的定义与概念 二、IP创意的过程 　IP"立像"是指从身体符号、行为符号两个方面来进行宋韵传统IP符号的表象与设定研究，树立IP视听表象。 　IP"立调"是为IP形象赋予令受众印象深刻的故事，以树立IP的内容调性。 　IP的"立意"指IP精神内涵设定，包括来自宋韵文化母体的精神内涵，以及发源自这一内涵的情感表达	帮助学生树立正确地看待问题的方式。对IP表象的理解都是在意识形态与精神内涵的引导下产生的
主题解读与 需求分析 （50分钟）	一、项目主题布置 　从传奇词人李清照的一生出发，开发出以其为原型的IP形象（Q版及真人版），并以IP形象为核心设计与开发各种形式的内容。李清照与浙江有很深的渊源，她人生中的巨变几乎都发生在浙江，我们的内容开发会以这段时间为主，以其人生经历为蓝本，用今人的角度来看待一位绝世才女在历史长河中沉浮的一生。 二、项目解析 本项目以李清照这一传统IP的动漫重塑入手，从"家国情怀"培育视角出发，以南宋初期杭州的民俗民风为蓝本，将宋韵元素分为视听符号、历史故事、精神内涵等层面，与IP形象创作的多个环节对应，从IP创意与IP落地应用等方面，开展宋韵传统动漫IP重塑。 三、优秀案例点评 省红十字IP、良渚文化IP。 四、需求分析 IP形象设计要满足的要求： （1）宋韵文化来源的造型元素； （2）李清照各个人生阶段的共性与不同； （3）突出IP辨识度； （4）在造型上突出精神内涵	理解历史人物是时代的产物，理解"家国情怀"为什么为李清照IP的精神内核。通过优秀案例分析，了解IP的精神内核如何展现

分组定岗、资料收集与学习（2课时加课外）	一、分组定岗 二、带着问题去学习 （1）宋韵文化的造型元素有哪些？（服饰、妆发、道具、配色、身体姿态） （2）可以表现在IP卡通形象上的造型元素有哪些？（身体认知、表演行为） （3）李清照是什么样的人？她的人生每个阶段经历了哪些事？（着重在浙江时期） （4）为什么李清照可以称为"中国第一女词人"？她的词有什么特点？ 三、资料收集 场地：图书馆、美术馆、博物馆； 资料：文献、古画、视频、当代再现作品 	培养学生信息检索能力及主动探究新知识、解决新问题的能力。 通过小组协作学习，培养团队协作精神、集体主义意识、大局意识。 通过对宋韵文化的学习与了解，树立学生的文化自信与爱国主义精神
项目中期		
教学环节	教学内容及活动	思政融入
学习成果汇报与头脑风暴（4课时）	一、整理与交流前期学习内容 部分收集的宋韵服饰资料展示如下。	在汇报与讨论过程中理解传统文化的博大精深、历史变迁与大宋风骨，激发学生们的文化自信与爱国热情

续表

学习成果汇报与头脑风暴（4课时）	对宋韵服饰与妆发的元素进行解构与提取，得到"襦裙""大袖""低髻""簪花""桃花妆"为主要女性宋韵造型元素。 二、头脑风暴 开展小组讨论与头脑风暴，进行 IP 形象创意元素的整理，甄选出可用于 IP 核心形象的符号元素。  三、IP 形象立像设想 设定按不同的人生阶段进行 IP 形象的设计。 总结出系列 IP 形象的共性与不同。 共性：清丽外形、文采卓然、敏感多思、性格坚韧。 不同：少女时代张扬骄傲； 　　　少妇时期雍容幸福； 　　　中年时期坚强不屈； 　　　老年时期避世清冷	
设计初稿与迭代（6课时及课后）	一、设计初稿 对造型元素进行甄别与重构，选定少妇时期为主形象，设计出第一版的 IP 形象初稿。  二、第一次意见反馈 征集组员、同学等的意见反馈，在教师指导下，对意见进行整理和甄选，总结出以下主要意见。 （1）五官太过日系，不够中国特色； （2）配色过于沉重； （3）过于想突出八咏楼特色而不美观； （4）没有辨识度。	不断磨炼学生的意志，引导学生持续创新，培养学生精益求精的工匠精神

设计初稿与迭代 （6课时及课后）	三、重新设计第二稿 经过对古风宋韵的女性五官与妆容的学习，对五官与妆发的调整比较明显。   四、第二次意见反馈 （1）桃花妆特色不鲜明； （2）发型太尖锐； （3）服装配色太重。 五、第三次IP形象设计 参考词句"常记溪亭日暮"（《如梦令》），细化五官，细化梅花妆，将头饰印章改变为荷花，完善衣服版型，进行明暗区分。调整色调，整体细化，增加流苏簪子、流苏耳坠，丰富画面 	围绕"家国情怀"这一内核展开的宋韵 IP 精神内涵设定实践，从宋韵文化中提炼与界定出 IP 的精神内核——"家国情怀"，并运用多种 IP 内容进行情感表达，带领学生在理论学习与实践操练中感知传统文化，厚植家国情怀

续表

项目后期		
教学环节	教学内容及活动	思政融入
IP 形象系统完善 (2课时)	一、进行主造型发型、饰物、衣服绣样的考究与制作 二、进行主造型五视图的设计 三、进行多个其他人生阶段的 IP 造型的创作 根据李清照不同时期的特点进行多阶段形式创作。 参考词句"昨夜雨疏风骤""海棠"（少女时期）(《如梦令》)，更改衣服版型，使配色更显年轻化，发型活泼俏皮	

续表

IP形象系统 完善 （2课时）	参考词句"薄雾浓云愁永昼""菊花"（中年时期）（《醉花阴》），进行前期稿图设计和草图构思，动作参考基本确定  四、确定呈现展示方式 IP形象以图文排版后平面展示为主，制作招贴、插漫画、绘本、动画片、真人视频、VR系统、周边产品、动漫造景等内容，应用于不同场景，强调符号，讲述IP故事	

六、教学效果

在项目教学中，教师带领学生完成了项目前、中、后期的全部流程。在前期工作中，学生根据指定主题进行剖析与背景学习，通过查阅典籍古画、参观相关展览、观看视频图片等方式，在学习过程中理解传统文化的博大精深、历史变迁与大宋风骨，激发学生们的文化自信与爱国热情。在项目中期过程中，学生从宋代历史文化背景出发，以南宋初期杭州的民俗民风为蓝本，利用头脑风景、小组讨论等方式，将宋韵元素分为视听符号、历史故事、精神内涵等层面，与IP形象创作的环节对应，完成立像，感知家国情怀。在不停的设计迭代与后期的细节设定中，不断磨炼学生的意志，培养学生精益求精的工匠精神，最终实现本项目知识、能力、素质等教学目标。从学生知识掌握情况、任务完成情况、课后评价情况看，教学效果良好，具有一定的推广借鉴价值。

七、特色与创新点

（一）项目主题选择既符合学生兴趣，又能体现思政价值

在当前国潮风的影响下，青年学生对国风的艺术表达具有浓厚兴趣。同时，宋韵文化又是具有中国气派和浙江辨识度的重要文化标识，具备巨大的本土影响力，这个选题十分能引起学生兴趣。同时，实现"一人"（即李清照这一经典女性形象）、"一城"（即杭州城）、"一时代"（即南宋迁都时期）的IP创意与相关产品开发，着重呈现李清照在杭州的人生阶

段的境遇与经历，表达传统女性丰富的情感世界与坚贞的家国情怀，具有很高的课程思政教育价值。

（二）项目实施过程充分体现了课程思政的意义

在项目的前期、中期、后期阶段都有相应的思政元素植入。在项目前期引导学生进行宋韵文化的学习，在学习过程中理解传统文化的博大精深、历史变迁与大宋风骨，激发学生们的文化自信与爱国热情；在项目中期通过不同人生时期的李清照 IP 形象性格特征的归纳和表达，感知李清照"欲将血泪寄山河"的爱国主义情怀、"死亦为鬼雄"的刚毅品格、为保护文化典籍不惜冒生命危险赤子之心等精神境界，了解李清照虽为女子，一样拥有大宋风骨的崇高品质；在不停的设计迭代与后期的细节设定中，不断磨炼学生的意志，培养学生精益求精的工匠精神。思政元素贯穿始终，涵盖多样，体现了三全育人的理念与课程思政的意义。

公共基础课

守正出奇，开拓创新

——"浙商文化"课程思政课教学案例

课程名称：浙商文化
教师信息：来金晶
授课专业：市场营销等
课程性质：公共限选课

第一部分：课程基本概况

"浙商文化"是一门全校性通识课程，面向市场营销、工商企业管理、电子商务、移动商务、烹饪工艺与营养等20个专业，线下总授课人数超过10 000人。目前，"浙商文化"课程组在中国大学MOOC、浙江省高等学校在线开放课程共享平台、职教云平台、超星等平台上共完成8期"浙商文化""中华商文化"课程开设，课程访问量近百万次，服务的院校涵盖本科、高职和中职。本课程在系统梳理千年商业发展脉络的基础上，聚焦浙江省商业经济成就展示，通过多维度教学活动引导学生理解商业伦理、经商之道、处世哲学，培养"有德行、懂管理、会经营"的现代商贸人才。**课程围绕"七商"，即"商史-商路-商帮-商号-商魂-商创-商战"内容**，帮助学生构建文化图景，明晰新时代社会主义市场经济环境下优秀商人应该具备的特质与素养，为学生在后续专业课程中学习如何成为优秀的商人奠定基础。

第二部分：案例描述

一、课程目标及思政育人元素

本课程围绕商贸的发展、演进历史，丝绸之路与"一带一路"的倡议，晋商、徽商和浙商等典型商帮的兴衰，传统老字号企业的兴衰沉浮，浙商精神的精髓，浙商模式和转型创新等内容，**以浙江商业发展实践激发学生对中国改革开放以来取得的巨大成就的自豪感，增强爱国主义意识，以新时代浙商精神作为本课程的思政重点，设定育人目标**（图1）。

课程教学内容		课程思政育人元素		
商史文化	中国商史：浩荡千年，源远流长	敬业乐天 以勤为径		团结开拓 共谋发展
商路文化	丝绸之路：汇通中外，时贯古今		无中生有 敢拼敢闯	开放大气的合作精神 整合资源 携手共进
	京杭运河：百货辐辏，路通八方	坚忍不拔的创业精神		
商帮文化	商帮崛起：风云沉浮，帮达天下		百折不挠 永不放弃	放眼全球 拥抱世界
	商帮特性：德功为上，利以智取			
	杆秤之探：权衡天地，丈量人心		勇于思变 发掘商机	规矩做人 认真做事
商号文化	传统名号：百年老店，初心坚守	敢为人先的创新精神		诚信守法的法治精神
	现代名商：砥砺奋斗，匠心独运		敢想敢干 快人一步	诚信为基 童叟无欺
	时代名企：创新求精，名扬四海			
商人精神	近代浙商：商道之华，岁月流芳		守正出奇 开拓创新	守法经营 行以致远
	现代浙商：破冰起航，逐鹿神州		家国情怀 富而思源	砥砺奋斗 干在实处
商业模式	商业模式：与时俱进，推陈出新	兴业报国的担当精神		追求卓越的奋斗精神
	浙商模式：敢为人先，守正出奇		明理兴学 富而思进	勇闯难关 走在前列
商业转型	生态之变：因势而动，乘势而上		好善乐施 富而思报	永不止步 勇立潮头
	转型之探：行笃知明，知行合一			

图1 "浙商文化"课程教学内容与思政育人元素

公共基础课

"浙商文化"课程组深入挖掘与专题教学内容相关的隐性思政教育资源，提炼其蕴含的德育元素和价值范式，最大化地利用课堂教育主阵地，在整合教学内容的基础上，按照7个章节梳理教学内容，融合知识、能力素养目标，明确"浙商文化"课程思政要素内容和目标体系。希望通过"浙商文化"课程教学，让学生从整体上了解和把握中国商贸的发展和演进历史，比较当代商业环境，丰富学生的管理思想和创业智慧，拓宽商业视野，为后续课程的学习奠定扎实的基础（图2）。

专题	知识目标	能力目标	素养目标	课程思政育人目标
商史文化	1.理解商业的定义、商业缘何而起； 2.了解古代文明，理解典型阶段的商业发展和思想； 3.掌握近现代不同阶段的商业发展特点。	1.能够根据商业的形成要素，判断商业产生的时间； 2.能够从时间维度上厘清商业推进过程中各阶段的典型特征。	1.能够探索商业历史发展规律，提升商业素养； 2.能够具备团队合作意识，通过沟通和管理完成团队任务。	◆进一步提升政治认同、道路认同，共筑中国梦； ◆进一步提升团作意识； ◆弘扬浙商精神，传承商史文化。
商路文化	1.理解丝绸之路、京杭运河的历史沿革、代表人物、商业重镇、贸易形势、历史影响； 2.掌握"一带一路"发展概况及对中国经济发展的影响。	1.能够辨析丝绸之路、京杭运河等中国传统商路在不同历史阶段的发展特征及主要成因； 2.能够梳理"一带一路"倡议形成阶段的内外部要素。	1.能够提炼中国传统商路的发展脉络，融合多要素展开分析和推演； 2.能够联系古今商路，运用发展的眼光和思维探讨案例。	◆进一步提升民族自豪感，坚定道路自信和文化自信； ◆弘扬浙商精神，传承商路文化。
商帮文化	1.理解商帮的含义、商帮崛起的缘由； 2.了解明清十大商帮的经营特点； 3.掌握典型商帮的经商风格和商业道德。	1.能够辨析典型商帮兴起的不同主因； 2.能够区别典型商帮的不同人格特征； 3.能够分析明清时期商帮与当代商帮的区别与联系。	1.能够融合商帮中优秀的商业思想于思维； 2.能够运用商帮中的经商文化精髓于实践。	◆进一步提升德功为上、义节为山、仁以爱人、利以智取、诚实守信、勤俭朴素的价值观； ◆弘扬浙商精神，传承商帮文化。
商号文化	1.理解中华老字号的定义和认定条件； 2.了解典型传统名商的文化传承、经营之道； 3.了解典型现代名企的管理创新和价值观。	1.能够识别中华老字号何以在商海中经久不衰的因素； 2.能够基于现代名企，提炼企业成长的机会和面临的挑战。	1.强化逻辑分析能力，能够从企业案例中提炼观点； 2.感受中华老字号"精益求精"的工匠精神。	◆进一步提升诚以取利、仁行天下、砥砺奋斗、创新求精的价值观； ◆弘扬浙商精神，传承商号文化。
商人精神	1.理解优秀商人基本素质——诚毅勤朴； 2.掌握商人精神的精髓和代表人物——爱国明理、敬业乐天、友善爱人、童叟无欺、合作共生、守正出奇。	1.能够归纳梳理商人精神的各个维度； 2.能够基于案例，分析商人的成功要素。	1.能够领悟商人精神，进一步内化个人品质； 2.能够强化商业意识，提升商业智慧。	◆进一步提升爱国明理、敬业乐天、友善爱人、童叟无欺、合作共生、守正出奇的价值观； ◆弘扬浙商精神，传承商道文化。
商业模式	1.理解商业模式的定义、典型类型； 2.掌握商业模式画布及创新路径； 3.了解浙商模式经营特性。	1.能够运用画布工具，分析案例企业的商业模式要素； 2.能够根据商业模式创新设计的方法，提出迭代创新方案。	1.能够强化整合、提炼信息资料的意识； 2.能够理性地分析商业模式对企业的价值。	◆进一步提升与时俱进，推陈出新，敢为人先，守正出奇的价值观； ◆弘扬浙商精神，传承商创文化。
商业转型	1.理解经济、技术、消费等商业新生态； 2.了解浙江市场主体发展历程； 3.了解企业转型发展路径。	1.能够通过分析所搜集到的商业领域的相关资讯，洞察社会、行业以及市场等新动向、新趋势； 2.能够聚焦企业转型，分析成败的关键因素。	1.能够进一步提升商业敏锐度； 2.能够强化学习意识，对出现的新经济、新知识、新规则、新消费、新技术、新变革能够展开主动学习。	◆进一步提升因势而动，乘势而上，爱岗敬业、行驾知明，知行合一的价值观； ◆弘扬浙商精神，传承商战文化。

图2 专题及目标

二、设计思路

本课程运用线上线下混合式教学模式，融合传统课堂和云端在线课堂，设计了**"五环联动"的教学策略，具体为"探""引""析""评""拓"，依次对接课前、课中、课后三个环节，每个环节环环相扣，层层递进，实现全过程育人。**

课前，通过云端视频资源、课件、讨论区、测试题等软性植入思政元素，实现"云端思政"。课中，充分发挥课堂教育主阵地，系统地梳理教学环节，明晰课程思政教育逻辑线，优化教师和学生的工作与学习任务，以学生为中心，围绕商业职业素养的培养，设计多种商业教学活动来破解教学重点难点。例如：商业播报拓展商业知识，提升学生对信息的筛选、整合、分析能力和表达能力；实践操作，加深学生对商业职业素养的感受；故事讲授，引导学生对奋斗、创新、转型、担当等素养的理解；学长连线，增强学生对职业岗位素养的了解；团队排位赛，提升组织凝聚力和合作精神；商业文化明信片（由上一届学长们设计制作），作为激励手段派发给优秀学生，体现文化传承。课后，通过多种形式的实训活动和课程作业，开展课后"拓展思政"，真正打通课程思政"最后一里路"。例如，在"商人精神"模块布置"绘"出心中的商课后作业，要求学生以四格漫画的形式展示一个商人（业）故事，加深学生对商业精神的理解，学习并弘扬优秀商人的品质；通过摄影作品画展启发"幸福生活来源"的思考。

三、实施案例

本实施案例以"浙商文化"课程第四单元相关教学内容为例，阐述实施过程，教学课时为 2 课时（表 1）。

表 1　实施案例

课程题目	时代名企：创新求精，名扬四海
教学说明	
学生课前已经在慕课平台初步学习了相关知识，并完成了简单测验。本次线下课是在线上学习的基础上进行拓展，通过前期单元学习，学生树立了"诚信""奋斗"的职业态度。本专题旨在通过对"创新"的分析和创新路径的探讨，帮助学生了解商企的创新精神，引发学生对创新的思考，并鼓励学生将创新精神融入未来的就业创业	
学情分析	
1. 教学基础：基于课前调研，以"四知分析模式"对学生知识基础学情进行分析，我们发现学生通过前期学习已经认识到诚信精神和工匠精神的可贵，但对创新了解较少； **2. 存在问题**：通过钉钉群观察小组讨论发现，学生在发表观点、完成作业时，希望得到模板，根据模板完成，分析能力较弱，创新意识不强。因此，教师在授课时应选取贴近生活的案例，借助分析、引导等方式，帮助学生理解"创新"与"文化"之间的关系	
教学目标	
1. **知识目标**：了解新国货的创新途径，理解创新的三种方式，理解名企创新与文化传承之间的联系； 2. **能力目标**：能够分析特定名企的创新方式，能够感知时代特征变化影响下名企的创新必要性； 3. **素质目标**：具备追求创新的意识，树立科学正确的创新观，具备文化与创新相辅相成的思维； ▲4. **课程思政育人目标**：提升开拓创新的职业品格与职业精神，提升家国情怀，增强文化自信	
教学重点、难点	
★**教学重点**：创新的三种途径； ★**教学难点**：分析特定名企的创新方式	

续表

教学方法
教法：利用案例分析法、启发式教学法等，启迪学生探索文化传承与产品创新之间的关系； **学法**：采用自主学习法、合作探究法等，通过导学单、小组合作等方式，引导学生主动完成知识建构

教学策略
本课采用"课前——知识传递""课中——知识内化""课后——知识拓展"的三大教学模块，结合浙商奋斗精神，在本课时中，教学环节为精心设计为"探→引→析→评→拓"

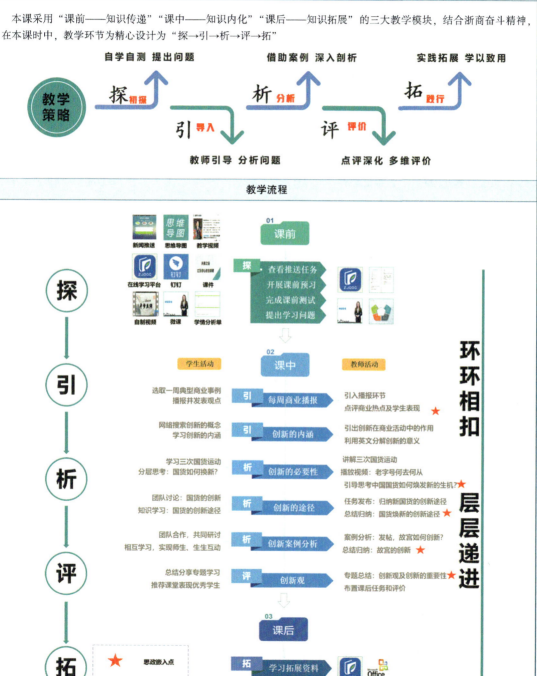

教学流程

续表

课前–知识传递			
教学环节	教学内容	教学活动	设计意图
探 学情探究 课前	知识 预习	1. **任务推送**：发布导学单，要求学生根据导学单的说明进行自学自测。学生根据导学单完成预习内容。 2. **学情收集**：收集学生的学习数据，进行学情分析，确定课程重难点的设置	▲通过视频资源、课件、讨论区、测试题等软性植入思政元素； ●通过数据化学生的学习情况，以学生为中心，设计课程的教学重难点

课中–知识内化			
教学环节	教学内容	教学活动	设计意图
引 专题引入	每周商业 热点播报	1. **播报引导**：进入播报环节； 2. **播报点评**：新闻事件及学生表现	▲挖掘商业热点事件背后的思政元素，进行思政引导； ●通过个人演讲，提升信息搜索、分析能力，提高学生的商业知识
	创新的 内涵	1. **问题引导**：以诚信精神从商，以奋斗精神经商，如果企业要跟随时代发展，做大做强，除了奋斗，我们还需要什么？ 2. **专题引导**：抓紧创新的回答，提问：什么是创新？ 3. **总结内涵**：创新 innovation, in——内在, no——否定, vation——重生	●通过信息搜索，初步了解创新； ●通过英文单词的拆分介绍，将学生原有的创新认知系统化、概念化； ▲变革现有模式，利用创新思维重塑模式
析 知识讲解	创新的 必要性	1. **知识讲解**：三次国货运动与创新需求。 第一次：1883 年，洋务运动时期，"中国要自强，商战重于兵战。" 第二次：始于 20 世纪 80 年代，中国家电、饮料品牌崛起。 第三次：2015 年至今，中国的需求和供给两侧都发生了重大变化 2. **播放视频**：老字号何去何从。 3. **引导思考**：中国国货如何焕发新的生机？ 4. **总结归纳**：国货要自强，创新是关键	●通过 PPT 进行知识介绍，深入了解国货运动创新的阶段和背景，理解创新的必要性和紧迫性
	创新的三种 途径——以 新国货运动 为例 ▲重点开拓 创新	1. **提问引导**：你们所熟悉的国货有哪些？他们有什么创新之处？ 2. **知识讲授**：根据学生的回答，总结归纳创新的三种途径。 **创新是回归**：回归文化传统，将品牌发展与民族自信心联系在一起。 **创新是填补**：寻找市场的空白，应对日益崛起的人民对美好生活需要。 **创新是链接**：不寻求普遍性，寻求创新型	●通过案例分析，帮助学生理解国货的创新途径。 ▲通过了解创新与传统文化之间的关系，树立文化自信，强化文化与创新相辅相成的概念

续表

评课内拓展	故宫的创新路径分析 ▲难点文化自信	1. **布置任务**：故宫如何创新？ 2. **创建帖子**：学习圈内包括帖子，要求各小组讨论后讲答案发布到帖子内，附上文字以及相关图片； 3. **教师监控**：监控线上线下的讨论情况； 4. **总结分析**：根据回答情况，进行总结说明	●通过团队合作，提升创新案例分析能力； ▲通过故宫创新路径的分析，引导学生树立守正创新的价值观，坚定文化自信
总结评价	课堂评价	1. **专题总结**：总结创新观，说明创新的重要性； 2. **收集数据**：收集学生反馈的数据，以课后确定课堂预设、教学设计的合理性和有效性	●查漏补缺，了解重难点设置和解决的情况，用于课堂反思和课堂改善

课后-知识拓展			
教学环节	教学内容	教学活动	设计意图
拓课后拓展 课后一周	新国货云集市	1. **发布任务**：相聚"云"集市，国货来创新 要求学生以小组为单位选取一个国货商品，使用创新途径，进行"云"销售。 假设每个学生有三枚"购物币"，可购买3种商品，看哪个小组的商品最受欢迎。 2. **师生互动**：评论、回复、点赞	▲通过任务，强化创新途径，推动创新意识的内化； ●以"云集市"的任务导入下一专题"商业之策"

考核评价

"浙商文化"课程采用"双线"过程性考核评价，由七个考核模块组成。

总评成绩=专题测试成绩+视频观看成绩+学习笔记成绩+在线讨论成绩+出勤与课程表现成绩+作业成绩+期末考核成绩，合计为100%

平时成绩（70%）								期末成绩（30%）
专题测试 20%	视频观看 10%	学习笔记 5%	在线讨论 10%	出勤与课堂表现 10%	作业 15%	期末考核 30%
线上45%				线下55%		

四、特色及创新

1. "一体"教学理念："商业+职业+专业"综合发展

本课程将"商业、职业、专业"综合为一体，聚焦商业社会发展和商业案例，设计教学内容；关注职业岗位对学生职业素养，引导学生把握行业企业对职业岗位的最新需求；围绕学生所属专业的动态发展脉搏，适时嵌入思政教育，为培养敬业、爱岗、爱国的商业人才奠定基础。

2. "两线"融合考核评价："线上+线下"，全过程跟踪考核

本课程坚持"线上+线下"多主体相融合，过程性与阶段性评价相统一。从"课前""课中""课后"以及"期末"的不同评价指标，由"教师""企业专家""组长"和"学生自己"根据评价指标，进行全面的量化客观评价。教师依靠评价结果的反馈，帮助学生明确下一步努力的方向，从而不断激发学生参与"课程思政"的积极性和主动性，实现了考核过程全程化、考核主体多元化、考核指标多维化，有利于推动"课程思政"的正向发展。

3. "三位"教学场景："平台+课堂+实践"，贯穿思政育人全流程

将学习场景拓展至"平台+课堂+实践"，平台即钉钉移动教学平台和在线学习平台，课堂为网络课堂和教室课堂，实践是能够在网络和校内完成的课后拓展任务。备课、授课、考核等各个环节都围绕"三位"教学场景展开，打破教学时间和空间障碍，构建了师生互动式线上线下教学活动及育人培养流程，将价值塑造、知识传授和能力培养三者融为一体，真正将课程思政融入课程教学的全过程。

五、教学成效

本课程拓宽了学生的商业视野，丰富了学生的管理思想，强化了学生的社会主义核心价值观，使学生的商业职业素养、商业文化知识、商业职业技能均有不同程度提升。教学期间，在多种教学资源和信息化手段的运用下，学生储备了更为丰富的商业文化知识，学生的学习兴趣和学习主动性有所提升。本课程通过深入挖掘与专题教学内容相关的隐形思政教育资源，采用企业化管理、小组合作、专题研讨、情境模拟等方式，锻炼与提升学生的商业职业技能，进一步增强了学生的爱国情、诚信力、敬业心、创新力等素质。

疫行而上，E 卖全球
——"电子商务英语"课程思政课教学案例

课程名称：电子商务英语
教师信息：李晶
授课专业：商务英语等
课程性质：公共限选课

第一部分：课程基本概况

根据《高等职业教育英语课程教学要求》，高职英语课程是高职学生必修的公共基础课程，分为两个阶段——基础英语阶段与行业英语阶段。

"电子商务英语"是一门面向我校电商学院电子商务专业学生的行业英语课程，于大一第二学期开设，共52学时，适用于已完成"高职高专英语"课程的学习，且在听、说、读、写、译等方面有一定的英语语言基础和应用能力的学生。

本课程以"电子商务行业人"涉外交际需求为主线，旨在培养行业岗位群所需**英语语言能力**与**综合职业技能**，围绕具体职场环境下的语言知识和职场技能，以电子商务典型工作内容与基本工作任务为场景设计教学内容，融合思政育人元素，助力学生成长为具有**新时代浙商精神**的电子商务人才。

第二部分：案例描述

一、课程目标及思政元素

本课程围绕电子商务常见工作场景英文表述，通过电商平台、产品描述、宣传退关、交易洽谈、签订合同、售后服务等内容，引导学生在后疫情时代提升创新能力，推广武汉农产品，助力武汉经济振兴，将语言学习与社会主义核心价值观、新时代浙商精神有机融合（图1）。

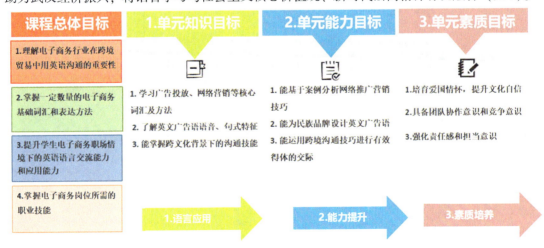

图1 课程目标

"电子商务英语"课程组深入挖掘与教学内容相关的思政元素，最大化地利用英语课堂教育主阵地，以中国电商发展实践激发学生对中国改革开放以来取得巨大成就的自豪感，增强爱国主义意识，以新时代浙商精神作为课程的思政重点。

1. 爱国主义与民族自信

突发的疫情激发了中国非接触经济（尤其是电商经济）的发展，在世界各国经济停滞甚至衰退的情况下，中国众多企业、个人通过电商平台"梅开二度"，通过挖掘课堂案例、项目作业中民族品牌、地方特产的文化之魂，激发爱国主义情怀，提升文化自信。

2. 兴业报国与担当责任

中国经济之所以能在疫情中逆流而上，离不开企业与人民的共同努力，而浙江企业的战疫贡献也令人瞩目。通过阿里巴巴、波司登、吉利控股、网易等多家浙商企业的战疫事迹，培养学生在后疫情时代兴业报国的担当精神与乐善好施的使命感。

3. 创新意识与创新思维

通过经典广告语创意案例分析学习，结合项目作业实操练习，激发学生创意灵感，树立创新意识，训练创新思维。

4. 全球视野与国际合作意识

通过对比中英文广告语特色，了解中外思维、文化差异，在项目中要求针对国际客户为地方特产设计英文广告语，从而树立新时代的电商人才的全球化视野与国际合作意识，加入国际经济竞争力链条。

二、设计思路

本课程通过线上线下混合式教学模式，充分结合电商行业特色，融入云端数字教学，根据"工学结合、能力为本"的职业教育理念，强调"做中学，学中做"，采用**"learning by doing"的教学策略，始终在课前、课中、课后三个环节中加强语言水平，巩固职业技能，提升人文素养，实现全过程育人。**

课前，在云端教学平台发布视频资源、拓展讨论等自主学习任务，融入预热该课相关思政元素；设置 iSmart 的语音打卡任务，进行智能测评，提高学习积极性。

课中，充分发挥课堂教育主阵地，坚持以教师为主导，以学生为主体。围绕电商职业能力、职业素养、职业精神，以任务为驱动，设计模拟职场情境，提高学生的职场英语应用能力。例如：为武汉特色农产品设计英文广告语的小组任务，在巩固操练英文广告语设计技巧的同时，激发学生创意与爱国情怀。

课后，通过线上线下、形式多样的课程作业与实操任务，进行"思政延伸"。例如，在营销引流模块布置直播推广旗袍的任务，在巩固应用所学技巧、交际能力的同时，弘扬民族文化、增强文化自信。

三、实施案例

本实施案例内容为第六单元第四节"设计广告宣传语（写作）"，共 2 课时（表1）。

表1 实施案例

课程题目	巧设广告语，国货卖全球

教学说明

通过广告欣赏、案例分析、小组讨论、实操模拟、外教点评等多种形式组织教学，讲授广告语的语音特点、句法特点和翻译技巧，同时将爱国情怀、新时代浙商精神融入具体教学环节

学情分析

1. **教学基础**：学生在日常生活中能够接触到很多中英文广告语，且对部分品牌的广告词较为熟知，但对广告语的特征没有系统的了解；
2. **存在问题**：学生虽然在词汇、语法和写作方面有一定基础，但是写作的实际运用能力还有待提高，在分析讨论过程中也呈现出思维局限，无法对现象背后的原因进行深入探索。因此，教师在授课时应结合实例、适当引导、深入分析，帮助学生打开思路，尝试创新

教学目标

1. **知识目标**：学习商业广告语的特征及社会效应；了解英文广告语语音特点、句法特点、修辞特点、翻译技巧。
2. **能力目标**：掌握一定的广告营销技巧，并能根据产品特点进行简单的英文广告语设计创作。
3. **素质目标**：培养合作意识以及优质跨境电商卖家创新性职业素养。
▲4. **课程思政育人目标**：激发爱国主义与民族自信；弘扬兴业报国与担当责任；培养创新意识与创新思维；树立全球视野与国际合作意识

教学重点、难点

★**教学重点**：英文广告语语言特色及蕴含的交际功能、营销策略、文化内涵。
★**教学难点**：设计富有新意的英文广告语

教学方法

教法：在讲授方法的基础上，以多样化的任务为驱动，构建电子商务职场情景，融入典型案例，组织小组讨论、案例分析、模拟实训等课堂活动。
学法：采用自主学习法、合作探究法等，引学生主动完成知识消化与巩固

教学策略

本课程采用"多样化任务驱动-立体化资源应用-差异化教学设计-多维化评价检测"的教学策略，实现全环节育人

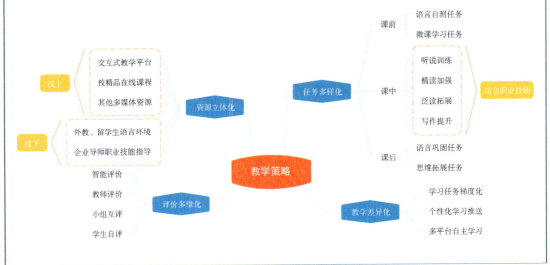

续表

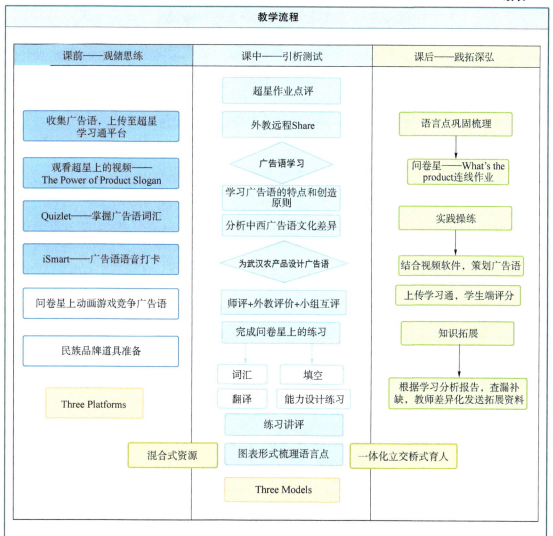

课前-知识传递			
教学环节	教学内容	教学活动	设计意图
预热导入 课前	知识 预习	**任务推送**：在学习通平台上发布任务，学生以小组（2~4人）为单位，参照所给广告视频，收集分享最喜爱的广告语，并在课上进行小组表演分享，可以充分利用实物道具、网络资源，还原广告场景	▲通过视频资源等软性植入思政元素； ●培养小组合作意识，做好广告语学习的知识储备
课中-知识内化			
教学环节	教学内容	教学活动	设计意图
热身导入	自由 讨论	1. **案例展示**：播放展示经典广告案例。 2. **分享讨论**：学生观看视频并朗读所列广告语，说出自己最喜欢的一条并说明理由	▲从经典广告语感知国际文化差异，树立全球视野、国际合作意识与竞争意识

续表

热身导入	自由讨论	Brans（品牌）／Slogans（广告语）： Skittles — Taste the Rainbow.（品尝彩虹） Mars — Melts in Your Mouth not in Your Hand.（只溶在口，不溶在手） BYD — Build Your Dream.（成就你的梦想） VW — Das Auto.（汽车） KFC — Finger Lickin' Good.（好吃到吮指） SUBWAY — Eat fresh.（吃得新鲜）	● 通过分享活动，提升学生信息分析、语言表达能力，加深对广告的感知
案例学习	自主分析	1. **提供素材**：给出中英文同类产品广告语，请同学两两讨论对比差异。 ● 德克士（开心就要卡兹卡兹）VS 肯德基（Finger Lickin' Good.） ● 比亚迪（Build Your Dream.）VS 大众汽车（Das Auto.） ● 好迪（大家好，才是真的好）VS 海飞丝（A breath of fresh air for your hair.） 2. **引导讨论**：学生两两一组，分析讨论所给案例中广告语营销策略差异。 3. **小组呈现**：学生自由发言，分享讨论结果。 4. **总结归纳**：多数品牌的产品宣传都融入了其企业文化、品牌内涵融。汉语广告善于注入情感元素，英文广告更注重感官效应	● 通过中外同类产品经典广告语对比，感知不同的文化内涵； ▲ 从而激发对中国语言、民族文化意识和自信
	教师剖析	1. **外教讲解**：播放外教预录微课视频。  2. **知识讲授**：结合学生发言、外教分析，总结英文广告语在语言、修辞、句法上的突出特点，其可以概括为： rhyming（押韵）； concise（简洁）； emotional（感染力浓）； persuasive（引导性强）； creative（创造性足）	● 通过中外教师对所给案例的分析，学生梳理英文广告语表达特点； ▲ 结合英语母语人士的视角感悟英语广告内涵，营造国际化氛围，打造全球化视野
实操巩固	模拟项目， 电商助农 ▲重点活动	1. **布置任务**：为武汉热干面、鸭脖、小龙虾、洪湖莲藕设计英文广告语； 2. **小组设计**：选择四个武汉地方特产中的一样，针对国际客户设计英语广告语，附上图片并阐述设计理念； 3. **成果展示**：各小组轮流上台展示设计成果； 4. **项目评价**：邀请外教、留学生通过钉钉在线课堂进行点评	● 通过团队合作，提升创新应用能力； ▲ 通过武汉特产英文广告语设计，使学生放眼国际市场，提升文化自信，激发创新思维

总结评价	课堂总结	1. **内容总结**：巧创英文广告语，使产品从"无牌"走向"有牌"再走向"名牌"，向世界展现中国制造、中国智造的魅力； 2. **资料收集**：收集小组成果	● 总结凝练； ▲ 激发兴业报国的担当精神，放眼全球、拥抱世界的国际视野

课后–知识拓展

教学环节	教学内容	教学活动	设计意图
课后拓展	民族品牌国际化	1. **发布任务**：各小组自由选择一个民族品牌并为其设计英文广告语，创作一则简短的广告视频并上传到学习通平台。注： ● 广告语的语言特点、交际内涵； ● 可邀请留学生、外教加入，体现国际化。 2. **师生互动**：评论、回复、点赞，投票选出最受欢迎的作品	● 巩固应用课堂所学专业知识与职业技能； ▲ 促使学生深入了解民族品牌、感知民族精神、挖掘民族文化，以国际化视野做中国文化的推广者

考核评价

"电子商务英语"课程重视学生个体差异，因此在教学过程中采用"多维化评价体系"。通过超星、iSmart、Quizlet、百词斩、问卷星等平台开展课前课后**线上智能自测**；对于课上小组讨论及实操项目等难以量化且教师无法全方位跟踪的任务，借助**打分**、**投票**等形式的**个人自评**、**组内互评**、**小组互评**考查学生在活动过程中的学习态度、团队合作能力等；邀请**外教**、**留学生**、**企业导师**参与点评，从不同身份、不同角度对同一任务进行多维评价，以提高评价的多样性和综合性。

四、特色及创新

1. "Three Platforms+Three Models" 教学模式

创新课堂教学模式，搭建 Three Platforms 智慧教学平台。以超星学习通教学平台为中心，以 iSmart 外语学习平台和 Quizlet 在线学习平台为两翼，依托钉钉云课堂，为疫情期间的学习提供技术支撑。

创新课堂管理模式，构建 Three Models 科学管理体系，实现外力引导，内力驱动学习。教师通过线上数据诊断分析学生学习情况并进行个性化指导；通过小组互助互促模式和小组间争优模式，强化学生学习动力；课前课后学生自主学习，查漏补缺。

2. "校 + 企 + 网" 育人 "立交桥"

本课程以知识培养为目标，以能力培养为核心，紧贴产业发展，坚持"校、企、网"一体化育人模式，为**校内资源**、**企业支持**、**网络平台搭建协同育人"立交桥"**，开通"智慧主课堂、实践大课堂、网络新课堂"直通车，加强师生沟通、生生沟通、中外互通、校企互通，从知识传授、技能培养和创新思维三方面创新跨境电商人才培养模式。

3. 全方位思政育人贯穿始终

明确跨境电商身份前景，帮助学生树立放眼全球、拥抱世界的国际化视野。结合 2020

年武汉疫情期间电商助农及浙江企业担当奉献的真实案例，提升学生作为未来跨境电商主力军的社会责任感及担当意识。通过中外对比，激发学生对民族文化的自信与爱国情怀。通过实操模拟，使学生具备新时代浙商的国际视野与创新精神。将思政点有机融入，实现感染启迪的效果。

五、教学成效

通过不断的优化改善，积极的实践改革，本课程已取得一定成效。概括来说，通过课堂内外自主学习、智能测评、小组合作、现场连线、实操训练等多种学习形式，在一定程度上帮助学生**提升职场语言水平，掌握电商专业技能，感知浙商价值密码**。借助多样的数字化教学平台和教学资源，激发学生学习兴趣与学习主动性，真正在课程实践中实现**语言知识传授、职业能力培养、价值体系塑造**三位一体的思政育人目标。

舌尖味　英语桥　华夏风
Chinese Cuisine Going Global
—— "高职高专英语"课程思政教学案例

课程名称：高职高专英语
教师信息：熊媛
授课专业：餐饮管理与服务类等
课程性质：公共限选课

第一部分：课程基本概况

"高职高专英语"课程是我校各专业学生必修的一门公共基础课程。本课程以中等职业学校和普通高中的英语课程为基础，与本科教育阶段的英语课程相衔接，以"双育融通"（新时代思政教育与高职英语教育融通）为统摄理念，以"四步循环"（细化课程思政素养目标、整合课程教学资源、改革教学实践活动、调整课程评价标准四大步骤开放循环）为实施路径，构建思政教育与高职英语课程融通以形成"协同效应"的高职英语课程思政隐性育人模式，聚焦"职场涉外沟通""多元文化交流""语言思维提升"和"自主学习完善"四个方面核心素养的提升，培养具有中国情怀、国际视野，能够在日常生活和职场中用英语进行有效沟通的高素质技术技能人才。

第二部分：案例描述

一、课程目标及思政融入点

"高职高专英语"课程主要从单元主题与篇章语言两个角度深度挖掘思政元素。其一，根据单元主题，在高职英语课堂引入国家政策精神导向和政府工作报告指导意见等中英双语素材。其二，结合篇章主题进行时事探讨，激发学生对思政话题的关注，培养学生对热点现象的正确认知。其三，立足学生成长需求，挖掘传统文化中的优质教育资源，以传统文化涵养课程思政教育，为学生讲好中国故事做准备。其四，学习习总书记治国理政方针政策，将"习语"融入英语课堂，培养思想素质过硬的卓越国际化人才。其五，积极探索篇章语言特点，引导学生关注文章的写作方法，通过融入优秀中华文化，让学生在对比中西文学作品中深层次地体会语言艺术和汉语之美。

通过本课程的学习，学生应达到以下知识、能力、素质目标（表1）。

表1 "高职高专英语"课程目标

知识目标	能力目标	素质目标
累计掌握2 300~2 600个单词，掌握英语句子结构、时态、语态等语言规律	能运用英语完成与职业相关的理解活动，能听懂、读懂、看懂用英语描述的工作流程、产品说明书	建构学生的人文底蕴，激发学生对中国特色社会主义文化先进性的认同感和自豪感，厚植爱国主义情怀，在坚定的文化自信中提高政治站位

续表

知识目标	能力目标	素质目标
掌握一定的语用知识，能依据情境选择正式或非正式、直接或委婉等表达方式	能运用英语完成与职业相关的表达活动，能介绍基本业务、主要产品、使用说明、工艺流程等	激发学生为国家、为民族学习的热情和动力，增强社会参与，在跨文化实践中创造社会价值，树立责任与担当意识，培养学生自我管理能力和集体主义精神
了解文化差异，熟悉不同社会文化知识，掌握中外职场文化和企业文化知识	能运用英语完成职场中的跨文化互动活动，能进行日常商函往来或面对面日常业务交流	增强学生对文化差异的敏感性，提升思辨能力和国际理解力，对文明交流互鉴和人类命运共同体构建有更鲜活、更深入的理解，形成平等、包容的文化价值观

二、设计思路

基于国内外语教育专家文秋芳构建的"产出导向法"理论体系（Production-oriented Approach），以输出为目标，融通学与用两个环节，借助具体情境任务或项目，将价值观、国际理解力、情感品格和自我管理能力的培养内嵌于外语知识和技能的教学中，多维度培养学生独立思考、团队合作、自主学习、自主规划、自主发展的能力，实现 3E（Efficient, Effective, Engaging）教学效果。教学任务的设计以"学生学习"为中心，关注学习过程及有效学习的发生，在促进英语语言和文化知识水平的提升、语言应用能力培养的同时，实现语言学习态度提升目标以及核心价值观的培养与塑造目标（图1）。

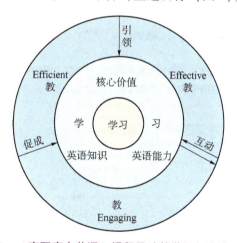

图1 "高职高专英语"课程思政教学任务设计思路

三、实施案例

本实施案例以开设在大一第二学期的"高职高专英语"课程第三单元教学内容为例，阐述基于价值塑造的"高职高专英语"课程思政教学实践，教学课时为2课时（表2）。

表2 实施案例

授课内容	Chinese Cuisine Going Global 舌尖味 英语桥 华夏风		
授课对象	餐饮类专业大一新生	授课学时	2
学情分析			

知识背景：学生在专业课中已经学习了菜肴的制作和设计等技能，课前调查了解到有学生曾参加烹饪技能类竞赛并获奖，但是对菜肴英文翻译的知识及技巧缺乏认识。

学习特点：通过问卷调查、课下交流、课堂观察等方式发现，学生动手能力强，思想比较活跃，兴趣广泛，但是自控力较差，自我管理能力不高，部分学困生英语学习动机不足，英语学习习惯也有待改进。

认知结构：相较于理论抽象思维，学生更乐于接受感性的、直观的学习方式，对自己感兴趣的事情能主动探索，对中西方文化差异的鉴别能力、批判性思维能力都有待提高

教学目标

知识目标：掌握八大菜系代表菜英文译名，了解中国菜肴翻译的方法（直译法、意译法、音译法、意译+音译+注释法）。

能力目标：能够运用所学的英语语言知识解释代表性中餐菜肴的文化意蕴；能够结合场景设计具有一定文化内涵的菜肴，并将其制作流程用英语讲述出来。

素质目标：提高文化鉴赏审美能力，增强文化自信；增强开放协同、分工协作的共赢意识；培养积极进取、开拓创新的职业精神

教学重点、难点

◆**教学重点**：中国特色菜品的翻译方法；
◆**教学难点**：菜肴制作流程的英语表达

教学方法

课前导学采用**任务驱动教学法、基于协作学习的教学法**，启发学生思考中餐菜名中蕴含的民族特色和文化内涵，以及菜名翻译遵循的原则。

课中提升采用**启发式、研讨式、探究式、任务驱动式教学法**，帮助学生掌握菜肴烹饪制作工艺流程的英文表达。

课后拓展采用**问题导向式教学法、基于协作学习的教学法**，让学生通过创作英文美食短视频，"以食为媒"，实现中国饮食文化的传播

教学策略

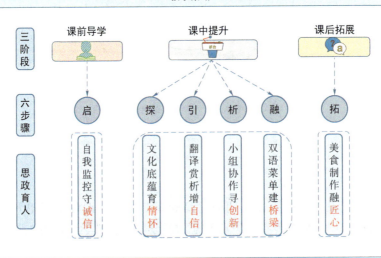

续表

教学流程

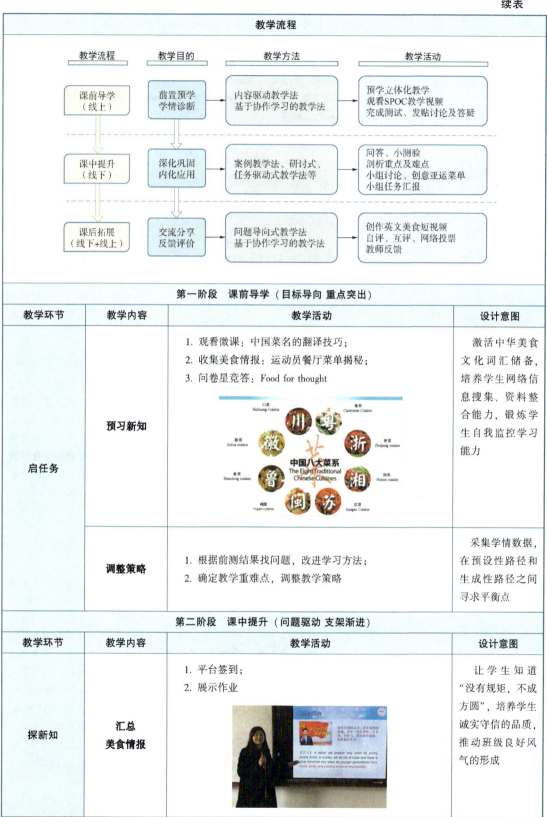

		第一阶段　课前导学（目标导向 重点突出）	
教学环节	教学内容	教学活动	设计意图
启任务	预习新知	1. 观看微课：中国菜名的翻译技巧； 2. 收集美食情报：运动员餐厅菜单揭秘； 3. 问卷星竞答：Food for thought	激活中华美食文化词汇储备，培养学生网络信息搜集、资料整合能力，锻炼学生自我监控学习能力
	调整策略	1. 根据前测结果找问题，改进学习方法； 2. 确定教学重难点，调整教学策略	采集学情数据，在预设性路径和生成性路径之间寻求平衡点
		第二阶段　课中提升（问题驱动 支架渐进）	
教学环节	教学内容	教学活动	设计意图
探新知	汇总 美食情报	1. 平台签到； 2. 展示作业	让学生知道"没有规矩，不成方圆"，培养学生诚实守信的品质，推动班级良好风气的形成

续表

引案例	挖掘美食背后的文化内涵	引导学生思考有关食物的表达。例如，"民以食为天"的思考，"葡萄美酒夜光杯，欲饮琵琶马上催。醉卧沙场君莫笑，古来征战几人回"的**豁达爱国情怀（Patriotism）**，"治大国如烹小鲜"的**智慧（Wisdom）**，"和羹之美，在于合异"的**文明交流互鉴（Exchanges and Mutual Learning Among Civilizations）**之道 治大国如烹小鲜。——老子 Governing a large state is like cooking a small fish: it must be handled with great care. —— Laozi	把美食与文化融合，通过美食，走进中华传统文化，引导学生感悟饮食文化中蕴含的人文情怀，提升**文化自觉**，增强**文化自信**； 激发**爱国主义情怀**，体会如何用英文将蕴含在美食背后的中国文化魅力传递给世界
析技巧	中国特色菜品的翻译方法 ◆重点	1. 观看G20峰会国宴视频，品析菜单寓意； Menu at the state banquet of G20 西湖菊花鱼　生炒牛松饭　黑米露汤圆 West Lake fresh water fish　Fried rice with minced beef　Sweetened cream of black rice with 四海欢庆　携手共赢　潮涌钱塘 2. 回顾微课学习的菜肴翻译方法（直译法、意译法、音译法、意译+音译+注释法），分析八大菜系代表菜英文译名 Yue (Hong Kong and Guangdong) Guangdong cuisine is creative with an emphasis on artistic presentation. The cuisine is considered light, crisp, and fresh.	领略中华饮食之美，感受其中的寓意与雅致，提高学生的**审美修养和文化欣赏力**，将**文化自信**深植于学生内心； 理解菜名语汇凝聚的民族智慧，中式菜名背后的命名规则和文化背景，思考菜名翻译中如何进行文化内涵的传达，**讲好中国故事**，促进学生在学习过程中认知、情感和行为的投入

续表

融平台	菜肴制作流程翻译技巧 ◆难点	1. 欣赏李子柒制作的"春节年货"系列； 2. 提炼菜肴制作步骤讲解的英文表达		引导学生思考如何用亚运"味"作媒介，推广杭州城市形象，培养学生的**社会主人翁精神**； 掌握菜肴烹饪制作工艺的英文表述，用语言**搭建中国美食文化传播的桥梁**
	创意亚运菜单	1. 小组设计 **Hangzhou Menu 2022**，要求结合亚运主题，创新融合营养搭配和饮食文化，为2022年杭州亚运会设计一份具有国际标准、中国风格、杭州特色的双语菜单； 2. 钉钉直播连线烹饪大师、外教、留学生点评菜单； 3. 投票选出 **The Most Popular Menu**		强化**志愿服务意识**，增强学生专业知识**服务社会的成就感**，提高学生对餐饮职业的**认同感**，增进学生**对学科专业的热爱**； 引入行业专家、跨文化受众，多主体获取评价信息，促进学生互评和**自我反思**，提升参与热情
第三阶段 课后拓展（方法指引 推优示范）				
教学环节	教学内容	教学活动		设计意图
拓能力	创作美食短视频	1. 发布任务：**Chinese Cuisine Going Global "取舌尖味 传华夏风"**——每个小组精心烹饪一道自己设计的亚运菜单菜肴，全程配以英文讲解； 2. 师生互动：通过微信公众号进行网络投票，根据标准打分，选出三类最佳作品（**Best Creativity，Best Technology Practice & Best Commentator**）		躬耕美食一线，**践行工匠精神**，小组活动培养学生的**集体主义精神和合作、沟通能力**； 依托创意英文短视频《以食为媒》，通过美食**传播中国传统文化，增强国家文化软实力**

四、特色及创新

1. 教学目标精准聚焦。

对接餐饮类专业学生核心素养（图2），将核心素养培育精准地融入"高职高专英语"课程的教学目标中，**实现三力**：培养语言运用执行力、体验中华文化感召力、提升国际文化理解力。

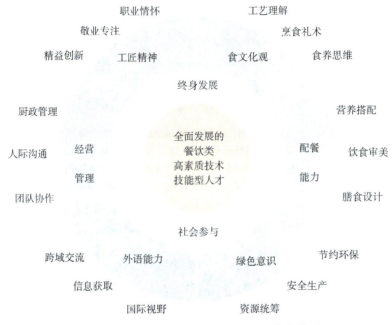

图2　餐饮类高素质技术技能人才核心素养模型

2. 教学场景互融共生。

在教学准备、课堂教学、自主学习、协作学习、个性化学习、课后实践和课程反馈等层面构建相互支撑、多维呼应、交融补益的教学场景，**融合三间**：课堂英语学习空间、课外语言实践空间和网络虚拟空间。

3. 教学评价多维立体。

引入烹饪大师、跨文化受众，结合教研共同体，多主体获取评价信息，促进师生互评和自我反思，构建以"取舌尖味 传华夏风"为思政目标的"高职高专英语"课程思政教学评价（表3），**达成三多**：评价主体多、评价视角多元、评价内容多维。

表3　"取舌尖味 传华夏风""高职高专英语"课程思政教学评价

评价内容		教师	学生	受众	教研共同体
美食作品	语言表达 跨文化策略	作品分析	反思 自评互评	反馈 评语	课堂观察 研讨

续表

评价内容		教师	学生	受众	教研共同体
品德素养	文化自信 核心素养	观察 访谈 问卷调查	反思 自评互评	反馈 评语	课堂观察 研讨
教学与 思政融合度	知识技能目标 思政育人目标	反思 自评互评	满意度 调查	问卷调查 访谈	标准认证 评估

五、教学成效

课程通过运用三阶段、六步骤（"启任务—探新知—引案例—析技巧—融平台—拓能力"），设立层级递进的目标，支架渐进，从扶到放，使学生在问题情境中掌握英语知识和技能，在小组合作任务中深度加工所学的英语知识和技能，在融会贯通的基础上实现英语知识迁移和增长，提高了学生的职场英语综合应用能力。

本课程通过自主学习任务，传递了团队协作、诚实守信的价值理念；通过语言翻译任务，放眼世界，拓宽了学生的国际视野，提高了审美和文化鉴赏力，增强了文化自信；通过语言实践任务，从创意亚运双语菜单到制作英文美食短视频，躬耕美食一线，用英语表达中国，在践行工匠精神的同时，提升了学生用英语传播中华美食文化的能力。

孝行天下 德传古今

"中国文化"思政课程教学案例

课程名称:中国文化
教师信息:潘乐英
授课专业:汉语言
课程性质:专业核心课

第一部分 课程基本概况

"中国文化"课程是面向汉语言留学生中级班开设的一门专业核心课,开设时长为两个学期,共 96 课时,适用于已完成初级汉语各课程的学习、有一定的语言基础和应用能力的学生。

"中国文化"课程是一门传授中国传统文化,提高留学生中国文化知识储备和人文素质的课程。本课程集必要的汉语语言知识、中国文化知识以及跨文化交际技能教学为一体。通过"语言+文化+实践"的教学形式,在教授汉语的同时为学生提供丰富的中国文化知识和多样的文化体验和文化实践活动,帮助学生深入了解中国博大精深的传统文化,提升学生的中华文化素养,培养懂汉语、懂中国文化的国际人才。

第二部分:案例描述

一、教学目标

(一)单元教学目标

"中国文化"课程第一学期第六单元的主要教学内容为中华孝文化。其主要教学目标为提高学生关于孝文化主题的语言表达能力,提升学生的中华孝文化素养(图1)。

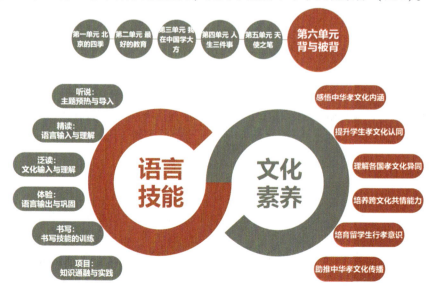

图 1 单元教学目标

(二) 本课教学目标

本案列选取第六单元第二节"背与被背"作为育人元素实施案例。该课用3个课时，通过视频欣赏、词汇巩固、课文学习、故事会、跨文化大讨论等多种形式组织教学，通过学习孝文化核心词汇、表达及常见句型表达，将语言学习和文化学习相结合，提高学生对中华孝文化和中外孝文化差异的了解。通过引导学生参加课外志愿者活动，利用实际情境培育学生对中国孝文化的认同感，提升跨文化交际能力。主要教学目标如下。

1. 知识技能目标

①掌握有关孝文化的汉语词汇和表达；
②了解中华孝文化的内涵；
③掌握跨文化背景下的交流沟通技能。

2. 思政育人目标

思政育人目标如图2所示。

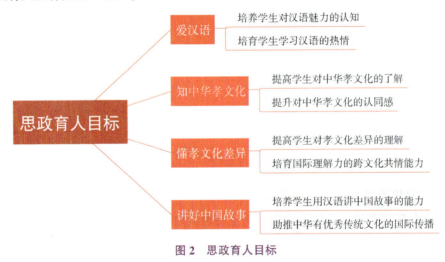

图 2　思政育人目标

二、教学重点和难点

(1) 教学重点：中华孝文化的深刻内涵以及不同国家之间孝文化的差异。

(2) 教学难点：在理解中华孝文化内涵的基础上，构建学生用汉语讲中国故事、传播中华孝文化的能力。

三、学情分析

本课程授课对象为2021级汉语言留学生中级班的学生。大部分学生性格活泼，思维活跃，课堂上与教师互动良好（图3）。

(1) 生源情况。大部分学生来自"一带一路"沿线国家，学生构成遍及亚、非、欧、南美四个洲12个不同国家，学生在文化背景、思维方式、价值取向和学习方法等方面都存在很大差异，对孝文化有着不同理解，在孝的表达上也存在很大差异。

（2）语言基础。 学生已有一定的汉语基础，大部分已掌握600~1 000个汉语词汇，听说和阅读能力较强，具备学习相对较难的孝文化主题所需的语言基础和技能，但书写能力相对较差，需要进一步强化。

（3）学习动机。 大部分学生对汉语言学习有着浓厚的兴趣，渴望深入了解中国国情和中国文化。孝文化作为中国传统文化的核心内容，是留学生理解中国人的生活方式、家庭关系和社会现象的绝佳窗口，也是他们迫切想要了解的内容。

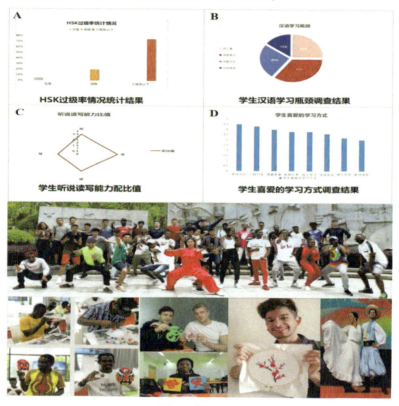

图3　学情分析

四、思政育人案例设计思路

思政育人案例设计思路见表1。

表1　思政育人案例设计思路

思政内容	教学活动	设计意图
爱汉语	1. 认识"孝"字：观看"孝"字的构成和演变； 2. 孝道经典表达——学习孝文化相关经典表达——百善孝为先、孝行天下； 3. 观看孝文化纪录片：《孝行中国》	1. 通过对会意字"孝"字的解读，激发学生对汉字的兴趣； 2. 通过学习孝主题相关经典表达体会汉语的魅力； 3. 通过欣赏电影和纪录片，输入纯正汉语，让学生感知中华孝文化，提升学习汉语的兴趣

续表

思政内容	教学活动	设计意图
知中华孝文化	1. **视频赏析**：公益广告和《花木兰》片段赏析； 2. **课文学习**：学习孝道小故事，理解文章主旨，掌握重点词汇和表达； 3. **古今孝道故事会**：分组学习并讲述中华孝道故事——孙思邈学医救双亲、岳飞精忠报国、刘秀祥背母求学、习近平孝母	1. 通过欣赏公益广告和电影片段使学生对中华孝文化有初步了解； 2. 通过学习课文，提高学生的孝文化主题表达能力，深化对孝文化的认知； 3. 通过孝道故事会帮助学生理解孝文化的深刻内涵和孝道的今古传承
懂孝文化差异	1. **跨文化大讨论**：各国孝文化异同； 2. **文明的多样性讲解**：教师基于学生的讨论，讲解世界文明的多样性，强调各国文明在相互尊重的基础上交流互鉴的重要性	1. 通过组织跨文化大讨论，促进学生对各国孝文化异同的理解，提升国际理解力，增强跨文化共情能力和交际能力； 2. 通过孝文化异同比较，帮助学生了解文明的多样性和交流互鉴的重要性，促进文明互鉴、民心相通
讲好中国故事	1. **孝文化主题语言输入**：提高学生讲中国故事的语言能力； 2. **学讲中国孝道故事**：让学生熟悉中古今孝道故事，简单讲述古今孝道故事； 3. **行孝志愿者活动**：组织留学生下社区探望空巢老人，践行孝行天下理念	1. 通过语言输入去，强化留学生讲中国古代孝道故事的能力； 2. 通过孝道故事会，让学生了解古今不同层次的孝道故事，深化对中国孝文化的理解； 3. 组织志愿者活动，让学生在实践中了解真实的中国和中国孝敬老人的传统，使中华孝文化内化于心、外化于行，促进中华孝文化的国际传播

五、思政元素实施过程

思政元素实施过程如图 4 所示。

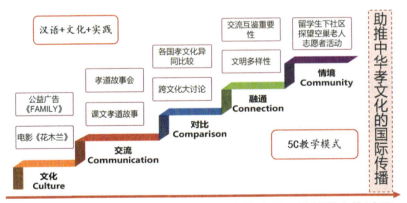

图 4　基于 5C 教学模式的思政元素实施过程

六、教学实施（总课时 135 分钟）教学过程（课前导学）

教学实施见表 2。

表 2 教学实施

教学环节	教学内容	教学过程（课前导学）		
		教师活动	学生活动	思政融入
观储思练	孝文化词汇包	在超星学习通平台上发布孝文化词汇包，并布置语音打卡任务	登录超星学习通平台，完成词汇预习及语音打卡练习	提前导入中华文化相关词汇，丰富孝文化语言储备
	孝主题视频赏析	在超星学习通平台发布观看视频《孝字的来源及写法》任务	登录超星学习通平台，观看视频，并记录孝字的演变过程，上传笔记	了解"孝"字的文化内涵，掌握"孝"字结构所蕴含的文化内涵，体会汉字魅力："孝"为会意字，其古字形像一个孩子搀扶老人，又为尽心尽力地奉养父母；表达"孝"的原意
	思考讨论	在超星学习通平台发布讨论："孝"字起源和写法体现了什么文化内涵？	1. 分组讨论阐述各自对孝道的理解；2. 分类整理，并讨论不同观点	引发学生对"孝"字及其文化内涵的思考，激发学生学习汉语的兴趣

教学环节	教学内容	教学过程（课中内化）		
		教师活动	学生活动	思政融入
文化导入 Culture（15分钟）	孝文化主题导入：1. 公益广告《FAMILY》赏析。2. 电影《花木兰》片段欣赏	1. 教师在课堂上播放观看公益广告《FAMILY》，并请学生谈谈对公益广告的理解。2. 播放《花木兰》替父从军的电影片段，讲解故事情节，帮助学生理解电影的主题思想，请学生谈谈对影片中体现的中华孝道的理解。	1. 学生欣赏公益广告《FAMILY》，讨论广告的寓意。2. 观看电影，对不理解的剧情提出问题，并根据电影内容发表各自对孝道的理解。	1. 利用充满温情的公益广告和具有国际影响力的电影使学生对中国人的家庭观念和中华文化有初步了解。

续表

文化导入 Culture (15分钟)		3. 教师讲解：花木兰替父从军的故事体现了中国的孝文化。花木兰女扮男装替父从军，之后又放弃富贵主动要回家照顾父母，都体现了花木兰对父母的孝心。	2. 使学生认识到孝为中华传统美德的根本。而自古以来，中华民族传统美德始终是中华民族赖以生存和发展的道德根基和思想基础。 3. 通过学生的回答了解学生对孝道的不同理解。
交流互动 Communi-cation (85分钟)	1. 课文阅读与学习（35分钟）	1. 请同学通读文章，并完成课后判断句子正误练习。 2. 讲解核心词汇游戏。 小心翼翼　宽厚温热 颠簸动荡　无影无踪	1. 通读全文，独立完成文课后判断句子正误练习。 2. 单击链接并输入邀请码或打开"Kahoot!" APP扫二维码参与，随机组队完成测试游戏，赢取课堂积分。 3. 通过阅读儿子孝母的故事加深学生对中华孝文化的理解：孝敬父母是子女的责任，也是子女最大的幸福。 4. 学习孝文化相关表达，为之后讲中国孝道故事做准备。

续表

教学环节	教师活动	学生活动	设计意图
交流互动 Communi-cation (85分钟)	2. 重点句子讲解 (15分钟)	1. 讲解练习二中的核心句式及词组。 2. 随机抽取，点评同学的理解。 3. 补充与孝有关的经典表达，如：百善孝为先、孝行天下	1. 完成练习二，为句子选择正确的理解。 2. 学习与孝道有关的经典表达并说一说自己对这些表达的理解。	通过讲解课文中关于子女表达孝心的句子的含义，补充关于孝道经典汉语表达，提高学生关于孝道话题的表达能力，为讲好中国孝道故事储备语言知识
	3. 孝道故事 (35分钟) (1) 阅读古今孝道故事; (2) 分享孝道故事; (3) 理解孝道故事	1. 将20位同学分成5人小组，共4组，要求每组同学选择阅读一个孝道故事：孙思邈学医救双亲、岳飞精忠报国、刘秀祥背母求学、习近平孝母故事。根据小组汉语水平分发不同难易程度的故事。 2. 组织学生分组轮流分享故事。 3. 教师点评，升华主题：小大修身、中等齐家、大孝治国平天下	1. 分组分享阅读的孝道故事。与此同时，准备跟故事内容相关的问题。 2. 就分享的故事内容向其他组成员提问。 3. 其他组成员理解故事大意，回答问题	1. 选取古今不同内涵的孝道故事，帮助学生理解中华孝文化的深刻内涵。 2. 孝的初始含义即善事父母，以家庭为中心的伦理观念一直以来都是中国传统孝文化所强调的核心，因此孝道首先倡导的就是孝敬、奉养自己的父母。 3. 中国孝文化在人伦规范内发挥到极致，由亲上升至忠君、爱国，孝天下——老吾老以及人之老，天下父母一家亲。 4. 中华传统美德对于当今社会仍具有极强的现实价值，为我们今天构建和谐社会起着重大的作用。 5. 四个孝是孝的不同层次，不仅是古到今近的不同层次，也体现了几千年来孝道的传承

续表

阶段	内容	教师活动	学生活动	目的
比较异同 Comparison（20分钟）	跨文化大讨论：小组讨论各国孝文化异同	1. 将学生分成四组。分组遵循"组间同质、组内异质"原则，尽量让每一个小组的成员国别多元化。 2. 组织学生分小组讨论不同国家之间孝文化的共性和差异	1. 参与小组讨论。学生根据自己的文化背景讨论对孝文化的认同、比较异同，并将讨论结果上传至超星学习通平台。 2. 每组派代表上台进行小组展示，简要介绍小组讨论结果，呈现文化国别差异要点	1. 感受各国孝文化差异，提升学生对中华孝文化的认同感。 2. 提升学生的国际理解力，提高学生跨文化交际能力
融通内化 Connection（15分钟）	1. 总结孝文化异同。 2. 总结语言知识点	1. 总结各国孝文化的普世价值，突出中华孝文化的多样性，强调因文明因多样而交流、因交流而互鉴、因互鉴而发展。 2. 巩固课堂重点词汇，总结课文重点词汇和核心句式，回顾语言表达技巧	1. 发表对孝文化差异和文明多样性的理解。 2. 根据课堂材料和笔记进行复习强化	1. 在比较文化异同的基础上，让学生认识到世界文化的多样性，在提升学习对中国文化的认同感的同时，提升其国际理解力，促进文明互鉴，民心相通，助力构建人类命运共同体。 2. 总结孝文化主题汉语知识和文化要点，帮助学生巩固所学汉语知识和文化要点

续表

教学过程（课后拓展）

教学环节	教学内容	教师活动	学生活动	思政融入
知识总结	知识点总结	在超星学习通平台上布置笔记整理任务，总结课上所学的核心词汇和关于孝道的经典汉语表达	回顾课上所学内容，总结归纳所学方法，登录超星学习通平台上传笔记	巩固所学词汇表达，提升"讲好中国故事"能力
情境体验 Community	实践拓展项目	1. 布置学生完成作业：观看纪录片《孝行中国》并完成观后感。2. 组织学生参与下社区探望空巢老人的志愿活动	1. 观看纪录片，并将观后感上传至超星学习通平台。2. 参与下社区探望空巢老人的志愿者活动，奉献孝心：老吾老以及人之老	中华传统美德贵在践行。鼓励学生践行孝道，在实际行动中加深对中华孝文化的理解，践行孝行天下的理念

313

七、反思与改进

(一) 教学特色与创新

1. 语言和文化深度融合，强化语言能力，提升文化素养

根据 5C 教学模式设计整个教学过程，使汉语学习和文化体验深度交融。通过了解孝文化含义、分享孝文化故事、参与跨文化大讨论、下社区关爱空巢老人等一系列教学活动，让学生在交流中加强语言能力，在对比中提高文化认同，在体验中深化对孝文化的理解，在实践中提升文化素养。

2. 以产出为导向，促进思政内容内化于心，外化于行

以产出为导向，在输入语言和文化知识的基础上，让学生在讲故事、小组讨论等多样化的学习任务中提升语言能力，深化对中华孝文化理解，提高学生对中华孝文化的认同。以校社联动的各项实践体验活动使学生将所学的中华孝文化知识内化于心，外化于行，培养学生成为中华优秀传统文化践行者和国际传播者。

3. 充分利用第二课堂，有效拓展教学空间，强化文化浸润

中华孝道，重在践行。孝文化的学习需要走出课堂，在真实情景中应用所学语言文化知识，提高学生的语言应用能力，深化文化认知。本课程充分利用第二课堂和社会资源，用传统文化浸润学生心灵，让学生在理解中华孝文化内涵的基础上，积极传播孝文化，促进"一带一路"沿线国家文明互鉴、民心相通。

(二) 反思与改进

1. 存在问题

(1) 教学设计中部分情境对学生文化差异因素考虑不够充分。不同文化背景下的学生对孝文化的解读存在很大差异，虽然教学设计中尽可能考虑了差异性，但实际教学实施过程中的某些环节比如跨文化大讨论中呈现的文化碰撞，仍然给教学带来了不小的挑战。

(2) 学生讲孝道故事时更多倾向于背课文的句子，语言句式单一，信息的提炼、语言的组织能力不够。

2. 改进方法

(1) 全面考虑给教学带来影响的文化差异因素，通过更细致的问卷调查和相关的数据来模拟文化差异的离散程度与分离程度，从而进行更精准的教学设计。根据实际授课过程中学生的反馈及时调整教学方案。

(2) 学生需要加大语言输入，特别是纯正汉语的输入，应给学生多推荐电视剧、电影、日常交流和经典文学作品等；课堂上教师应注意语言表达的多样化，根据实际情况进行讲解，增强学生语言的活用能力。

八、教学成效

1. 孝文化主题语言能力得到提高

本课程充分利用超星学习通平台对学生语言能力进行综合观察与评测。本次课着重四个方面的考核：超星语音打卡测试、孝文化主题核心词汇测试、重点语法测试以及汉字书写考核。通过前后测的成绩对比可见后测较前测成绩有较大提高，说明留学生关于孝文化主题的汉语语言能力进步明显（图5）。

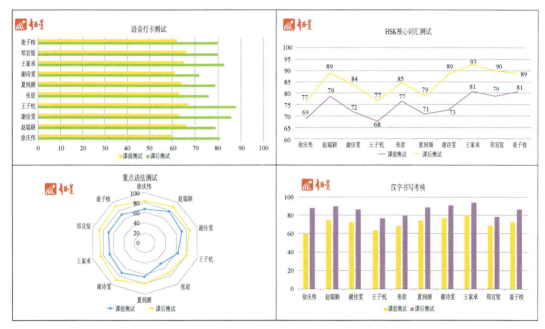

图5　孝文化主题语言能力测试数据分析

2. 中华孝道文化素养明显提升

本课程将课堂育人与实践育人结合，从中华孝道文化的内涵出发，通过差异化教学、沉浸式文化体验、信息化教学手段以及充分利用第二课堂资源等方式帮助学生了解中华孝道文化的内涵及表现形式。根据学习的前后自评数据对比，学生的中华孝道文化素养有了显著的提升（图6）。

图6　中华孝道文化素养课前课后调查问卷数据

"热点"下的冷思考
——"网络软文写作"课程思政课教学案例

课程名称：网络软文写作
教师信息：史伟
授课专业：餐饮管理等
课程性质：公共限选课

第一部分：课程基本概况

"网络软文写作"是一门面向我校各专业开设的公共限选课，共 36 学时。目前，"网络软文写作"课程已被认定为第二批浙江省精品在线开放课程，在浙江省高等学校在线开放课程共享平台共完成 8 期，服务涵盖省内 30 余所本科和高职院校。

本课程的授课学生或即将进入职场或准备自主创业，重视网络营销策划及文案写作能力，但缺乏专业指导；作为"95 后""00 后"，学生对网络软文营销并不陌生，但其相关的知识、经验还处在未被"激活"的"不自觉"状态，需要老师的引导点拨；学生具备一定的写作基础，但对网络软文写作的特点和要求不了解，需要结合企业实际的软文策划过程进行实操或模拟训练。因此，课程围绕企业网络软文写作与营销的实际工作过程，整合教学内容，设计学习项目，共设置 7 个项目模块，涵盖软文营销策划、软文撰写、软文发布等全过程，依据岗位工作需要精讲基础理论知识，通过典型案例分析及全真或仿真项目写作训练，使学生掌握网络软文的写作方法及技巧，熟悉软文营销的方式与手段，初步具备网络软文写作和营销的能力，同时有机融入课程思政相关内容，助力学生成长为新时代创新创业优秀人才。

第二部分：案例描述

一、课程目标及思政元素

本课程以"社会主义核心价值观"为价值引领，融合知识、能力、素养目标，发掘课程潜在思政元素，明确思政育人目标，**形成以社会主义核心价值观教育为核心，以爱国主义教育、诚信教育、法律意识教育、职业道德教育、创新精神教育为重点的课程思政体系**。希望通过本课程学习，助力学生成长为**爱国敬业、诚信友善、勇于创新、敢于担当，具有崇高职业理想和职业道德的新时代社会主义建设者和接班人**。

本课程立足于育人目标和教学内容，充分发掘课程本身蕴藏的思政元素，精心设计课程思政融入过程，使学生在知识学习和能力培养的过程中，自然而然地接受、认同课程中渗透的思想政治教育内涵，实现思政教育与教学内容有机融合。此外，本课程教学中重视课程思政教育资源建设，从专业实际、社会实际、学生实际的结合处挖掘资源，增强课程思政育人过程的趣味性、实效性（表1）。

表1 教学目标

项目	知识目标	能力目标	素养目标	课程思政育人目标
认识网络软文	1. 理解网络软文的概念和作用； 2. 认识网络软文的特点与要素； 3. 了解几个重要民族品牌的软文营销案例	1. 能够领会网络软文概念的核心； 2. 能够理解网络软文与网络硬广的关系； 3. 能够辨析优秀网络软文的特点	1. 能够运用辩证唯物主义认识和思考问题，提升创新意识； 2. 能够具备团队合作意识，通过沟通和管理完成团队任务	以网络软文营销发展历程及重要民族品牌营销案例为切入点，培养与时俱进，勇于创新、敢于尝试的精神，培育爱国情怀，增强民族品牌自信心
网络软文的主要形式	1. 了解网络软文常见的几种形式； 2. 掌握新闻式、故事式、情感式、借势式、经验分享式等网络软文的概念和特点	1. 能够掌握新闻式、故事式、情感式、借势式、经验分享式等网络软文的写作技巧； 2. 能够独立进行新闻式、故事式、情感式、借势式、经验分享式等网络软文的写作	1. 能够用发展的、联系的思维分析和解决问题； 2. 能够对行业专业领域新知识、新技术、新趋势保持敏感度并应用于实际	以贴近现实、亲近学生的网络软文案例为切入点，培养学生立足时代、扎根人民、深入生活思考和解决问题的观念，引导学生关心时事、关注现实，强化责任感和担当意识
网络软文标题写作技巧	1. 理解网络软文标题的作用； 2. 掌握网络软文标题的类型； 3. 掌握不同类型网络软文标题的写作要求	1. 能够撰写不同类型网络软文标题； 2. 能够掌握基本的网络软文标题创意技巧	1. 能够将标题制作中的创新思维迁移应用到学习生活中； 2. 能够将"文题一致"的诚信原则迁移应用到学习生活中	以网络软文标题案例辨析为切入点，培养学生诚实守信知法守法、敬业爱岗、精益求精的职业精神和职业操守
网络软文的内容布局	1. 熟悉网络软文的内容布局方式； 2. 了解网络软文常用的开头技巧； 3. 了解网络软文常用的结尾技巧	1. 能够分析网络软文的结构； 2. 能够根据材料对网络软文进行合理布局； 3. 能够掌握网络软文的布局技巧	1. 增强逻辑思维能力和信息处理能力； 2. 能将网络软文写作中"用户思维"迁移应用到学习生活中； 3. 增强团队合作意识和能力	以实施结合专业特点的"模拟创业"团队任务为切入点，培养学生关注行业专业发展前沿，提升职业意识和职业认同感；提升创新意识和创业能力
网络软文的发布平台	1. 了解网络软文发布平台的分类与选择技巧； 2. 理解社交媒体营销的概念和特点； 3. 熟悉微博、微信、QQ空间、论坛等社交平台软文的特点	1. 能根据实际情况选择合适的网络软文发布平台； 2. 能够具备社交媒体营销基本能力； 3. 能够掌握主要社交平台网络软文的发布技巧	1. 能够辨析不同形式软文的"软"包装，透过表象把握事物的实质； 2. 能够具体问题具体分析，根据对象和目标的不同灵活选择营销形式	以中国知名品牌创意营销案例分析为切入点，引导学生继承和发扬中华优秀传统文化，培养文化自信，实现文化育人目标
网络软文创意写作技巧	1. 熟悉网络软文创意写作常用技巧； 2. 了解创意营销的基础知识和典型案例； 3. 了解微信、微博、短视频平台网络软文的创意写作技巧	1. 能够进行网络软文创意写作； 2. 具备基础的创意营销策划能力； 3. 能够撰写微信、微博、短视频网络软文	1. 能够运用互联网思维分析和解决问题； 2. 能进一步提升网络营销意识； 3. 能进行自主探究与学习	以完善模拟创业项目创意网络软文作品为切入点，培养学生的创新精神、创造意识和实践能力；通过团队合作反复推敲、修改完成作品，培养团队合作精神和工匠精神
网络软文营销常见风险与岗位能力要求	1. 了解网络软文写作常见误区与风险； 2. 熟悉网络软文写作相关法律知识； 3. 理解网络软文营销岗位所需知识、能力和素养要求	1. 能够避免网络软文写作常见误区； 2. 能够预测并规避网络软文营销写作常见风险； 3. 能够掌握网络软文营销推广常用方法与技巧	1. 能够树立网络广告、网络营销法律意识，自觉维护网络营销环境； 2. 能够树立正确的商业价值观，遵守职业道德规范	以正、反网络软文营销案例辨析为切入点，培养学生的法治观念和法治思维，引导学生树立正确的义利观

二、设计思路

本课程采用线上线下混合式教学模式,依托"网络软文写作"在线开放课程等资源**构建了"慕课+云班课+线下课堂"三位一体教学平台,运用"五环教学法"(即"自主研学—问题导学—合作探究–成果展示–实践拓展")紧密衔接课前、课中、课后三个环节**,深入挖掘课程内容中蕴含的隐性思政教育元素,提炼课程思政育人目标,充分发挥课堂育人主阵地作用,实现全方位、全过程育人。"网络软文写作"课程思政融入路径如图1所示。

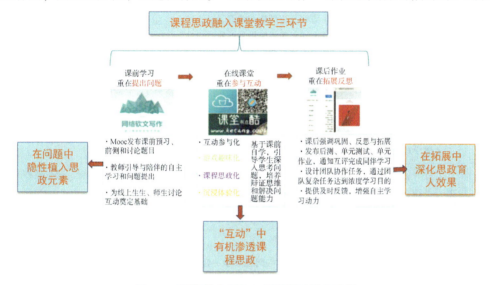

图1 "网络软文写作"课程思政融入路径

三、实施案例

本案例选取"网络软文写作"课程项目三"网络软文的几种类型"中任务四"借热点软文写作",教学课时为2课时。

1. 基本教学情况

基本教学情况见表2。

表2 基本教学情况

案例名称	"热点"下的冷思考——从企业借势营销案例谈疫情下的责任与担当
教学说明	课前学生通过慕课平台上的"学习任务单"已经自学了借热点软文的相关知识,完成了在线测试和课程论坛的互动话题。在此基础上,本次课将针对教学重难点展开教学,结合当前抗疫热点,分析疫情背景下企业战疫故事和借热点软文营销案例,明确课程知识点与课程思政的契合点,确定课程思政育人目标,引导学生关注现实、关怀社会,自觉将个人发展与社会发展、国家发展结合起来,培育爱国情怀,增强责任和担当意识。 课程以学生结合专业特点的"模拟创业项目"贯穿各项目教学

续表

学情分析	**知识能力基础**：学生通过课前自主研学已基本掌握借热点软文的概念、特点等知识点，能够分析借热点软文案例的写作思路，但对于借热点的层级及如何巧妙借热点理解尚不到位，撰写借热点软文技能还需训练。 **素养基础**：从课前测试及互动讨论中，可以看出学生关注时事、关心抗疫，社会参与意识较强，但对将个人职业发展融入国家、社会发展的意识不够；学生对诚信精神、法治精神高度认同，但勇于创新、敢于尝试的精神仍需加强。 **学习特点**：信息化素养好，好奇心强，乐于合作，但时有畏难情绪	
教学目标	知识目标	①理解借热点软文的概念和特点； ②了解热点的类型
	能力目标	①能够分析借热点的不同层级； ②能够正确把握借热点的"方向"； ③能够撰写符合要求的借热点软文
	★课程思政目标	①培育爱国情怀，强化责任担当意识； ②培养求真务实、诚实守信的职业精神及良好的职业道德； ③培养勇于探索的创新精神
重点难点	＊**教学重点**：借热点的三个层级 ＊**教学难点**：正确把握借热点的"度"	
教学资源	在线开放课程平台用于课前任务发布、自主研学、在线测试和互动讨论；云班课、课堂酷等用于线下课堂互动、成果展示及小组评比；视频、案例及相关资料等	
教学方法	教法：案例分析法、任务驱动法、启发引导法 学法：自主研学法、合作探究法	
教学策略	设计**"五环教学"**步骤（即自主研学—问题导学—合作探究—成果展示—实践拓展），串联起课前、课中、课后三个环节，形成环环相扣、层层推进的教学过程，选取契合度高的课程思政资源有机融入教学各环节，有效达成知识、能力与思政育人目标	

2. 案例实施过程

案例实施过程见表3。

表3 案例实施过程

课前：在问题中隐性植入思政元素		
教学环节	教学内容及教学活动	课程思政融入点
自主研学	**1. 教师活动** ①整合MOOC平台课程资源，发布课程任务单，提出自学要求，布置小组合作学习任务。 ②在云班课发布**"一周热点你来报"**互动话题，通过**"智能标签"**功能标识出大家关注的热点排行榜。 ③布置"在线测试"题目，检测自学成效，设置**"疫情反复，结合专业谈谈能为抗疫做点什么？"**等开放性话题，引导学生思考和讨论。 **2. 学生活动** ①根据任务单所列问题，观看视频完成自学任务。 ②检索相关信息，参与云班课互动话题，完成在线测试题目并提交。 ③完成小组任务，制作PPT并提交至平台。 在此环节中，学生通过**"自主研学"**完成课前预习，为后续学习打好基础；教师通过学习效果分析，掌握学情，确定教学重难点，设计教学活动	★课程资源、互动话题、在线测试等隐性植入思政元素，既巩固了知识点，又无形中引导了学生关心疫情、关注社会，培养学生公共参与意识和公民意识。 ★问题导向的自学环节设计，培养学生自主学习能力，分析和解决问题的能力

续表

课中：互动中适时融入思政教育		
教学环节	教学内容及教学活动	课程思政融入点
问题导学 ＊聚焦重点	**1. 教师活动** ①组织小组任务成果（PPT）展示评比，并点评。 ②**提出问题，引导学生修正、深化前期知识，要求结合案例回答：** "借热点软文中热点与企业品牌或产品的关系如何？" "成功与不成功的借热点软文分别有哪些特征？" "企业借势营销，是不是逢热点必追？" ③总结点评讨论成果，**精讲重点知识点"借热点的三个层级"。** **2. 学生活动** ①分组PPT汇报课前自学成果，阐述初步建构的借热点软文概念。 ②结合案例思考并回答问题。 ③检视前期自学成果，总结深化核心概念。 在此环节中，**学生通过"问题导学"加深了借热点软文概念内涵的理解，辨析了借热点软文的三个层级；教师通过知识点精讲引导学生深度学习，设置问题为后续教学环节做好铺垫**	★组织小组成果汇报、评比，提高团队协作意识、竞争意识。 ★引导学生思考回答由易到难的问题，培养不畏困难、积极探索的精神
合作探究 ＊突破难点	**1. 教师活动** ①展示疫情背景下企业借热点软文营销案例（正、反案例）。 ②发布互动讨论话题，利用云班课、课堂酷等平台功能，发起"举手""抢答""弹幕"等活动，引导学生讨论。 ▶分析疫情背景下企业借热点软文案例，选出你认为最赞的与最值得商榷的一个案例，并说明理由。 ▶大家认同不是什么热点都可以追，那么企业借热点的"度"（"方向"）是什么？ ③总结讨论成果，帮助学生突破知识难点。 难点点拨｛热点的正面性／热点的时效性／热点是手段而非目的／关键是建立热点与产品或品牌的关联 **2. 学生活动** ①分析案例。 ②根据要求以个人或小组方式参与课堂互动。 在此环节中，**学生通过形式多样、趣味性强互动活动提高了案例分析能力，明确了软文借热点的"度"；教师在与学生互动中循序渐进地解决知识难点，潜移默化地实施思政育人**	★通过民族品牌"战疫"营销软文案例，培育爱国情怀，责任担当和人文关怀意识。 ★通过正、反案例辨析，培养诚信品质，提升法律意识和职业素养
成果展示	**1. 教师活动** ①**布置任务**：以小组为单位选取一个认为有改进空间的借热点案例，讨论后提交完整修改稿。 ②云班课上**发布"轻直播"**，要求学生以小组为单位上传讨论稿，并做出修改说明。 ③点评、评分。选出优秀作品展示在班课平台上。 **2. 学生活动：** ①组内分工，完成任务，上传至平台。 ②组间评分，要求不仅给出分数，而且给出不少于50字评论。 在此环节中，**学生通过作品展示和互评，教师通过点评、评分，帮助学生内化知识重难点，为下一步撰写借热点软文奠定基础**	★通力合作完成小组任务，培养团队意识、合作精神

续表

课后：拓展中深化育人效果		
教学环节	教学内容及教学活动	课程思政融入点
实践拓展	**1. 教师活动** ①发布任务：**结合当前疫情热点，为模拟创业项目撰写借热点软文**（注：课程开课初要求学生结合专业组团队设计模拟创业项目），要求作品图文并茂，不少于300字，课后一周提交至班课平台。 ②**指导反馈**，提出修改意见。 ③**对修改稿进行评分，发起投票**，展示票数前5位的学生作品。 **2. 学生活动** ①课后按要求撰写借热点软文并提交至班课平台。 ②根据反馈意见修改完善作品，再次提交。 ③互评作业（每位同学评价不少于5份作品），进行投票。 ④学习优秀作业，再次完善修改作品。 在此环节中，**通过模拟实训任务和指导反馈，帮助学生深化拓展课程知识，提高实践应用能力**	★结合专业特点的模拟创业项目写作，引导学生树立专业发展意识，增强职业认同感。 ★反复修改打磨作品，培养严谨认真的工作态度，传承工匠精神
考核评价		

"网络软文写作"课程将思想政治教育相关要素纳入过程性考核，围绕"**人格品质、价值取向、团队协作、集体观念、奉献精神、时间观念**"等评价指标以学生互评、教师复评的方式进行综合评价。同时严格课堂管理，**培养学生的规则意识和自觉自控自律的好习惯**

评价类型	评价内容	占比	评价方式	评价主体
过程性考核（线上）	①在线课程平台上的学习数据，包括视频观看、作业、测验、笔记、讨论参与、发帖等。 ②在线课堂学习参与数据，包括出勤、课堂互动、作业等	70%（①、②各占比35%）	线上平台赋分	学生自评 平台数据 小组互评 教师评价
终结性考核（线下）	期末测试	30%	卷面成绩	教师评价

四、特色与创新

1. 课程目标"有高度"

本课程对接企业实际网络软文策划营销工作任务，整合教学内容，设定知识、能力与素养目标。其中将提高学生的思想政治素质作为课程教学的核心目标，并与专业育人目标结合，培养学生分析、综合、评价、质疑、创新等高阶思维和能力，培育爱国敬业、诚信友善、勇于创新、敢于担当，乐于奉献、精益求精的高尚品格。

2. 课程育人"讲艺术"

本课程思政教学始终结合学生专业成长和全面发展的实际需求，关注学生学习、生活、心理、交往及职业选择等过程的"关注点""困惑点""痛点""需求点"，适时、适度、适当地实施思政育人，提高思政育人的亲和力、感染力和说服力；通过教学设计，将课程思政元素以隐性渗透的方式融入课程知识传授与能力培养过程，潜移默化、润物无声地达成育人目标。

3. **课程教学"接地气"**

教学资源建设紧跟当前新媒体时代企业网络软文营销实际；教学案例及写作实训都力求"最新鲜"；教学形式上，充分利用 MOOC、云班课、腾讯课堂、纸条范等移动教学工具，创建课堂互动环境，使线上线下课堂"动起来""活起来"；课程思政融入注重从学生专业出发，结合不同专业学生的特点寻找课程思政元素，根据学生的接受心理、话语习惯实施教学，使课程思政能够"入于心 见于行"，增强育人实效。

五、教学成效

通过精心的教学设计和有效的组织实施，从学生课前、课中及课后的学习反馈看，本课程实现了知识传授、能力培养、价值引领的教学目标。**具体到课程思政目标，主要成效体现在以下几个方面。**

（1）**激发学生的爱党爱国激情，增强学生的道路自信和制度自信**。本课程教学中引导学生关注疫情和我国的抗疫举措，了解中国为世界其他国家的疫情防控树立了榜样，这极大地激发了学生的爱国主义情怀，增强了学生的道路自信和制度自信。

（2）**深植责任担当意识，增强学生的社会责任感和公民意识**。本课程教学中将思政元素与课程内容有机融合，通过疫情背景下体现企业社会责任感的营销案例，引导学生树立责任意识，增强社会责任感。

（3）**增强法律意识，培养学生诚实守信的职业精神**。结合疫情背景下一些企业乱涨价、虚假宣传等案例，引导学生树立诚实守信的职业精神，增强法律意识。

（4）**提升职业意识，增强职业认同感**。通过具有专业针对性的课程思政，学生对行业发展趋势、人才需求情况及互联网营销思维有了更深入的了解，提升了职业意识和职业认同感。

"音乐鉴赏与人文素养"
课程思政课教学案例

课程名称:音乐鉴赏与人文素养
教师信息:郁菊萍
授课专业:电子商务等
课程性质:公共限选课

第一部分：课程基本概况

"音乐鉴赏与人文素养"（原"中外音乐史"）是一门全校性通识课程，面向电子商务、跨境电商、国际经济与贸易、产品设计、动漫设计、电子信息工程技术等15个专业，线下总授课人数超5 000人。目前，"音乐素养与人文鉴赏"课程组在全国电商行指委线上课程平台、浙江省高等学校在线开放课程共享平台、学校教务系统等平台上共完成10余期"音乐鉴赏与人文素养"课程开设，课程覆盖人次近10万次，服务院校涵盖本科、高职和中职。**本课程围绕音乐与历史、古典音乐、电影音乐、革命时代的音乐、逝去的音乐大师及音乐人文素养等内容展开**，是一门以培养学生音乐鉴赏能力为核心，以提高学生人文素养为目的的美育课程。根据同学们的专业特点与实际需要，整个课程架构也与常规的音乐鉴赏课程有所不同，把音乐鉴赏、人文历史与思政育人相结合，目的是让学生开阔视野，涵养性情，塑造正确的世界观、人生观、价值观，成为德技双修、全面发展的新时代大学生，最终实现以美育人，以文化人。

第二部分：案例描述

一、课程目标及思政元素

本课程涵盖了音乐知识、人文素养、历史、美术、美食、影视等多维度的美学内容，围绕"音乐与历史"（从东都洛阳到京都洛阳、从阿尔罕布拉宫到弗拉明戈）、"交响乐无处不在"、"从瓦格纳到星球大战"、"革命时代的音乐"、"逝去的音乐大师"展开论述，通过别具匠心的课程设计，选取具有深厚人文情怀的经典作品，**使学生从中汲取丰富的人文营养，涵养爱国主义情怀，坚定理想信仰，培育社会主义核心价值观。**

二、设计思路

本课程贯彻"教师主导、学生主体"的教学原则，采用线上线下混合式教学模式，不断深化传统课堂和云端在线课堂融合教学模式。课程架构也与常规的音乐鉴赏课有所不同，整体设计别具匠心，**是以结合学校办学定位、课程性质、学生专业特点与实际需要为基础，以培养学生审美能力为核心，以训练学生鉴赏能力为目标的一门公共艺术课程，并将创新思政教育方式这一理念贯穿始终，把学习音乐历史知识、培养鉴赏能力和人文素养养成等内容融入课程教学全过程。课程建设目标是让学生开阔视野，涵养性情修养，提高感知力、想象力、审美力和鉴赏力，为学生塑造使其一生所受益的健康的心理、健全的人格（表1）。

表1　设计思路

课程教学内容		课程思政元素
音乐与历史上：从东都洛阳到京都洛阳	中华音乐博大精深、源远流长	感知艺术的美学精神，弘扬传统的爱国精神
	日本音乐承自中华、保存完整	自强不息的进取精神，牢记使命的担当精神
音乐与历史下：从阿尔罕布拉宫到弗拉明戈	西班牙音乐热情奔放、节奏明快	敢为人先的创新精神，百折不挠的斗争精神
	西班牙文化混合艺术、多元交融	海纳百川的包容精神，自信开放的大国气度
交响乐无处不在	交响乐作品激昂交错、大磅礴	追求卓越的奋斗精神，团结协作的进取精神
	交响乐鉴赏追求卓越、涤荡心灵	独立判断的自主精神，精益求精的工匠精神
从瓦格纳到星球大战	瓦格纳剧院崇尚平权、全面创新	革故鼎新的求新精神，人人平等的人本精神
	星球大战突破传统、全新呈现	感悟初心的传承精神，推陈出新的革新精神
革命时代的音乐上	《马赛曲》争取民主、反对暴政	百折不挠的斗争精神，英勇顽强的牺牲精神
	《国际歌》英勇不屈、崇尚理想	英勇不屈的革命精神，崇尚理想的信仰精神
革命时代的音乐下	《斯拉夫送别曲》《统一战线之歌》《Bella ciao》慷慨激昂，直击肺腑，具有深厚的红色基因	践行初心的报国精神，爱好和平的民族精神
逝去的音乐大师上	雷振邦毕生的音乐追求、厚植于心的民族情怀、笔耕不辍的音乐大师	"宁洒热血、不失寸土"的戍边精神，"天下兴亡，匹夫有责"的爱国精神
逝去的音乐大师下	黄霑、黄家驹才华横溢、家国情怀、音乐鬼才、创作巨匠	深植内心的家国情怀，激荡力量的民族精神

三、实施案例

本实施案例以课程专题三"交响乐无处不在"相关教学内容为例，阐述实施过程，教学课时为2课时（图1、表2）。

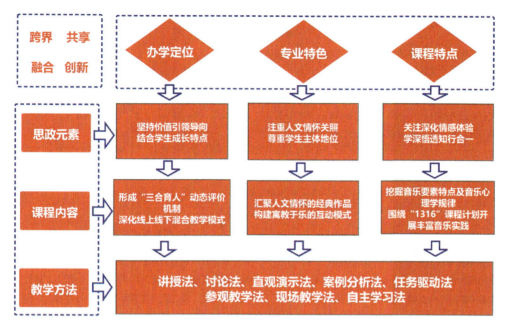

图 1 实施案例

表 2 实施案例

专题三 交响乐无处不在
教学说明
学生通过前期的课外拓展学习和在线平台学习，并结合前两个专题"不同文化中音乐发展与历史人文关系"的内容，从不同文化的音乐之"美"自然过渡到本专题"交响乐无处不在"的学习内容。"交响乐相关学习内容广泛，在长度、广度、深度上远超过通俗音乐，再加上东西方文化的差异，音乐鉴赏和理解有一定的难度。"因此，要打破学生对交响乐的刻板印象和固定思维，以一种创新性的直观简单的方法讲清楚什么是交响乐，什么是交响乐团，认识各类乐器和乐器的音色，认识指挥的重要作用，将枯燥的内容由浅入深，以轻松愉悦、明白易懂的方式对学生进行美育教育
教学目标
在社会高速进步发展的今天，全社会的理性系统越来越强大，"蓬勃的情感"却仿佛丢失了，"社交恐惧"成为网络中的高频词，"丧文化""躺平心理""情感淡漠"成为校园中弥散的青年特征，文化精神、社会责任、生命意义感日益稀缺，但这些所丢失的，却是我们这个时代不能没有的。在新时代，我们要奔赴的教育之路是培养"情理兼容，在蓬勃的情感与深刻的理性之间，找到平衡的一代人"，而这当中，美育教育中交响乐的学习鉴赏恰好能补充"理性与感性"平衡这一内容
学情分析
国贸 20086 班级共有学生 47 人，其中男生 15 人、女生 32 人。针对本课程，进行如下学情分析。
认知基础：学生在学习"交响乐无处不在"课程前，对于音乐基础知识有一定的了解，15%的学生有音乐会的欣赏经历，22%的学生有乐器学习的经历，但是对交响乐理论知识的了解十分匮乏。
能力基础：学生在学习"交响乐无处不在"课程前，通过课程预习，已经了解了交响乐的起源与发展，交响乐团的组成，但是对各类乐器的特征和音色尚未掌握，也无法鉴赏不同交响乐队的演奏水平。
素质基础：大部分学生热心文艺活动，热爱音乐，希望通过课堂提高音乐审美鉴赏能力，但是班级整体的音乐素养较低。
学习偏好：国贸专业学生整体学习态度较好，在上课过程中乐于与授课教师进行互动与沟通，课堂氛围比较活跃

续表

教学重点、难点	
难点：在有限的时间内讲清楚交响乐团的组成及涉及的各种乐器。 **重点**：通过两个乐队演奏同一交响乐的曲目示例，现场比对演奏效果，切实提高学生的音乐鉴赏能力	
教学方法	
教法：利用讲授法、讨论法、直观演示法、案例分析法、小组游戏（听声识器）、启发式教学法等，激发学生的学习兴趣，引导学生进一步探索"美"和领悟"美"。 **学法**：采用自主学习法、任务驱动法等，通过任务单引导学生主动完成知识建构，让学生自主聆听和感受音乐的旋律、节奏、力度等，按照对作品本身的理解为作品命名，分享所听、所感、所悟	
教学流程	
课前——知识导入	
教学内容	思政内容、创新思路
1. 任务单发布：在线平台学习拓展视频《角斗士》电影交响乐欣赏（两个乐团演奏的版本），并通过小程序投票来评定哪个交响乐团演奏的作品更好听。 **2. 学情收集**：根据小程序中学生学习和反馈的情况，判断本班同学的美学基础和鉴赏素养，确定课程的讲述切入点和难易程度	★【课程思政内容导入】目前高职院校学生普遍缺少艺术熏陶，缺乏应对各类文化冲击的定力与判断力。通过不断比对，选择最佳、最优版本提供给学生学习鉴赏，以提升其综合素质和鉴别能力，增强其对各类文化的判断力和定力。 ▲【教学创新思路】通常的音乐鉴赏类课程都是围绕理论讲解和鉴赏展开，很少花较长时间就同一曲目反复欣赏、讲解、推敲。根据我们学生的特点和学习习惯，在前期学情分析的基础上，先入为主，以学生为中心，通过数据化信息分析，设计课程的教学重点难点
课中——知识学习	
教学内容	思政内容、创新思路
【步骤一】课程引入 一、案例导入：德国电影《Das Boot》片段 阐述理论与实践相结合的经典案例：电影中柴油机机械的轰鸣声、船员们坚毅的语言节奏声、海浪铺天盖地来的汹涌声、不断渐进的低频鼓点声，各种单独听起并不悦耳的声音被和谐混合，营造出一种一往无前的响音乐气势。 二、了解什么是交响乐（用通俗易懂的方式） 1. 希腊语"SYMPHONIA"，原意为"和声、同时响"，谐音"幸福你"，即音乐使人幸福之意。 2. "和音"和"和谐"两个词的总称。 总结含义：只要能发出声音的，不管是人还是物体声音的和谐组合，"一起响"又"和谐"的就是交响乐（泛指的）	★【课程思政内容导入】交响乐并不是我们常规理解中的阳春白雪，它实际上是人们用乐器与客观世界对话的过程，展现了人们在探索世界奥秘时的主观能动性。探索未知的勇气、理论联系实际的能力、想象力、审美力、创造力的塑造，将使我们一生所受益。 ▲【教学创新思路】在精彩浩渺的音乐世界里，很多同学觉得自己最欣赏不了的就是交响乐，因为在大众的观念里，它是高雅的、严肃的、让人望而却步的。其实交响乐离我们的生活并不远，它也没有那么复杂。区别于常规的音乐鉴赏课程理论导入的方法，本课程针对高职学生的特点，通过最直观、最易理解的方式——电影音乐，来导入交响乐的主题内容。

续表

【步骤二】主要知识点讲授 一、了解交响乐的起源与发展 1. 古希腊时期：泛指一切器乐合奏曲和重奏曲。 2. 古罗马时期：一首曲子是一连串美妙旋律的组合。 3. 15—16 世纪：一切和声性质、多音响器乐曲的标志。 4. 17—18 世纪：交响乐定型成为几种形态。 5. 古典主义时期：传达一种情绪。 6. 浪漫主义时期：标题音乐出现。 二、了解交响乐团的组成（图片展示、示例讲解） 四组乐器：木管、铜管、打击乐、弦乐。 分组讲解（难点是各类乐器的辨识）。 三、欣赏交响乐需要具备的条件 学会聆听→寻找音乐背后的东西→了解作者所处的时代、三观、心灵历程等—感知艺术的魅力。 四、了解掌握各类乐器的特征和音色 重点介绍：提琴族、笛族、圆号、长号。	★【课程思政内容导入】通过学习和鉴赏交响乐，以润物无声的教学方式，凭借音乐的强大疗愈功能，净化人的心灵，陶冶人的性情，树立正确的世界观、价值观、人生观，培养学生健康的心理及健全的人格。 ▲【教学创新思路】欣赏交响乐时要在聆听过程中试着把自己的情绪与音乐的意境融汇在一起。运用音乐心理学规律，分析其心理特点及思想动态，促进因材施教，助力三全育人。
【步骤三】案例及鉴赏 一、鉴别演奏水平实例教学 通过课前投票的情况，展开针对性的鉴赏教学。两支交响乐团演奏同一首曲目（《角斗士》电影配乐），让学生反复对比不同指挥、乐团成员、乐器所演奏效果的区别，认识指挥的重要作用（指挥水平不同）。 二、介绍作曲家汉斯·季默（Hans Zimmer） 汉斯·季默是数字合成音乐和传统交响乐的结合大师，鉴赏其作品《加勒比海盗》电影配乐两个乐团的演奏版本	★【课程思政内容导入】通过不断的交流与反复鉴赏，以期在众多类似的作品中找到最美最佳的作品或设计方案，提升学生的实际知识运用和操作水平，培养学生追求卓越的意识和能力，达到领悟精益求精的工匠精神之目的。 ▲【教学创新思路】本课程采用对同一首曲目反复区别鉴赏的方式（曲目演奏水平高低、效果一目了然），不展开讲"如何欣赏交响乐""如何鉴别高雅艺术"这样的大题目，只需学生们静心聆听和判断，不提供好与不好的标准，由教师来提供专业素材，学生只做"选择题"，最终达到教学目的：交响乐并不是难以企及和那么难以理解的

课后——拓展训练	
教学内容	训练目标
专题训练（"听声识器"小游戏）：根据本课程的学习，首先要求认识各种乐器，各小组进行乐器图片识别比赛，加快学生对乐器的认识和了解。比赛入围前三名的小组进行"听声识器"小游戏，通过听乐器的声音特点来辨别是哪种乐器，以加深学生对乐器音色的了解和辨别	1. 加深学生对交响乐乐器的认识； 2. 加快构建大脑中的交响乐团体系； 3. 培养学生具备一定的美学判断力以及鉴赏交响乐的能力

四、特色及创新

1. 专业课程与思政元素"聚合"有力

通过厘清课程思政与本课程的特性与共性，挖掘不同的思想政治教育资源和素材，同时运用大数据思维和音乐心理学规律，分析学生音乐喜好的心理动态，将思政教育融入本课程教育教学，以此涵养学生的科学精神、人文素养、价值伦理追求，推进课程思政与本课程多元化、多层次联合协同与创新融合，使思政教育与专业课由"两层皮"向"一盘棋"转化。

2. 专业知识与政治素养"融合"有度

课程思政坚持马克思主义立场观点和方法，坚持中国特色社会主义发展要求，坚持正确的政治方向和思想引领，能够对本专业课程提供价值导向和理论指导。通过古今中外不同音乐的比较，不仅增强了教师专业知识的深度与广度，提高了教师的人文素养和专业修养，同时也帮助学生正确认识世界与中国发展大势，正确认识中国特色与国际比较，正确认识时代责任与历史使命，正确认识远大抱负与脚踏实地，从而坚定政治信念，树立远大理想。

3. 专业建设与人才培养"耦合"有效

在"培养什么人""怎样培养人""为谁培养人"方面，课程思政与本课程具有价值指向上的一致性，但这种一致性并不排斥具体教育内容、方法、载体等方面的差异性和多元性，甚至从某种程度上说，正是这种差异性和多元性为课程思政与本课程互融互通，形成协同融合效应提供了新方向和新尝试。本课程的教学设计紧密贴合人才培养需要，通过创新课堂教学模式，以案说教，教人以行，育人以情，以此启发引导学生提升发现美、鉴赏美、创造美的能力，潜移默化塑造其良好的思想、道德、品质和人格，最终落实"立德树人"的根本任务。

五、教学成效

第一，丰富课程思政教学内容，成效显著。通过"1316"实践育人模式，以过程性考核为导向，启发学生思考，加强审美敏锐度，提升文化定力。组织专场汇报演出6场、教学实践活动10余次，参与学生达9 000余人次。指导浙江省大学生艺术节项目9项并多项获奖，思政育人成效显著。

第二，启动三全育人评价机制，动态考核。根据"1316"实践育人模式，制定相关评价机制。在动态考核过程中，学生参与课堂的自觉性、主动性、积极性不断自强，教师参加课程思政建设的热情不断高涨，引导学生塑造正确的价值观，实现德技双修、全面发展。

第三，开展线上线下混合式教学，评价较高。本课程学生满意度达4.89分（总分5分），其网课在全国电商行指委组织的网络在线教育平台上线，截至2021年10月底观看点击量达27 140人次，获得行业、同行一致好评（图2），2021年11月，本课程还在浙江省在线开放平台正式上线。通过线上线下混合式教学，拓展教学空间，优化教学方式，活化教学资源，增进教学互动，提升了整体教学效果，实现了学生的全面发展，为落实立德树人根本任务，培养德技双修的新时代青年奠定了基础（图3、图4）。

图 2　全国电商行指委网络在线教育平台授课情况

图 3　课程教学团队组织学生聆听专场音乐会

图 4　学生专场汇报演出（指挥：郁菊萍老师）

保持奋发有为 干事创业敢担当

——"创业基础"课程思政教学案例

课程名称：创业基础
教师信息：方硕瑾
授课专业：电子商务等
课程性质：公共必修课

第一部分：课程基本概况

"创业基础"是面向全体大学生开展创新创业教育的核心课程，共14学时、1学分。本课程围绕创业活动构建创业、创业精神与人生发展，创业者与创业团队，创业机会与创业风险，创业资源，创新思维与商业模式，创业计划等六个内容，帮助学生树立创新意识，开拓创业思维，提高社会实践能力（图1）。

图1 "创业基础"课程教学项目

第二部分：案例描述

一、课程目标

"创业基础"课程旨在全面深化创新创业教育改革，形成创新创业教育先进理念，在全校普及创新创业教育，在创新创业教育体制、机制、体系和人才培养模式建设方面积极探索。**本课程建立健全课堂教学、自主学习、创新实践、双创指导、文化引领融为一体的全方位、立体化的创新创业教育体系，**并步入自我发展和自我约束的良性循环，双创人才培养质量显著提升，学生的创新精神、创业意识和创新创业能力明显增强，投身创业实践的学生显著增加（图2）。

总体目标	知识目标	能力目标	素质目标
使学生掌握开展创业活动所需要的基本知识。认知创业的基本内涵和创业活动的特殊性，辩证地认识和分析创业者、创业机会、创业资源、创业计划和创业项目。	1. 掌握创新创业精神构成、培养等基本理论观点、行动原则和基本技能，具备开展创业项目的综合知识储备。	1. 能从个人成长发展乃至社会发展角度看待创业教育，正确理解开展创业教育的目标任务，明确创业教育学习目标。	1. 理解创新创业时代下大学生职业发展与创新创业的关系，理解创新创业精神对大学生成长的重要价值。
使学生具备必要的创业能力和提高社会责任感。掌握创业资源整合与创业计划撰写的方法，熟悉新企业的开办流程与管理，提高创办和管理企业的综合素质和能力，提高学生的社会责任感。	2. 对商业模式分布、创业融资模式、创业计划书撰写等创业活动核心步骤形成综合理解，将理论原则、路径与实际操作相结合。	2. 掌握创业团队构建、领导，以及创业机会及风险分析的基本原则和方法，能够对特定创业机会进行系统分析。	2. 理解创新创业活动的基本伦理及道德要求，确保创业活动在法制及社会道德范畴中开展。
使学生树立科学的创业观。主动适应国家经济社会发展和人的全面发展需求，正确理解创业与职业生涯发展的关系，自觉遵循创业规律，积极投身创业实践。	3. 掌握企业运营关键的基本知识，涵盖战略管理、营销管理、财务管理、人力资源管理等基本构成，掌握企业运行基本原理和方式的相关知识。	3. 理解商业模式的基本内涵、构成及设计方法，理解商业模式创新的能力路径和方法，具备依据特定项目设计商业模式的基本能力。	3. 认识中国经济社会建设中的优秀企业实践，树立走中国特色社会主义道路，建设中国特色社会主义市场经济的制度自信和道路自信。
使学生培养善于思考、敏于发现、敢为人先的创新意识，挑战自我、承受挫折、坚持不懈的意志品质，遵纪守法、诚实守信、善于合作的职业操守。	4. 通过对创业案例的分析与讨论，切实提升学生的创业能力，并树立正确的创业成败观。	4. 具备对创业资源进行分析和整合的能力，特别是具备初创企业的创业融资规划，以及融资路径和策略选择等方面的综合能力。	4. 培养学生善于思考、勇于探索的创新精神；敢于承担风险、挑战自我的进取意识；面对困难和挫折不轻易放弃的态度；识别机会、快速行动和善于解决问题的实践能力；善于合作、诚实守信、懂得感恩的道德素养；创造价值、回报社会的责任感。

图 2 "创业基础" 课程目标

二、思政元素

本课程将社会主义核心价值观分解为爱国主义教育、诚信教育、法律意识教育、责任意识教育、意志品质教育五个方面的思政元素，在潜移默化中让学生接受主流价值观的熏陶，努力实现具有"全球视野、家国情怀、创新精神、专业素养"的人才培养目标。

1. 爱国主义教育

比如，列举中美贸易战、科技战，新冠肺炎疫情，"华为孟晚舟事件"（图3）的案例，说明我们所处时代的不确定性事件频发，同时强调我们党和政府在应对这些事件时的优异表现，使同学们增强爱国主义情感，为使祖国更加强大而奋斗。

图 3 "华为孟晚舟事件" 案例

2. 诚信教育

比如，列举丽水羽绒服奶奶故事的案例（图4），引导学生认识到诚信不仅是为人处世的基本准则，更是经商之魂，是创业者的"金质名片"，也是参与各种商业活动的最佳竞争利器，诚信对个人、对支撑一个国家的发展都至关重要。

图4　丽水羽绒服奶奶故事的案例

3. 法律意识教育

比如，列举某明星偷税漏税而被处罚的案例，培养学生的法律意识，让学生意识到将来不管是自己开办公司还是做员工，要依法依规做企业，自觉遵守国家的有关法律法规，不触碰法律的红线。

4. 责任意识教育

比如，列举华为公司的案例（图5），讲述任正非与华为的故事、企业文化的核心价值、华为精神、华为企业文化对企业的作用，引导学生进行创新探索和实践，对学生进行责任意识教育，使其勇于担当国家和社会责任。

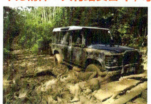

图5　华为公司的案例

5. 意志品质教育

比如，以"习近平的七年知青岁月——青年创业观念、意志品质的塑造"为主题，通过习近平总书记青年时代的知青工作历程、故事，启迪学生树立"大创业"的创业观，塑造踏实苦干、坚韧不拔的创业者意志品质。

三、设计思路

本课程采取"体验式"教学模式，引导学生产生创新创业的精神体验，构建协作的创新创业团队，将大量具有思想教育意义的案例资源融入"过程性"的体验活动，采取"师生共创"方式进行连接、呈现、体验、反思、应用这五项"教与学"一体的"体验式"教学模式，激励学生开启创新创业理想，开展创新创业实践，投身到实现中华民族伟大复兴中国梦的事业中（表1）。

表1 设计思路

序号	授课要点	思政映射与融入点	教学方法	思政育人目标
1	创业、创业精神与人生发展	创新、创业与个人成才、人生价值实现、社会发展、国家富强的紧密联系； 个人成长成才、人生价值的树立和实现与社会主义核心价值观"爱国、敬业、诚信、友善"等内容的对标	讲授法； 案例教学法； 互动式教学； 启发式教学	◇帮助大学生树立为开创自己人生的事业而努力奋斗的态度与决心； ◇正确理解社会主义核心价值观，培育大学生树立为实现民族复兴的理想和责任； ◇树立积极的人生价值观
2	创业者与创业团队	对应创业过程，重温党史； 将党的十九大报告中有关"激发和保护企业家精神，鼓励更多社会主体投身创新创业"等主旨精神与培育个人创业精神和能力结合； 善于合作的道德素养； 创业团队管理的艺术和沟通技巧	讲授法； 案例教学法； 互动式教学； 小组合作法	◇启发学生加强磨砺，敢闯会创，躬身实践，担当责任； ◇润物无声地提升学生的爱国、爱党情怀，使学生深入理解创业过程
3	创业机会与创业风险	将中央及地方各级政府的产业政策（如工业4.0、新能源、AI等产业规划等），特别是特色产业或优先产业的促进政策与创业机会识别的相关知识结合； 健康的心态； 正视挫折	讲授法； 案例教学法； 互动式教学； 启发式教学	◇进一步增强机会意识、创新精神与理性冒险精神结合的企业家精神，把爱国之情融入报国之行； ◇正视现实和自我，合理看待理想和现实的关系，遇到求职挫折时，能够用正确的方法自我调适，并用积极的态度分析原因，从挫折中得到锻炼和成长
4	创业资源	融入社会主义核心价值观，以及中国精神和中国文化，突出企业家精神以及国家相关政策法规的角色； 法律权利与义务观念； 权益保护意识	讲授法； 案例教学法； 互动式教学； 启发式教学	◇进一步正确理解社会主义核心价值观； ◇培养法律思维、法律意识，引导大学生在社会生活中要尊重他人权利并积极依法履行义务

续表

序号	授课要点	思政映射与融入点	教学方法	思政育人目标
5	创新思维与商业模式	体现创新创造是中华民族最深沉的民族禀赋,将党的十八大报告中"加快新技术新产品新工艺研发应用,加强技术集成和商业模式创新"等重要论述与创业,尤其是商业模式创新融合	讲授法;案例教学法;互动式教学;启发式教学	◇坚守诚信的道德品质和价值观; ◇进一步增强爱国情怀,培养工匠精神
6	创业计划	诚信的道德品质;积极的心态	讲授法;案例教学法;互动式教学;小组合作法	◇实事求是地展示自己,不弄虚作假。 ◇使学生理解参与竞赛对个人综合素质提升、团队合作能力培养等方面的重要价值。 ◇使学生敢于竞争,发挥自身潜能和才华

四、实施案例

本实施案例以"创业基础"课程第二模块相关教学内容为例,阐述实施过程,教学课时为2课时(表2)。

表2 实施案例

课程题目		创业者与创业团队
学情分析	教学基础	通过第一次课程学习,学生已经初步了解创业的类型、基本要素,认识到创业精神的可贵,但对创业基本要素中创业团队了解比较少
	存在问题	通过学生分享创业者的故事发现,多数学生都是查阅知名、年代久远的创业者,且学生的分析能力较弱,创新意识不强。因此,教师在授课时应选取贴近学生的创业者案例,通过学生感兴趣的创业者去帮助学生理解和掌握创业者与创业团队
教学目标	知识目标	了解创业者的类型、动机、素质和能力;掌握创业团队的5P要素、类型、团队对创业的作用
	能力目标	能够运用团队组建和管理的技巧、策略;能够运用优、劣势分析建设优秀的创业团队
	素质目标	善于合作的道德素养;创业团队管理的艺术和沟通技巧;将党的十九大报告中有关"激发和保护企业家精神,鼓励更多社会主体投身创新创业"等主旨精神与培育个人创业精神和能力,以及创业团队建设及管理结合
	思政育人目标	启发学生加强磨砺,敢闯会创,躬身实践,担当责任;润物无声地提升学生的爱国、爱党情怀,使学生深入理解创业过程

续表

教学重点	创业者的素质要求、评估；团队的五个关键要素（5P模型）的优、劣势分析
教学难点	组建创业团队的策略；创业团队的管理技巧与策略
教学方法	教法：讲授法、案例教学法、互动式教学 学法：小组合作法
教学策略	采取"师生共创"方式进行连接、呈现、体验、反思、应用这五项"教与学"一体的"体验式"教学模式

教学过程

课前

教学环节	教学内容	教学活动	设计意图
连接	知识预习	1. 教师活动：在前一次课中布置作业，要求学生查阅2位创业者资料，并了解他们的创业故事和对学生的启发； 2. 学生活动：完成作业，并在班级群分享	1. 培养学生自主学习的能力； 2. 通过提前预习，提升课堂教学效果； 3. 以学生为中心，设计课程的教学重难点

课中

教学环节	教学内容	教学活动	设计意图
呈现	创业者	1. 人物引入：任正非的创业故事； 2. 知识讲解：创业者的定义、创业者所需具备的素质和能力、创业动机等； 3. 播放视频：《任正非传》； 4. 引导思考：创业者的个人梦与中国梦	1. 提升学生对创业的兴趣； 2. 启发学生加强磨砺，敢闯会创，躬身实践，担当责任
呈现	创业团队	1. 故事引入：以创业思维重温党史； 2. 知识讲解：创业团队的定义、类型、创业团队组建的原则和程序，创业团队的管理等	1. 润物无声地提升学生的爱国、爱党情怀，使学生深入理解创业过程； 2. 培养学生善于合作的道德素养
体验	团队游戏	布置任务：组建6人团队，完成"站起来"游戏	体验团队合作的内涵
反思	游戏总结	总结分析：根据游戏情况，进行总结说明	通过团队合作，掌握创业团队管理的艺术和沟通技巧
反思	课堂评价	专题总结：总结创业者、创业团队，说明创业者素质、团队合作精神的重要	巩固知识，用于后续课堂的改善

课后

教学环节	教学内容	教学活动	设计意图
应用	组建团队	发布任务：组建不超过6人的创业团队，讨论创业项目和团队分工	1. 通过任务，强化对本专题知识的内化； 2. 以此导入下一专题"创业机会与创业风险"

续表

考核评价
课程考核由三部分构成：平时成绩（30%）+团队创业计划书&项目展示（30%）+个人心得体会（40%）。 1. 平时成绩（30%）：平时课堂表现、出勤情况； 2. 团队创业计划书&项目展示（30%）：以创业小组（每组不超过6人）为单位，在调查研究的基础上，提出一项小组感兴趣、能整合各方面资源、聚焦实践的创业项目，围绕这一项目完成一份可行性强的创业计划书，并进行PPT汇报； 3. 个人心得体会（40%）：①参观学习创业园，以创业小组（每组不超过6人）为单位开展实践活动，实地采访一个企业，在学期结束前自行完成，并撰写不少于500字的个人心得体会（15%）；②撰写不少于1 000字的个人课程学习心得体会（25%），具体形式提前告知学生

五、创新特色

1. 聚焦双创核心素养培育，课程思政有方向

课程思政的目标定位源自国家和行业对人才的要求，聚焦双创核心素养培育。双创思政目标在人才培养各阶段进行体系化设计，遵循认知规律、情感规律、教育规律，循序渐进地推行。本课程思政主题聚焦双创思政总目标，兼顾课程自身特点和具体目标，各司其职又形成合力。作为大一的学生，首先应关注"爱国兴国""诚实守信"两个基础价值观的塑造，这和本课程的定位正好契合。

2. 实现知识与思政板块对接，课程思政有宽度

围绕本课程思政目标，摒弃过去求大求全、散而不聚的课程思政做法，确立模块化的课程思政设计思路。将思政板块与知识板块结合，深挖教学知识点中的思政元素，提取思政映射点，为课程思政找到落脚处，解决课程与思政"两张皮"困境。

3. 创新翻转课堂教学方法，课程思政有温度

本课程采用翻转课堂教学方法，学生课前完成知识学习，课上实现知识内化，课后进行知识拓展。借助翻转课堂教学方法的课堂运行特点，将课程思政融入课上知识内化阶段，借助实务操作、案例讨论等系列课上活动设计，变道德强迫为观念认同，变干巴巴的讲解为热乎乎的教学，实现了"知识内化"和"价值引领"的统一。

六、教学效果

"创业基础"课程教育不是要把所有学生培养成企业家，而是要使创新创业的种子根植于学生心中，待条件成熟后"开花结果"，无论哪个专业的学生都能积极获取创新意识、创业思维、创业能力。本课程通过深入挖掘高职人才，培养相关的爱国敬业的社会主义价值观、吃苦耐劳的工匠精神等优良品质，采用情景模拟、案例分析、小组研讨、项目展现等方式，深入探索课程思政内涵要素，整体研究规划设计课程思政体系、课程思政内涵、课程思政要素、课程思政的课堂呈现方式、教材的课程思政内容等，使课程思政润物无声，让社会主义核心价值观入脑入心，为学校课程思政建设助力。